이미지 설교
성경적 강해 설교와 이미지 설교의 원리

이미지 설교
성경적 강해 설교와 이미지 설교의 원리

초판 1쇄 발행 2020년 7월 20일

지은이	이광재

발행인	이요섭
기획	박찬익
편집	이지혜
디자인	박지혜
제작	박태훈
영업	김승훈, 김창윤, 정준용, 이대성

펴낸곳	도서출판 디사이플
등록	제 2018-000010 호
주소	07238 서울특별시 영등포구 국회대로76길 10
기획	(02)2643-9155
영업	(02)2643-7290
	Fax(02)2643-1877
구입 문의	요단인터넷서점 www.jordanbook.com

ⓒ 2020. 도서출판 디사이플 all rights reserved.

ISBN 979-11-90964-00-5
값 17,000원

이 책의 한국어판 저작권은 도서출판 디사이플이 소유하고 있습니다.
출판사의 사전 승인 없이 책의 내용이나 표지 등을 복제, 인용할 수 없습니다.
본문에 인용된 성경 구절은 대한성서공회의 성경전서 개역개정판을 사용하였습니다.

SERMON
IMAGE

이제 **이미지 설교**의 시대가 시작된다

이미지 설교

성경적 강해 설교와 **이미지** 설교의 원리

이광재 지음

이미지로 생각하고 **이미지로 세상을 바꾸어라!**

디사이플
도서출판

 **목차**

추천의 글   6
이미지 설교 세미나 후기   15

Part 1. 설교와 설교자   21

서문 설교자로 헌신하라   22

CHAPTER 1. 설교를 정의하라   31

CHAPTER 2. 강해 설교의 시크릿   42
강해 설교 · 연속주해식 설교 · 본문 설교 · 대지 설교 · 주제 설교 · 문제 해결식 설교

CHAPTER 3. 새로운 설교학과 여행 떠나기   76
귀납적 설교 · 이야기식 설교 · 현상학적 전개식 설교 · 신설교학의 핵심 원리 ·
신설교학과 이미지 설교의 차이점

Part 2. 설교와 이미지   113

CHAPTER 4. 이미지와 숨바꼭질   114
이미지의 정의 · 이미지와 기억 · 이미지와 언어 · 이미지의 영향력 · 이미지와 설교 ·
이미지와 기호 · 이미지와 사회 · 이미지와 신학 · 이미지와 성경

CHAPTER 5. 이미지야 놀자!   151
이미지 설교의 원리 · 예수님의 이미지 설교 · 바울의 이미지 설교

Part 3. 설교와 이미지 설교 171

CHAPTER 6. 이미지 설교의 핵심 원리 172
개념화 · 궤적화 · 이미지화 · 체험화 · 제목과 이미지 설교

CHAPTER 7. 강해 설교의 틀 안에서의 이미지 설교 196
설교의 착상 · 성경 저자의 의도 파악 · 실제 중심 명제 찾기 · 이미지 숨바꼭질 · 포인트 트위스트 · 숨겨진 메시지 찾기 · 이미지 설교의 구조 · 다양한 설교의 형태

CHAPTER 8. 주제 설교의 틀 안에서의 이미지 설교 229
주제 설교에서 주제 강해 설교로 · 주제 강해 설교에서 이미지 설교로

CHAPTER 9. 이미지 설교의 스펙트럼(설교 원리) 241
성경 이미지 설교 · 이미지화 설교 · 이미지 주도형 설교 · 통通이미지 설교 · 실물 이미지 설교

CHAPTER 10. 이미지 설교의 적용 원리 267
기억되는 설교 · 적용되는 설교 · 삶을 주도하는 설교 · 삶을 변화시키는 설교 · 열 가지 적용 원리 · 성령과의 컬래버레이션

CHAPTER 11. 이미지 설교 방법으로 설교하기 289
성경 이미지 설교의 실제 · 이미지화 설교의 실제 · 이미지 주도형 설교의 실제 · 통通이미지 설교의 실제 · 실물 이미지 설교의 실제

나가는 말   348
주(註)   351

추천의 글

림형석 목사 평촌교회 담임목사, 대한예수교장로회 통합 증경총회장

여러 해 전 함께 사역했던 이광재 목사님에게서 추천사를 써 달라는 부탁을 받고 원고를 읽기 시작했다 책에 빠져들면서 그 동안 설교자로서 제가 걸어온 길이 떠올랐습니다. 그동안 저의 설교 사역에는 몇 차례 변화가 있었습니다. 신학교 시절에는 본문이 설교하는 본문 설교가 되어야 한다는 것을 배웠고, 이민 목회 20년 동안에는 미국 목사님들의 설교 사역을 보면서 강해 설교에 눈을 뜨게 되었고, 이야기 설교로 바꾸게 되었고, 적용을 강조하는 설교를 시도하였습니다.

이 책이 말하는 이미지 설교는 그런 현대적인 설교 사역의 흐름을 따라가면서도, 본문 설교와 강해 설교의 중심을 지키는 균형 있는 설교입니다. 오늘 설교를 듣는 성도들은 최고의 상상력을 자극하는 감각적인 이미지 언어와 영상 문화에 익숙해 있는데, 우리 목회자들의 설교는 너무나 지루하고 일방적인 교리 전달에 그치는

경우가 많이 있는 것이 사실입니다. 이 책은 보다 성도들에게 다가가는 설교, 보다 감동을 주는 설교에 관심을 가진 많은 목회자들과 현대적인 설교를 배우고자 하는 젊은 교역자들에게 적극 추천하고 싶습니다. 책의 후반에는 이미지 설교의 실례를 보여주는 저자의 설교들이 수록되어 있어서, 이미지 설교가 어떤 설교인지를 보여주고 있습니다. 물론 모든 설교자가 이렇게 설교하지는 못할 것입니다. 설교자의 설교에 대한 신념에 따라, 청중의 수용성에 따라, 또는 설교자의 능력이나 시간적 여유에 따라 제한이 있을 것입니다. 적어도 현대적인 설교의 흐름이 무엇인지를 아는 것은 설교 사역에 큰 도움이 되리라 생각됩니다. 이 책이 성경적인 설교를 하면서도 보다 청중 중심적인 설교를 하기 원하는 많은 설교자들에게 유익한 안내자가 되기를 기대합니다.

이동원 목사 지구촌 목회리더십 센터 대표

바야흐로 이미지 세상입니다. 이미지가 우리의 결정을 지배합니다. 설교에도 이미지가 필요할까요? 예수님의 비유는 이미지로 가득합니다. 그런 이미지가 말씀을 감동으로 받게 합니다. 이미지는 설교의 본질은 아닙니다. 그러나 설교의 전달을 유용하게 돕습니다. 그래서 무시할 수 없는 설교의 방편입니다. 이광재 목사님께서 이미지 설교의 세계로 안내합니다. 그것은 기존 강해 설교의 보완으로 소개됩니다. 강해 설교가 종종 설득력을 상실할 때가 있습니다. '무엇'을 설교할 것인가 못지않게 '어떻게'도 중요한 숙제입니다. 이런 숙제를 잘 소화할 수 있도록 이미지 설교의 모든 것을 담았습니다. 기존에 우리가 경험해 온 모든 설교 유형을 함께 소개하면서 말입니다. 그래서 설교 전반을 오늘의 정황에서 반추하려는 이들에게 유익합니다. 이 한 권의 책으로 설교자들의 설교 성찰이 이루어졌으면 합니다. 설교에 관심 있는 많은 이들에게 이 책은 귀한 도전으로 다가올 것입니다.

주승중 목사 주안장로교회 위임목사, 전 장신대 예배설교학 교수

오늘 우리는 문자 이후의 시대post-litertae, 즉 멀티미디어 문화, 영상 매체 문화 시대 속에 살고 있습니다. 문자 이후 시대의 청중은 인쇄된 지면을 통해 읽고, 분석하고, 해석하는 과정을 통해서 정보를 얻기 보다는, 스크린에 보이는 이미지를 보고 소리를 들음으로써 즉각적으로 의미를 받아들입니다. 즉 오늘의 청중은 직관과 감성, 이미지와 그림, 이야기 등 보다 많은 채널을 통해서 정보를 받아들입니다. 이런 시각적인 세대visual generation를 향한 설교 전달의 방식도 이제는 바뀌어야 합니다. 즉 오늘의 설교가 보다 효과적이고 호소력이 있기 위해서는 '시각적 이미지'를 눈에 그려 볼 수 있는 다채롭고 풍요로운 언어, 상상을 불러일으키는 언어가 사용되어야 합니다. 그래서 21세기 포스트모던 시대의 설교학에서 가장 중요한 두 개의 단어가 있다면 그것들은 상상력imagination과 이미지image입니다.

그런데 이번에 이광재 목사가 성경적 강해 설교와 이미지 설교의

원리에 대한 소중한 책을 출간하였습니다. 그 동안 설교에 있어서 이미지의 중요성에 대해서 많은 지적은 있어 왔으나, 실제로 전통적인 강해 설교와 이미지 설교의 관계에 대해서, 그리고 이미지 설교가 무엇이며, 또 구체적으로 어떻게 시도할 것인가에 대한 자료가 거의 없었습니다. 그런데 이번에 이광재 목사가 이 책을 통해서 이미지 설교의 핵심 원리와 그 방법, 그리고 적용 원리에 대해서 잘 소개하므로 한국 교회와 모든 설교자들에게 너무나도 소중한 선물을 하였습니다. 이 책이 한국 교회의 말씀 사역과 모든 설교자들에게 획기적인 도움을 주리라 확신하며, 하나님의 말씀을 부여잡고 늘 해산의 고통을 감당하고 있는 모든 설교자들에게 필독을 권합니다.

류응렬 목사 와싱톤중앙장로교회 담임목사, 고든콘웰신학대학원 객원교수

이미지 시대가 되었습니다. 눈에 보이고 손에 잡히게 만들어야 오랫동안 가슴에 남을 수 있습니다. 설교 강단도 예외가 아닙니다. 귀로만 듣던 설교를 오감으로 체감하게 만드는 것은 쉬운 일이 아니지만 이 시대 설교자에게 주어진 사명입니다. 이광재 목사의 『이미지 설교』는 기존의 강해 설교에 근거하여 오늘날 청중에게 진리의 말씀을 가장 쉽고도 명확하게 새기는 데 길잡이가 될 것입니다. 이 책을 읽고 나면 달라지는 강단을 경험하게 될 것입니다.

정승룡 목사 대전 늘사랑교회 담임목사

　최근 한국 교회에 젊은 설교학자들이 교단을 초월하여 활발하게 활동하며 강단을 새롭게 하고 있습니다. 그분들이 일으키는 신선한 바람을 즐기며 아낌없는 격려와 찬사를 보냅니다. 여기 그 대열에 참여할 한 분이 등장했습니다. 전통적인 설교학과 신설교학 New homiletics 이라는 두 줄기의 샘물을 "이미지 설교"라는 용기에 잘 담아내어 설교자들의 갈증을 해소해 줍니다. 매주 성경을 통하여 하나님 말씀의 사건을 경험하고 그것을 강단에서 증언하기 위해 땀 흘리는 이 세대의 설교자들에게 기쁜 소식입니다. 특히 이미지 설교는 하나님의 말씀이 청중의 내면에 이미지로 살아남아 매일의 삶에 역사하게 하는 통로가 될 것입니다. 이 책을 읽고 또 읽으면 "이미지 설교"의 오솔길이 보일 것입니다. 아름답고 신선한 도전을 꿈꾸게 할 것입니다. 여러분이 섬기는 강단에 새로운 빛이 임하길 소원하며 기쁜 마음으로 추천합니다.

김운용 교수 장로회신학대학교 예배설교학 교수/신학대학원장

　본서는 목회 현장에서 매주 말씀 사역을 감당하는 설교자가 어떻게 보다 신선하고 효과적으로 말씀 사역을 감당할 것인가를 고민하고 연구하여 내놓은 연구물입니다. 아주 오래전 장 칼뱅은 "하나님의 말씀이 순전하게 설교되고 들려지는 것"을 참된 교회의 표지로 언급한 바 있습니다. 그런 점에서 모든 설교는 성경적 설교여야 하고, 설교자의 최고 사명은 오늘도 계시의 완성인 성경을 통해

말씀하시는 하나님에게서 듣는 것이며, 설교자는 그것을 설교에 정확하게 담아내기 위해 훈련을 해야 합니다. 그뿐만 아니라 고대에 형성된 말씀을 오늘의 시대 사람들에게 어떻게 들려줄 것인가도 아주 중요한 요소입니다. 그런 점에서 설교는 무엇을 말할 것인가what와 그것을 어떻게 말할 것인가how에 대한 맥락에서 이루어지는 사역이라고 할 수 있습니다. 본서는 전자를 '강해 설교'라는 용어로, 후자를 '이미지 설교'라는 용어로 풀어냅니다.

설교가 어려운 것은, 하늘도 담아내야 하고 땅도 담아내야 하기 때문일 것입니다. 설교자는 성경을 통해 오늘도 말씀하시는 계시하시는 하나님Deus Revelatus의 음성을 듣기 위해 성경으로 더 깊이 들어가 훈련과 몸부림을 계속하여야 하고, 오늘을 사는 현대인들에게 그 세계를 더 선명하게 보여주고, 느끼게 하고, 만지게 하고, 그 말씀 앞에 무릎을 꿇게 할 능력과 방법을 계속해서 개발해 가야 할 것입니다. 오늘날 설교 홍수 속에서도 그렇지 못한 설교가 난무하는 것이 교회를 병들게 합니다.

무위당 장일순 선생은 휘호와 관련한 이야기가 나오면 "글씨는 반드시 삶에서 나와야 한다"고 말하곤 했지요. "삶과 동떨어진 글씨는 죽은 글씨"라는 뜻이었습니다. '어떤 글이 정말로 훌륭한 글인지' 묻는 이에게 그렇게 답을 했다지요. "길을 가다가 자네도 아마 봤을 거야. 왜 리어카나 포장마차에 '군고구마 팝니다,' '붕어빵 팝니다'하고 써 놓은 글이 있잖아? 그런 글이 정말로 살아있고 생명력이 있는 글이야. 꼭 필요한 글이지." 선생의 이야기를 떠올리면서 문득 설교도 마찬가지라는 생각을 합니다. 하나님의 세계와 가

깊고, 인간 삶의 자리와 가까운 설교야말로 삶을 움직이는 설교가 될 수 있겠지요. 하나님의 말씀은 오늘도 사람을 일으켜 세우고, 회복시키는 능력이 있으며, 새로운 삶으로 나아갈 힘을 공급합니다. 그래서 설교는 변혁transformation의 힘을 가집니다. 그러므로 설교자가 해야 할 가장 큰 과제는 말씀이 내 속에 들어오게 하고, 그것을 체화하여incarnated 내 삶이 되고, 노래가 되게 하고, 그 설교에서 성 삼위 하나님의 일하심을 보여주는 것입니다.

"너는 뭐니?" "나는 진흙 덩어리에 불과하지만, 장미 옆에 놓여 있어서 장미 향기를 품고 있답니다." 인디언 우화 가운데 나오는 이야기입니다. 본서는 이 거룩한 사역을 위해 몸부림치는 설교자들에게 하늘 향기를 담아내는 방법과 그것을 효과적으로 잘 담아 전달하는 데 깊은 도움과 통찰력을 줄 것이라 기대합니다.

박성진 교수 미국 미드웨스턴침례신학대학원 학장/구약학 교수

설교를 잘 하는 목사가 되고 싶다는 바람은 모든 목회자들이 원하는 간절한 소원입니다. 이광재 목사의 신작 『이미지 설교』는 대지 설교와 삼대지 설교에 깊이 빠져 있는 한국 목회자들에게 설교에 대한 새로운 관점과 대안을 제공하고 있습니다. 이미지 설교는 프레드 크래독과 유진 로우리가 제시한 신설교학의 장점인 청중이 오래 기억할 수 있는 전달 방식을 강조하고 있으면서도 강해 설교의 기본적인 원칙인 본문 중심, 개념 중심, 적용 중심의 준거틀을 함께 적용하고 있다는 점에서 본문이 이끄는 설교이자 본문이 들

리는 설교요, 본문을 생생하게 기억나게 하는 설교입니다. 이를 이광재 목사는 개념화, 궤적화, 이미지화, 체험화의 단계로 구체적이면서 설득력 있게 제시하고 있습니다. 즉, 설교란 들은 후 교회 문을 나설 때 잊어버리는 하나의 말씀 선포가 아니라, 듣는 이의 삶을 변화시키는 말씀의 임재하심을 체험케 하는 삶의 현장이어야 하는 것입니다. 예수님 자신도 사람들에게 천국을 설명하기 위해 실제적인 삶 가운데 볼 수 있고 느낄 수 있는 이미지를 많이 사용하시지 않았습니까? 그렇다면 우리는 이미지를 사용하여 설교하기를 왜 꺼려야 합니까? 오늘 이 책을 읽으십시오. 일상의 삶 가운데 생생한 이미지로 다가온 말씀 가운데 있는 자신을 발견하게 될 것입니다.

심민수 교수 미국 미드웨스턴침례신학대학원 교수

물 마른 샘터에 기대어 앉아 타는 목마름에 애간장을 태우는 설교자들이 많습니다. 강해 설교는 설교학계와 설교 강단에서 부동의 위치를 차지합니다. 강해 설교가 성경 본문을 중심하여 성경 권위에 힘입기 때문입니다. 허나 시대의 변화 상황 속에서 청중의 눈높이와 감각도 그 변화의 파고에 동승하고 있는 것이 사실입니다. 그렇다면 강해 설교의 탈바꿈은 시대의 요청이 아닐 수 없습니다. 그 요청에 딱 들어맞는 설교가 '이미지 설교'입니다. '이미지 설교'는 낯선 용어는 아닙니다. 다만, 설교학적인 검토와 체계적인 방법이 궁색했을 뿐입니다. 본서는 이미지 설교에 대한 이론적 토대와 구체적인 방법론을 설득력 있게 전개했다는 면에서 탁월합니다. 본서를 접하는 독자들마다 좋은 샘터 하나를 발견한 듯 만족해 할 것입니다.

이미지 설교 세미나 후기

김도균

예전에 도스DOS라는 운영체제에서 컴퓨터를 처음 접하다가 윈도우즈에서 아이콘이라는 개념을 도입하여 컴퓨터 업계에 큰 변혁을 일으켰던 것이 생각났습니다. 복잡한 글과 언어로 많은 사람들의 PC 사용에 어려움이 있었는데, 애플 컴퓨터에서 바탕 화면에 우리에게 익숙한 이미지의 상징인 아이콘들을 올려놓고 그것들을 마우스로 클릭하여 프로그램을 실행하도록 만들었습니다. 이미지 설교 방법론이 바로 이런 획기적이고 편리함을 우리에게 공급하고 성도들에게도 그런 효과를 기대할 수 있는 것이라고 생각됩니다.

이현창

처음에 이미지 설교라는 말을 들었을 때 이를 시각적 효과와 꾸미기 정도로만 생각했었는데, 강의를 들으면서 이것이 들려지는 설교를 위한 치열한 노력의 일환이라는 것을 알게 되었습니다. 인간의 부족한 입술을 들어 쓰시기 위한 하나님의 또 다른 선한 방법이라는 생각이 듭니다.

김준형

강해 설교의 철학과 취지에는 100% 동의하지만, 요즘처럼 스마트한 시대에는 좀 새로운 전달 방법이 필요하지 않을까 생각했습니다. 그런 점에서 강해 설교의 장점을 그대로 살리면서, 오늘날 청중들에게 설교를 기억나게 하고 적용하게 하며 삶을 주도하게 하고 변화시키는 이미지 설교는 매우 흥미로웠습니다. 모든 것이 이미지화되어 있는 세상이라서 그런지 사람들은 활자나 음성 메시지보다 먼저 이미지로 정보를 받아들이는 경향을 띱니다. 이미지를 활용해 하나님의 말씀을 전하고, 또 하나님의 말씀으로 이미지를 다스리는 이미지 설교 방법론을 설교 준비 뿐 아니라 성경을 읽는 순간부터 적용해 보려고 합니다.

김영실

사실 강해 설교가 정통인 것은 인정하지만, 시대적 문화적 큰 벽 앞에서 청중에게 어떻게 하면 들리는 효과적인 설교를 할 수 있을까하는 고민에 강해 설교만으로는 좀 부족하다는 생각이 들었습니다. 그러나 '이미지 설교'는 그 문제를 해결하는데 도움이 될 것이라는 확신이 들게 합니다. 특히 여러 가지 예로 말씀하신 것들이 하나하나 어쩜 그렇게 쏙쏙 들어오는지 놀라웠습니다. 짧은 시간 강의를 들었지만 오랫동안 저의 기억에 남을 것이라는 생각이 듭니다.

김경렬

하나님의 말씀을 어떻게 하면 더 말씀에 고유의 메시지를 왜곡시키지 않으며, 몇 천 년 뒤의 청중에게 가장 쉽고 오랫동안 기억에 남게 하여 그들의 삶을 변화시킬 수 있는지에 대한 깊은 고민에서부터 나온 설교 방법론이 이미지 설교 방법론이라는 생각이 들었습니다. 아직은 배우는 단계이지만 이미지 설교에 대해서 더 공부하며, 실제로 적용하여 앞으로 설교 가운데 잘 적용하면 좋겠다는 소망을 다시 한 번 가지게 되었습니다.

송양선

"성경 말씀이 이미지로, 이미지가 성경 말씀으로 바뀌는 모습." 참 예술적인 표현인 것 같아요. 청중은 한 이미지를 통해서 성경 말씀을 떠올리며 하나님의 말씀을 실천하게 만드는 설교라는 점에서 이미지 설교의 매력에 빠지게 됩니다.

홍성두

강의를 통해서 이미지 설교가 얼마나 다양한 방법으로 구성될 수 있는지 알게 되었습니다. 저는 지금까지 이미지 설교에 대한 오해를 가지고 있었습니다. '도대체 설교 초심자들에게 당장 이미지 설교를 어떻게 만들어 내라는 건가?'하는 생각을 많이 했었는데, 강의를 통해서 각 이미지 설교의 유형과 이미지화에 있어 깊이의 차이를 알게 되어서 많은 위로를 받았습니다. 각 이미지 설교 유형별로 여러 가지 예시와 구성 과정의 사례를 접하니 구체적으로 이해가 되어서 매우 좋았습니다.

신종우

바울이 전했던 복음이 수천 년이 지난 오늘날에도 영향을 미치고 있는데 오늘 내가 했던 설교를 몇 천 년 뒤의 청중이 기억하지 말란 법은 없을 것입니다. 그렇게 기억되는 설교의 가장 핵심 중 하나가 바로 이미지인 것 같습니다. 기록의 역사가 짧았던 오랜 옛날에는 아마 그 이미지의 생생함이 무엇보다 강한 메시지의 전달 수단이었을 것입니다. 성경 저자들의 이미지 사용은 누구보다 그러한 부분들을 증언해 줍니다. 성경의 이미지와 현재 내가 경험하고 있는 이미지, 그리고 나의 경험과 성령의 인도하심이 더해지면 우리의 설교도 그런 놀라운 역사를 이룰 수 있을 것입니다. 이미지 설교에 대한 기대가 생깁니다.

이정호

지금까지는 하나의 이미지 설교만 있다고 생각했었는데, 여러 가지 방법들이 있다는 것을 알게 되었고, 본문의 상황과 주제 등에 따라 적용할 수 있는 방법들이 더 있으니 좀 더 생각할 수 있는 범위가 넓어져서 좋은 것 같습니다.

이종현

이미지 설교를 하려고 시도하면서 제가 얼마나 무식하게 설교하고 있었는지 알게 되었습니다. 설교 제목만 잡아 놓고 본문에서는 이미지에 대한 설명이 부족하다거나, 이미지가 설교 대지 전체와 맞지 않는다거나, 억지로 끼워 맞춘 설교 등 수많은 나의 지난 설교들이 머릿속에 지나갔습니다. 그러나 이미지 설교를 배우고 이제는 제대로 설교할 수 있을 것이라는 간절한 소망과 기대가 생깁니다.

설교와 설교자

서문

" 설교자로 헌신하라 "

당신은 어떤 설교자인가?

만약 당신이 설교자라면, 당신 자신을 어떤 설교자로 정의할 수 있는가? 당신은 어떤 설교자를 꿈꾸며 설교 사역에 헌신하고 있는가? 당신은 어떤 설교자를 롤 모델로 삼고 설교를 배우는가? 당신은 한 번도 이러한 질문들을 던져 보지 않았을지도 모른다. 신학교를 다니거나 졸업하면서 당신은 자연스럽게 설교할 기회를 얻었을 것이기 때문이다. 어떤 설교자가 되겠다는 꿈을 꾸기도 전에 설교자가 되고 만 것이다. 그러다 보니 오랜 기간 설교를 해도 자신이 어떤 설교자인지, 또한 어떤 설교자가 될 것인지를 알지 못한 채 설교 사역에 임한다.

자신이 어떤 설교자이고 어떤 설교자를 꿈꾸는지 아는 것은 자신의 설교 사역과 설교의 방향, 청중에 대한 이해에 직접적인 영향을 미치게 된다. 자신이 생각하는 설교자상과 현재 자신이 어떤 설교자인가를 정의하는 것은 매우 중요하다. 당신은 어떤 설교자가 되고 싶은가? 당신은 설교자를 어떤 사람으로 정의하는가? 당신이 원하는 설교자가 되기 위해 어떤 노력을 해야 하는가?

설교자로 헌신하기

우리 모두는 설교자로 헌신한 사람이다. 그렇다면 당연히 자신이 어떤 설교자인지 알고 자신의 자화상을 그려낼 수 있어야 한다. 스티븐 스미스Steven W. Smith는 "설교자란 자신이 죽어서 하나님의 말씀이 살아나게 하는 자이다"라고 정의한다. 설교자는 묵상의 고통, 자신의 생각과 고집, 자신의 지혜와 말, 그리고 자신의 권리를 죽이는 사람이다.[1] 다시 말해 자신의 '죽음'본문에는 복종으로 성도들에게 생명을 주는 사람이다. 마틴 로이드 존스Martyn Lloyd-Jones는 설교자는 단순한 크리스천을 넘어 소명을 가진 자라고 정의한다. 이들은 스스로 설교하겠다고, 혹은 그런 직업을 가지겠다고 결심한 사람들이 아니다. 설교자는 부르심을 받은 자이며, 좋은 그리스도인이어야 하며, 설교자로서의 능력을 갖추고 준비가 된 사람이어야 한다.[2]

존 스토트John Stott는 첫째, 설교자가 선지자는 아니라고 말한다. 구약 시대 선지자는 하나님의 말씀을 직접 받아 그 말씀을 대언했던 사람들이다. 설교자는 이처럼 직접적인 계시나 따끈따끈한 신탁을 받은 사람이 아니다. 설교자는 여전히 하나님께서 부여하신 권위를 가지지만 간접적으로 선지자적인 역할을 감당하는 사람이다. 둘째, 설교자는 사도가 아니다. 교회는 사도적 교리의 기초 위에 서 있고 복음을 선포하도록 세상으로 보냄을 받았기에 사도적이지만, 사도는 특별한 사명을 위해 선택되어 파송자이신 주님의 전권을 위임 받은 대리자로 보냄받은 자이기 때문에 설교자는 사도가 될 수 없다. 셋째, 설교자는 거짓 선지자가 아니다. 거짓 선지자는 하나님의 말씀이 아닌 자신의 말을 선포한다. 그들의 설교는 본문과는 연관이 없으며, 거기에는 본문을 그 문맥 안에서 해석하려는 시도조차 찾아볼 수 없다. 그들은 자신이 하고 싶은 말을 하는 사람들이기 때문이다. 이들은 청중의 비위를 건드리지 않기 위해 복음의 조금 불편한 부분들은 뒤로 제쳐 둔다. 그러므로 거짓 선지자들은 설교자가 될 수 없다. 넷째, 설교자는 말쟁이가 아니다. 바울이 아레오바고에 갔을 때 철학자들이 바울을 향해 "말쟁이가 무슨 말을 하고자 하느냐"고 했다 행 17:18. 여기서 말쟁이는 지식을 주워서 여기저기 퍼뜨리는 사람을 의미한다. 말쟁이는 중간 상인처럼 눈에 띄는 대로 여러곳에서 한 조각씩 끌어 모은 사상들을 유통시키는 자이다. 그러나 설교자는 말쟁이들처럼 자료들을 짜집기하여 지식을 유통시키는 자가 아니다.[3]

그렇다면 설교자는 누구인가?

성경에는 설교자와 연결되는 몇몇 이미지들이 등장한다. 현재 당신에게 적합한 설교자의 이미지는 어떤 것인가? 당신은 어떤 설교자 이미지를 기대하는가?

① 종　　　　② 청지기　　③ 사자(전령)
④ 스토리텔러　⑤ 목자　　　⑥ 아버지　　⑦ 증인

종으로서의 설교자[4]

"그런즉 아볼로는 무엇이며 바울은 무엇이냐 그들은 주께서 각각 주신 대로 너희로 하여금 믿게 한 사역자종들이니라" 고전 3:5

종으로서의 설교자는 주인의 명령과 지시를 받아 말씀을 전하는 정체성을 가진다. 이들에게 설교는 사람들의 믿음을 불러일으키는 도구이다. 이들은 본문을 해석하려고 하기보다 본문의 말씀을 청중에게 그대로 전달하려는 자세를 가진다. 설교의 출발점은 본문이고, 위탁받은 말씀은 신실하게 선포되어야 한다. 종으로서 설교자는 충성스러움과 겸손함을 가지지만, 전달자로서 권위가 약해 보일 수 있다.

청지기로서의 설교자[5]

"사람이 마땅히 우리를 그리스도의 일꾼청지기이요 하나님의 비밀을 맡은 자로 여길지어다 그리고 맡은 자들에게 구할 것은 충성이니라" 고전 4:1-2

청지기로서 설교자는 하나님의 비밀을 맡은 자의 정체성을 가진다. 이들에게 설교는 주인에게 공급받은 것으로 주인의 가족인 청중을 먹이는 일이다. 이들은 자신이 맡은 말씀을 해석하고 청중의 상황을 고려해서 잘 요리한 말씀을 청중에게 전한다. 청지기들의 설교 목표는 주인의 가족들의 필요를 채우고 주인이 맡긴 임무를 달성하는 것이다. 이들도 청지기로서 충성스러움과 책임감을 가지고 있으나 종과 같이 전달자로서 권위가 약할 수 있다.

사자(messenger)로서의 설교자[6]

"그러므로 우리가 그리스도를 대신하여 사신_{사자}이 되어 하나님이 우리를 통하여 너희를 권면하시는 것 같이 그리스도를 대신하여 간청하노니 너희는 하나님과 화목하라" 고후 5:20

사자로서의 설교자는 왕의 명령을 전달하는 자의 정체성과 권위를 가진다. 이들에게 설교는 왕의 명령을 선포하는 것이다. 이들은 왕의 마우스피스_{mouthpiece}이기에 말씀에 대한 해석을 하는 것보다 왕의 명령을 그대로 전달하는 것을 중요한 설교의 목표로 한다. 사자는 청중의 필요나 환경보다는 하나님의 필요와 메시지에 집중하기에 사람들의 필요를 무시하거나, 관계보다 메시지에 무게를 두게 될 수 있다는 단점을 지닌다.

스토리텔러(storyteller)로서의 설교자[7]

"예수께서 이러한 많은 비유로 그들이 알아들을 수 있는 대로 말씀을 가르치시되 비유가 아니면 말씀하지 아니하시고 다만 혼자 계실 때에 그 제자들에게 모든 것을 해석하시더라" 막 4:33-34

스토리텔러로서의 설교자는 이야기의 전달자라는 정체성을 가지기에 그들의 설교는 이야기를 나누는 것_{shared story}이다.[8] 이들에게 설교란 복음의 이야기와 청중의 이야기 사이에 교차점을 만들어 내는 것이다. 자신에게 주어진 본문을 이야기로 적합하게 구성하여 이야기를 전달한다. 이 과정에서 수사학적인 소통이 일어나고 설교자가 해석한 메시지가 이야기로 전달된다. 이 경우 메시지 전달이라는 면에서 탁월한 장점을 가질 수 있지만 그 메시지에 알맹이가 없고 껍질만 화려하게 될 단점이 있다.

목자로서의 설교자[9]

"너희 중에 있는 하나님의 양 무리를 치되 억지로 하지 말고 하나님의 뜻을 따라 자원함으로 하며 더러운 이득을 위하여 하지 말고 기꺼이 하며 맡은 자들에게 주장하는 자세를 하지 말고 양 무리의 본이 되라" 벧전 5:2-3

목자로서 설교자는 양의 필요를 돌보는 자라는 정체성을 가진다. 이들에게 설교란 청중의 필요를 보고 그들에게 변화를 요구하는 것이다. 청중의 눈높이에 맞게 말씀을 해석하고 목자의 심정으로 말씀을 전달한다. 이들의 관심은 본문이 아니라 청중이 처한 정황이다. 청중의 삶의 자리에서 그들의 필요를 채워주기 위해 노력한다. 이 경우 설교를 듣는 청중은 안전함과 따뜻함을 느끼지만, 목자로서 설교자는 설교 시 하나님의 필요를 말하기보다 청중에게 끌려가 그들을 위해 복음을 왜곡할 가능성이 있다.

아버지로서의 설교자[10]

"그리스도 안에서 일만 스승이 있으되 아버지는 많지 아니하니 그리스도 예수 안에서 내가 복음으로써 너희를 낳았음이라" 고전 4:15

아버지로서의 설교자는 아버지 하나님의 마음을 보여주는 자라는 정체성을 가진다. 이들에게 설교는 아버지의 마음과 사랑을 드러내는 것이며, 아버지의 성품을 청중이 느끼도록 하는 것이다. 아버지로서의 설교자도 목자와 같이 청중의 삶의 자리에서 출발하여 그들의 필요를 채워주고 변화를 이끌어 간다. 그래서 청중이 설교자의 성품과 설교를 통해 따뜻함과 안전함을 느낄 수 있으나, 마찬가지로 설교자가 하나님의 필요와 복음의 본질을 말하기보다 청중의 생각과 환경에 끌려갈 가능성이 있다.

증인으로서의 설교자[11]

"네가 그를 위하여 모든 사람 앞에서 네가 보고 들은 것에 증인이 되리라" 행 22:15

증인으로서의 설교자는 자신이 보고 들은 것을 증언하도록 보냄받은 자라는 정체성을 가진다. 자신이 말씀 안에서 보고 들은 체험을 증언하고 설교함으로 세상이 주님께 호의적으로 바뀌게 하는 것을 설교의 목표로 삼는다. 그래서 증인으로서의 설교자는 설교자의 권위를 강조하게 된다.[12] 이들은 분위기를 바꿀 만한 확실한 증언을 가지고 있지만 증인의 자질에 따라 청중이 증언의 신빙성에 의문을 가질 수 있다.

당신의 모습 속에 어떤 설교자의 모습이 보이는가? 당신의 부족한 면이 무엇이라고 생각하는가? 종, 청지기, 사자로서의 설교자는 설교학적으로 말하자면 좀 더 본문 중심의 설교자의 모습이다.

반면 스토리텔러, 목자, 아버지로서의 설교자는 청중 중심의 설교자의 모습이다. 어떤 설교자가 되어야 하는가보다 지금 나에게는 어떤 설교자의 모습이 나타나고 어떤 것이 내게 더해져야 하는가를 찾아 보완하는 것이 중요하다. 내가 어떤 설교자인가를 아는 순간 우리에게는 설교자로서의 꿈이 생겨나고 설교에 대한 방향과 목적이 생겨난다.

그러므로 당신이 어떤 설교자인지 먼저 확인하고 설교자로서 어떤 모습을 보완해야 하는지 끊임없이 탐구해야 한다. 그래야 하나님께서 당신을 통해 이루기 원하시는 설교 사역의 밑그림을 그려 나갈 수 있다. 설교자는 설교를 부업으로 하는 사람이 아니라 설교자로 부름받은 소명을 가지고 삶의 모든 관심을 하나님의 말씀에만 집중하는 자이다. 하나님의 구원이 필요한 영혼들에게 하나님의 메시지와 구원의 길을 보여주겠다는 열망으로 살아가는 자가 설교자이다. 그래서 설교자는 "다른 어떤 일을 할수 없으며 다른 어떤 일에서도 만족을 얻지 못한다. 왜냐하면 설교의 소명이 설교자를 압박하고 짓눌러서 설교 이외의 다른 일을 하지 못하게 하기 때문이다."[13] 그러므로 설교자인 우리는 설교의 무게를 느껴야 하고, 설교의 능력을 믿어야 한다. 하나님은 지금도 여전히 설교자의 입을 통해 교회를 향하여 말씀하신다. 성령께서는 설교자의 입을 통해 지금도 청중의 마음을 만지고 그들의 삶에 변화의 불씨를 던지신다. 그러므로 땅에 뿌리를 내리고 땅의 방식과 모습으로 살아가는 청중을 위해 하나님이 준비하신 히든 카드가 바로 설교자로 부름받은 당신이라는 사실을 잊지 말아야 한다. 하나님께서는 당신의 설교를 통해 위대한 하나님 나라의 역사를 이루어가실 것이다.

CHAPTER 1.

"설교를 정의하라"

승리(설교)를 정의하라!

　노스포인트커뮤니티교회를 담임하는 앤디 스탠리Andy Stanley는 야구 경기를 통해 성공하는 사역자의 일곱 가지 습관을 소개한다. 첫째, 그는 '승리를 확실히 정의하는 것'을 소개한다. 야구 경기에서는 안타를 치거나 도루를 하는 것을 '승리'라고 부르지 않는다. 야구 경기에서 승리를 하기 위해서는 안타나 볼 넷을 통해 나간 주자가 홈 플레이트를 밟고 득점을 해야 한다. 그것이 승리를 위한 시작이다.[14] 그러나 승리를 정의하지 못하면 내가 안타를 치거나 실책 없이 수비를 잘한 것을 승리라고 착각하게 된다. 교회도 마찬가지이다. 교회가 승리를 정의하지 않으면 교인수가 많고 교회 건물이 큰 것이 승리로 정의되어 버릴 수 있다. 목회자도 승리를 정의하지 않으면 큰 차와 높은 급여를 승리의 기준으로 삼게 될 수 있다. 승리의 정의가 잘못되었거나 정의 자체를 내리지 않는 삶은 문제가 있다. 목표점 없이 달리기를 하고 있기 때문이다. 승리를 정의하지 않으면 우리가 나아갈 방향과 결과가 흔들릴 수밖에 없음을 기억하라.

설교도 마찬가지이다. 설교를 정의하지 않고 설교할 수 있다. 그러나 그 설교의 방향이 분명하지 않을 수도 있다. 설교의 목적도 청중에게 분명하게 전달되지 못할 수 있다. 더 큰 문제는, 처음 배울 때 가진 고정된 설교의 틀에서 설교자들은 평생 벗어나기가 어렵다는 점이다. 한 번을 하든지 열 번을 하든지 당신에게서는 비슷한 설교가 나올 것이다. 당신은 이미 익숙한 패턴과 틀에 고정되어 있기 때문이다.

당신의 설교 원고를 분석하라

그래서 설교의 정의를 새롭게 갱신할 필요가 있다. 설교의 정의를 새롭게 하면 그 정의로 인해 당신의 설교에 방향의 전환이 일어나게 될 것이고, 설교의 목적에 대한 관심을 가지고 설교하게 될 것이다. 당신의 설교를 정확하게 정의하기 위해 당신의 원고들을 펼쳐 보라. 그 설교들에 반복적으로 들어 있는 것이 당신이 정의하고 있는 설교일 가능성이 많다. 어떤 사람들의 설교 원고에는 주석만 가득할 것이다. 어떤 이들의 원고에는 유익하고 따뜻한 예화가 가득할 수도 있다. 또 어떤 사람의 설교 원고에는 본문과 상관없이 자신이 전하고 싶은 메시지가 가득 차 있을 것이다. 당신의 설교 원고에는 어떤 것들이 채워져 있는가? 지금 당신이 보고 있는 설교 원고가 당신이 정의하는 설교를 보여주는 증거이다.

당신의 설교 원고에 빠진 것이 있지는 않은가? 아직 무엇이 빠졌는지 모를 수도 있지만, 무엇인가 부족하다는 생각을 가지는 것이 중요하다. 그래야만 당신의 설교의 정의를 수정할 수 있기 때문이다.

당신이 선호하는 설교 스타일은?

2003년 한국 교회 목회자들이 가장 선호하는 설교 스타일에 대한 설문 조사가 진행된 적이 있다. 놀랍게도 한국 교회 목회자들이 가장 선호하는 설교의 스타일은 강해 설교72.1%였다. 그 다음이 제목 혹은 주제 설교18.5%, 주해 설교6.4%, 성서 일과에 따른 설교2.7% 순이었다.[15] 그러나 실제로 한국 교회 설교자들이 가장 많이 하고 있는 설교의 형태는 대지 설교와 주제 설교이다.[16] 물론 대지 설교와 주제 설교가 강해 설교가 아니라고 단정적으로 말할 수는 없지만 이들 사이에는 확실한 차이가 있다. 선호하는 설교의 형태와 실제로 하고 있는 설교의 형태가 다르다면 여기에는 몇 가지 이유가 있을 것이다. 강해 설교의 정의를 정확하게 알지 못하든지, 강해 설교를 선호하지만 실제 방법을 알지 못하든지, 아니면 강해 설교를 할 수 있는 여건이 허락되지 않아서일 것이다.

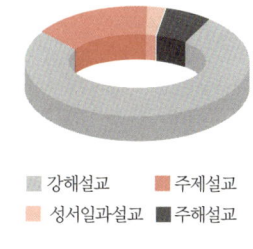

■ 강해설교　■ 주제설교
■ 성서일과설교　■ 주해설교

한국교회 목회자들이 선호하는 설교스타일

강해 설교의 일반적인 정의

프레드릭 로버트슨Frederick W. Robertson은 강해 설교를 성경의 어느 한 책을 연속적인 설교의 한 부분으로 삼는 설교라고 정의했다.[17] 그가 말하는 강해 설교는 연속성 있는 한 본문을 계속해서 강해해 나가는 본문 설교이다. 메이어F. B. Meyer도 동일하게 한 권의 책을 이어서 하는 것이 강해 설교라고 주장한다.[18] 그러나 강해 설교의 바른 정의는 책의 연속성이나 본문의 길이, 그리고 설교의 어떤 형태에 따른다기보다는, 그것이 "성경적인 설교인가?" 혹은 "본문을 어떻게 다루는가?"에 달려 있다. 브라이언 채플Bryan Chapell은 "성경적인 개념을 탐구하는 설교라면 넓은 의미에서 모두 강해 설교"라고 보았다.[19] 다른 여러 학자들도[20] 설교 내용이 성경 본문의 의미를 제대로 드러내고 있는가에 따라 강해 설교의 여부가 결정된다고 생각했다.

> "강해 설교는 주로 본문의 강해에 치중하는 설교를 말하는데 전체의 설교 내용이 본문에서 나오는 설교를 의미한다."
>
> John A. Broadus

> "강해 설교란 2절 이상의 성경 본문에 근거하여 주제와 대지가 본문에서 나오고 중심 내용은 다른 성경 구절로부터 빌려오지 않고 본문이 전개되는 설교이다."
>
> J. D. Baumann

"설명된 본문의 길이가 어떠하든지 간에 성경 기자의 마음에 있었던 본질적이고 실제적인 의미가 성경 전체의 흐름 속에 비추어 그 부분이 설명된다면, 그리고 거기서 산출된 본문의 본질적이고 실제적인 의미가 청중의 갈급함을 채워 그들의 삶에 적용되어 진다면 그것이 가장 좋은 강해 설교라 할 수 있다."

M. F. Unger

"강해 설교란 올바른 해석 방법을 통해 얻어진 성경 본문의 중심 명제를 경건한 삶을 추구할 수 있도록 지성을 깨우치며 가슴에 호소하여 삶을 변화시킬 목적으로 효과적인 의사 전달의 방법을 통해 현실에 맞게 전달하는 것이다."

Ramesh Richard

"강해 설교란 성경 본문의 배경에 관련하여 역사적, 문법적, 문자적, 신학적으로 연구하여 발굴하고 알아낸 성경적 개념, 즉 하나님의 생각을 전달하는 것으로써, 성령께서 그 개념을 우선 설교자의 인격과 경험에 적용하시며 설교자를 통하여 다시 회중들에게 적용하시는 것이다."

Haddon W. Robinson

해돈 로빈슨의 설교의 정의

해돈 로빈슨이 말하는 강해 설교의 정의는 전통적인 강해 설교의 딱딱함과 지루함에 숨을 불어넣어 주었다.

> "강해 설교란 성경 본문의 배경과 관련된 역사적, 문법적, 문자적, 신학적 연구를 통해 발굴하고 알아낸 성경적 개념 즉, 하나님의 생각을 전달하는 것으로써 성령께서 그 개념을 우선 설교자의 인격과 경험에 적용하시며 설교자를 통하여 다시 회중들에게 적용하시는 것이다."[21]

그의 정의에는 중요한 다섯 가지 원칙이 들어 있다. 첫째, 성경 본문이 설교를 좌우해야 한다.[22] 설교자가 아닌 성경 저자의 생각과 의도가 설교의 내용을 결정해야 한다는 것이다. 의미의 결정자는 성경 저자이다. "의미 결정자인 저자가 해석의 현장에서 추방되어 버린다면 그것은 곧 해석학적 무정부 상태가 되었음을 의미한다."[23] 저자의 의도는 본문에 나타나 있으며, 이것은 문자적-문법적-역사적-문맥적 방법으로 밝혀낼 수 있다. 둘째, 강해 설교는 개념을 전달해야 한다.[24] 성경 본문에서 발견되는 단어나 어떤 구절이 그 자체로 목적이 되어서는 안 되고, 성경 기자가 말하려고 하는 개념 즉, 성경 저자의 의도가 설교를 통해 전달되어야 한다. 셋째, 개념은 반드시 본문에서 나와야 한다.[25] 강해 설교의 개념에는 성경 저자가 동시대의 청중에게 말하려는 것이 숨어 있다. 그래서 설교자는 성경 본문의 배경과 관련하여 역사적, 문법적, 문자적으로 연구하여 저자의 의도를 발굴하고 알아내야 한다. 넷째, 얻어진 개념은 강해자에게 먼저 적용되어야 한다.[26] 필립스 브룩스Philips

Brooks가 말하는 것처럼 "설교란 설교자의 인격을 통하여 나오는 것이기에 말씀을 전하는 이의 상태가 메시지에 영향을 미친다."[27] 그렇기에 설교자는 성경 메시지를 전달하기 전에 자신이 먼저 그 메시지를 적용하며 실천해야 한다. 다섯째, 얻어진 개념은 듣는 사람들이 반드시 적용해야 하는 원칙이다.[28] 하나님께서 회중에게 지금 무슨 말씀을 하시려는지 파악해야 한다. 적용은 강해 설교가 지향하는 목표이다.

강해 설교의 핵심 포인트

로빈슨이 말하는 강해 설교의 핵심은 크게 세 가지이다. 본문 중심, 개념 중심, 적용 중심. 이후 많은 학자들도 로빈슨과 같은 맥락 위에 서 있다. 채플은 성경적인 개념을 탐구하는 설교이면 넓은 의미에서 모두 강해 설교라고 생각했다. 특정 성경 본문에서 대지와 소지를 찾아 저자의 사상을 전개하고 주어진 본문 전체를 다 취급하면서, 청중의 삶에 적용하는 설교가 강해 설교라고 보았다.[29] 제리 바인즈Jerry Vines도 비슷한 입장을 취한다. "강해 설교란 성경의 한 단락을 강해하여 그것을 주제와 대지를 중심으로 조직해서 그 메시지를 청중에게 적용하는 설교"라고 보았다.[30] 제임스 브라가James Braga도 강해 설교를 이렇게 정의한다.

"강해 설교란 다소 긴 본문을 하나의 주제와 연관시켜 해석하는 것인데 설교 자료의 대부분은 직접 본문에서 이끌어 내며, 설교 아웃라인은 하나의 주제를 중심으로 점진적으로 확장되어야 한다."[31]

바우만도 비슷한 정의를 가진다.

"강해 설교란 주제와 대지는 본문에서 나와야 하며, 중심 내용은 다른 성경구절로부터 빌어오지 않고 본문으로부터 나와야 한다. 그것은 하나의 목표와 주제에 의해 통일성을 가져야 한다."[32]

이들이 말하는 강해 설교는 모두 로빈슨이 말하는 본문 중심, 개념 중심, 그리고 적용 중심의 강해 설교 정의에 기반하고 있다. 라메쉬 리차드는 로빈슨의 정의를 더욱 견고하게 만들어 준다.

"강해 설교란 바른 해석 방법을 통해 얻어진 성경의 중심 명제를 전달하는 것이어야 하고, 효과적인 전달 방법으로 현실에 맞게 하는 설교이어야 한다"

주목할 것은 그는 설교의 정의에 설교의 목적을 함께 나타냈다는 점이다. 즉 "경건한 삶을 추구할 수 있도록 지성을 깨우치며 가슴에 호소하여 삶을 변화시킬 목적을 가져야 한다"는 것이다.[33] 리차드가 말하는 설교의 목적은 지·정·의의 변화이다. 지적으로 사람들의 무지함을 깨우치고, 감정적으로 가슴에 호소하고, 의지적으로 삶을 변화시키는 결단을 강력하게 나타낸다.

강해 설교가 아닌 것들

더 명확하게 강해 설교의 의미를 파악하려면 강해 설교가 아닌 것을 아는 것이 효과적이다. 강해 설교가 아닌 것은 다음 다섯 가지에 근거한다.[34]

첫째, **종교적 담화**: 종교적 담화란 성경 본문과 전혀 관계없는 설교를 말한다. 일종의 '제목 설교'같은 것인데 설교가 본문에서 나오지 않고 단지 설교자가 말하고 싶은 신앙적인 이야기를 하는 것을 의미한다.

둘째, **문맥을 무시한 설교**: 문맥을 무시했다는 말은 성경 본문의 의미와 문맥, 그리고 해석과 석의를 무시했다는 것이다. 제대로 신학 교육을 받지 못한 설교자가 앞뒤 문맥을 무시하고 자신이 하고 싶은 대로 설교의 내용을 결정하고 구성하는 설교를 말한다.

셋째, **단편적인 단어의 나열 설교**: 성경 본문을 사용하지만 단어나 구절의 앞뒤 연결상의 의미를 설명하거나 대지들 상호 간에 어떻게 연결되는가를 설명하기보다는 개별 단어들을 설명하는 것으로 설교를 마무리하는 형태이다. 하나의 중심 개념이 설교 전체를 연결하지 못하고 여러 가지 단어에 대한 지식만 공급하는 설교이다.

넷째, **단순한 석의식 설교**: 석의란 주어진 본문이 저자와 최초의 독자에게 어떤 의미를 가졌는가를 밝히는 것이다. 석의는 강해를 위한 하나의 과정이지 그 자체가 설교의 목적은 아니다. 석의된 내용은 반드시 적용되어야 한다. 석의식 설교는 적용이 사라지고 석의만 남은 설교를 말한다. 설교자가 본문에 대한 의미는 충분히 설명했지만 이 내용을 어떻게 청중의 삶에 적용해야 하는가를 말하지 않는다. 단순히 석의한 것으로 설교가 끝나버린다.

다섯째, **관주적 설교**: 관주식 설교란 설교 시간에 성경 구절만 잔뜩 나열하여 설교를 전개해 나가는 방식이다. 이 설교는 성경 구절의 나열일 뿐이지 설교라고 말할 수 없다. 본문중심, 개념중심, 적용중심의 강해 설교의 원칙에서 어긋나기 때문이다.

월터 라이펠드Walter L. Liefeld도 강해 설교가 아닌 것을 다음과 같이 정의한다. [35]

첫째, 한 절 한 절 석의verse-by-verse-exegesis
둘째, 단순 나열식 주해running commentary
셋째, 본문 구분 및 본문의 개관

데니스 레인Denis J. Lane도 강해 설교가 아닌 것을 네 가지로 말한다. [36]

첫째, 설교자가 자신이 말하고 싶은 것을 생각한 다음 거기에 맞는 성경 구절을 찾아내는 것은 강해 설교가 아니다. 설교자가 성경 본문을 대하기 전에 자신이 하고 싶은 말을 미리 결정해 놓은 상태이기 때문이다.

둘째, 본문을 서론 부분에 잠시 언급하고 본문과 상관없는 말을 하는 것은 강해 설교가 아니다.

셋째, 본문에 대해 길게 말하지만 사람들의 필요와 관련이 없는 생각들을 말하는 것은 강해 설교가 아니다.

넷째, 본문에 대해 말하지만 사람들의 삶과 관련된 적용을 하지 않는 것은 강해 설교가 아니다.

강해 설교는 로빈슨에서 시작하여 수많은 학자들의 입을 통해 정의된 것처럼 첫째, 본문 중심, 둘째, 개념 중심, 셋째, 적용 중심이라는 세 가지 원칙을 가지고 있어야 한다. 그러나 이것만으로는 무엇인가 부족하다. 그래서 넷째, 청중의 변화 중심이 따라와야 한다. 강해 설교를 하는 설교자는 본문 중심, 개념 중심, 적용 중심의 설교를 통해 얻고자 하는 것이 있다. 그것은 라메쉬 리차드가 말한 청중의 지·정·의 변화이다. 설교는 그냥 듣고 끝나는 하나의 예술적인 행위가 아니다. 누군가의 삶에 변화와 도전을 주는 하나님의 일하심을 목표로 하는 것이다. 그러기 위해서 설교자 자신이 설교에 대한 분명한 목표를 설정해야 한다.

설교는 정의되어야 한다. 그래야 기존 설교의 패턴과 틀을 깨뜨리고 설교의 성장을 가져온다. 새롭게 당신의 설교를 정의해 보라. 당신의 설교가 새롭게 정의될 때 당신의 설교도 변화될 것이다.

CHAPTER 2.

" 강해 설교의 시크릿 "

1. 강해 설교

많은 설교자들은 스스로 강해 설교를 하고 있다고 생각한다. 강해 설교를 선호하는 이유는 그것이 성경적이라고 보기 때문이다. 그러나 실제 그들의 설교에는 전혀 성경적이지 않고 강해 설교라고 보기 힘든 부분들이 있다. 그렇다면 여기에는 어떤 간극이 있는가? 실제로 많은 이들이 강해 설교의 시크릿을 알지 못하고, 성경적 강해 설교가 어떤 것인지 이해를 하지 못하고 있다. 성경적 강해 설교의 시크릿은, 설교가 본문 중심, 개념 중심, 적용 중심으로 흘러가야 한다는 것이다.

강해 설교의 특징

리차드 메이휴Richard L. Mayhue는 강해 설교가 다음과 같은 요소들을 갖추어야 한다고 말한다.[37] 첫째, 메시지의 유일한 원천이 성경에 있어야 하고, 둘째, 철저한 석의를 통해 성경으로부터 메시지를 도출해야 하고, 셋째, 성경을 그 정상적인 의미와 문맥에 맞게 정확하게 해석하여 메시지를 준비해야 한다. 넷째, 메시지는 원래 하나님이 의도하신 성경의 의미를 명확하게 설명하는 것이어야 하고, 마지막으로, 메시지는 성경의 의미가 오늘날에 맞게 적용된 것이어야 한다.

라이펠드도 강해 설교의 특징을 다음과 같이 소개한다.[38] 첫째, 강해 설교는 하나의 기본적인 본문을 취급하고, 둘째, 본문 해석에 충실해야 하고, 셋째, 본문의 각 부분이 하나의 전체가 되는 결집성을 갖도록 구성되어야 한다. 넷째, 원저자가 의도한 방향으로 청중을 끌고 나가야 하고, 마지막으로 적용을 포함해야 하는데, 적용은 본문의 목적이나 의미에서 벗어나면 안 된다. 적용이란 성경과 오늘날의 장벽을 무너뜨리고 다리를 연결하는 것이다. 그래서 적용은 설교의 궁극적인 목적이 된다.

송인규도 참된 강해 설교는 첫째, 내용의 도출성, 둘째, 구성의 치밀성, 셋째, 적용의 적실성 등 세 가지 특성을 갖추어야 한다고 말한다.[39] 내용의 도출성이란 성경의 진리를 명확하게 밖으로 이끌어내는 것을 의미한다. 구성의 치밀성은 본문의 핵심 사항을 명확하게 파악하여 일관성 있는 구조를 이루는 것을 의미한다. 그리고 적용의 적실성이란 적용이 본문의 내용과 해석에서 나오고, 그것이 회중의 상황을 무시하지 말아야 함을 말하는 것이다. 또한 회중의 삶과 동떨어지지 않는 언어와 어휘를 사용해야 한다.

이렇게 강해 설교는 본문 중심, 개념 중심, 적용 중심으로 진행되어야 한다. 여기서 한 가지 기억해야 할 것은, 강해 설교가 설교 구성에 있어 '조직적'이라는 점이다. 하나의 개념으로 구성되는 강해 설교는 그 개념을 설교 전반에 걸쳐 이끌어가기 위해 조직적으로 구성되어야 한다. 설교가 조직적으로 구성되기 위해서는 설교자가 성경 본문에서 발견한 중심 명제와 설교의 목적에 어울리지 않는 내용들은 제거하는 결단이 필요하다. 그래서 스티븐 스미스Steven W. Smith는 "설교는 설교자 자신이 죽어서 하나님의 말씀을 살아나게 하는 것이다"라고 말한다.[40] 조직적인 성경 개념이 설교 전반을 지배하는 설교가 되기 위해서는 설교자의 개인적 욕심, 생각, 의도가 죽어야 한다. 꼭 사용하고 싶은 예화나 말하고 싶은 것들도 설교의 개념과 목적에 맞지 않으면 버릴 수 있어야 한다. 그래야 하나님의 말씀이 살아나 청중의 삶에 변화를 가져올 수 있다. 강해 설교의 또 하나의 중요한 시크릿은 설교자가 자신을 죽여 하나님 말씀을 살아나게 하는 것이다.

강해 설교의 문제점

강해 설교는 많은 장점에도 불구하고 여전히 문제를 가지고 있다.

① 설교 준비를 위한 시간 문제

한 편의 설교를 준비함에 있어 너무 많은 시간이 요구된다. 19세기 설교자 알렉산더 매클래런Alexander Maclaren은 설교 한 편을 만드는 데 60시간을 소비했다고 한다.[41] 달라스 신학대학원의 설교학 강의는 한 편의 설교를 위해 20시간을 투자할 것을 가르친다고 한다.[42] 실제로 달라스 신학교 졸업생들을 대상으로 설교 한 편을 준비하는데 소비하는 시간에 대한 설문을 했더니 평균 12시간이었다.[43] 한국 교회의 모든 목사가 그런 것은 아니지만 대부분의 목사들은 일주일에 적어도 10편 정도의 설교를 해야 한다. 모든 설교를 같은 비중으로 준비하는 것은 아니지만 기본적으로 주어진 설교를 감당하기에 시간 부족을 느낄 수밖에 없다. 예를 들어 주일 낮 설교 12시간, 주일 오후 설교 6시간, 수요예배 설교 6시간, 금요기도회 설교 6시간, 새벽 기도회 설교 각 2시간으로 계산하면 총 42시간이 된다. 화요일부터 토요일까지 하루 8시간 근무를 기준으로 목회자들은 주당 48시간을 일하게 되는데 그 중에 42시간 즉, 시간의 87.5%를 설교 준비에만 매달려야 한다는 것이다. 그런데 목회자들은 설교 준비만을 위해 사무실에 있을 수 없다. 상담이나 심방, 성경 공부도 인도해야 하고, 성도들과 함께 사역도 해야 한다. 일할 수 있는 시간은 한정되고 주어진 설교의 횟수는 변하지 않는 상황이 반복되면 쉽게 준비할 수 있는 설교, 혹은 빨리 준비할 수 있는 설교의 형태를 취하게 된다. 당연히 설교의 질이 떨어진다. 이런 이유로 한국 교회의 강단에서는 주제 설교나 대지 설교와 같은 설교 방법론이 보편적으로 사용되고 있는지도 모르겠다.

② 설교 준비를 위한 기술 문제

강해 설교는 시간도 문제이지만 설교를 준비하기 어렵다는 단점을 가지고 있다. 강해 설교에는 설교학적인 모든 기술이 요구되기 때문이다. 로빈슨은 강해 설교를 위해 설교자는 성경 본문과 관련된 역사적, 문법적, 문자적, 신학적인 연구를 통해 성경적 개념을 발견해야 한다고 말한다.[44] 장두만도 "강해 설교는 주어진 성경 본문을 문자적, 문법적, 역사적, 문맥적 방법에 의해 해석하여 현대의 청중에게 적용하는 것이다"라고 설명했다.[45] 문법적이고 문자적인 연구를 위해서는 원어에 대한 이해가 필요하고, 역사적, 신학적 연구를 위해서는 다양한 주석이나 서적을 통해 본문의 배경과 신학적인 입장을 정리해야 한다. 이 과정은 오래 걸리고 많이 축적된 사전事前 지식도 있어야 하므로 설교자들이 어려움을 호소하게 된다.

③ 성경적 개념을 찾는 문제

강해 설교를 할 때는 중심 명제 즉, 성경적 개념을 찾는 것이 어렵다. 설교자들이 같은 본문을 보고 묵상하지만 모두 제대로 된 중심 명제를 찾아내는 것은 쉽지 않다. 중심 명제는 본문에서 심장의 역할을 한다. 중심 명제에는 성경 저자가 말하려는 의도와 목적이 숨어 있다. 로빈슨은 강해 설교를 이렇게 정의한다.

> "강해 설교란 성경 본문의 배경과 관련하여 역사적, 문법적, 문자적, 신학적으로 연구하여 발굴하고 알아낸 성경적 개념 즉, 하나님의 생각을 전달하는 것이다."[46]

강해 설교의 전부와 같은 중심 명제를 찾기 위해서는 선행되어야 할 작업이 많고, 선행 작업을 끝냈다고 해도 제대로 중심 명제를 찾는 것도 쉽지 않다. 그러다 보니 성경 저자의 의도보다는 '설교자 자신의 의도와 목적'에 따라 중심 명제를 찾게 되기도 한다. 전혀 상관없는 주제를 중심 명제로 삼아 설교하는 경우들도 허다하다. 중심 명제를 찾는 것이 쉽지 않기 때문이다.

④ 지루함과 식상함의 문제

강해 설교를 '강해 중심의 설교'로 이해하여 성경의 어느 한 권을 순서대로 강해해 나감으로 인해 지루함과 권태감을 줄 수 있다. 흥미 유발에 실패하는 경우도 있다. 물론 한 권의 성경을 순서대로 읽어가다 보면 전체적인 주제 안에서 다양한 부분들을 볼 수 있는 장점이 있다. 또한 전체적인 맥락의 연결과 함께 성경 저자가 말하려고 하는 부분을 이해하는 효과가 있다. 그러나 이러한 강해 중심의 설교 방식은 자칫 지루하고 식상함을 줄 가능성이 있다. 스토리가 있는 성경의 경우는 다행이지만 레위기나 이사야, 예레미야, 에스겔과 같은 예언서, 소선지서 같은 책들은 비슷한 내용을 담고 있기에 설교가 반복되는 느낌을 지울수 없고, 청중도 늘 비슷한 이야기를 반복해서 듣게 되어 식상함과 지루함을 느끼게 된다. 이사야나 시편 같은 경우는 책의 분량이 크고 다루어야 할 내용도 많아서 1년 이상 긴 시간을 소요할 수도 있다. 아무리 좋은 내용이라도 비슷한 내용의 메시지가 계속 반복되면 지루해질 수밖에 없다. 강해 설교의 이름으로 시행되는 주석식 설교나 관주식 설교 등도 설교의 몰입도를 방해한다. 한 절 한 절 자세히 설명하는 주석식 설교가 때로는 흥미를 유발할 수도 있지만, 전체적인 연결이 되지 않고 적용이 제대로 되지 않을 때 따분함을 느끼게 된다.

⑤ **적용의 문제**

강해 설교를 하면서 부딪치는 가장 어려운 문제는 적용이다. 강해 설교는 적용이 약하거나 그것을 소홀히 다루지 않는다. 로빈슨도 설교의 정의에서 설교의 내용을 설교자 자신에게 먼저 적용한 이후 청중에게 적용할 것을 권면할 만큼 적용의 현실성과 중요성을 강조한다.[47] 그러나 적용 과정에서 독창성이 결여되거나 청중이 살아가는 현실과 연결되지 못하거나 본문에 대한 정확한 주석이 이루어지지 못하여 제대로 된 적용을 도출해 내지 못하기도 한다.[48] 설교자가 적용에 대한 이해가 없거나 적용에 시간을 투자하지 못하여 적용이 사라지거나 적용에 중점을 두지 않는 경우도 있다. 이로 인해 설교의 내용이 성경 안에서 맴돌기는 하지만 현실성이 떨어지는 설교가 되고 만다. 청중은 열심히 설교를 듣지만 오늘 이 시대를 어떻게 살아야 하는가를 말해 주는 교량 역할을 하는 적용이 사라지다 보니 설교와 현실과의 괴리감이 나타나게 되어 혼란에 빠지기도 한다.

워렌 위어스비Warren W. Wiersbe는 말하기를 "적용이란 하나님의 진리와 하나님의 백성을 하나가 되게 하여 하나님의 백성들이 그 진리를 마음으로 느끼게 하고, 머리로 그 진리를 이해하게 하고, 하나님의 말씀으로부터 들은 바 진리에 근거해 의지적인 행동을 하게 하는 것"이라고 구체적으로 소개하고 있다.[49] 적용이 일어나지 않는 설교는 진정한 강해 설교라고 보기 어렵다는 것이다.

⑥ 본문에 한정된 설교의 문제

강해 설교는 범위가 본문 안으로 한정되다 보니 다양한 주제, 특별한 이슈, 그리고 다양한 청중의 필요를 설교할 수 없다는 한계를 가진다. 결국 이러한 강해 설교의 문제점들은 강해 설교라는 이름 아래 다양한 방식으로 설교가 발전하게 하는 계기가 되었다.

2. 연속 주해식 설교

일부 설교학자들은 연속 주해식 설교를 강해 설교와 동일하게 생각하기도 하지만 연속 주해식 설교는 강해 설교의 변형된 한 형태로 보는 것이 맞다.[50] 연속 주해식 설교는 성경의 한 구절 한 구절을 이어 읽어가면서 본문을 해석하며 설교하는 방식이다. 성경 주해를 하는 것처럼 설교가 진행된다. 어떤 이들은 이것을 '구절 단위의 설교,' '연속 강해,' 혹은 '연속 주해식 설교'라고 부른다.[51]

이 방식의 대표적인 설교자로는 버넌 맥기Vernon McGee, 마틴 로이드 존스Martyn Lloyd Jones, 존 맥아더John MacArthur, 로널드 알렌Ronald J. Allen 등이 있다. 연속 주해식 설교는 유구한 전통을 가지고 있다. 성경에는 학사 에스라가 느헤미아 8:8에서 율법책을 가져다 읽은 다음에 백성들이 그 말씀을 이해하도록 설명하는 장면이 나온다.[52] 이러한 설교의 전통은 쿰란 공동체에 있던 해석자로 넘어가고, 교부 오리겐Origen, 크리소스톰John Chrysostom, 어거스틴Augustine으로 이어진다. 종교 개혁기에는 마틴 루터Martin Luther와 존 칼빈John Carvin이 이 방식을 이어간다.[53]

연속 주해식 설교의 특징

연속 주해식 설교의 특징이자 장점은 첫째, 본문을 깊이 분석할 수 있다는 것이다. 둘째, 설교가 설교자의 자의가 아니라 본문의 윤곽을 따라서 흘러간다. 셋째, 성경 저자의 의도를 반영하기에 좋다. 이 설교 방법론도 단점은 있는데, 첫째, 성경의 모든 문학 장르에 동일하게 적용할 수 없다. 둘째, 절마다 주해를 하다 보면 전체적인 통일성이 부족한 설교가 될 수 있다. 세부적인 부분은 잘 다루지만 거시적인 그림을 그리는데 실패할 수도 있다. 메이휴는 연속 주해식 설교를 비판하면서 "통일성과 개요, 전체적인 지향점은 없이 그저 한 단어에서 다음 단어로, 혹은 한구절에서 다음 구절로 진행되는 주해식 설교는 강해 설교와 다르다"고 말하기도 한다. 셋째, 연속 주해식 설교는 너무 많은 성경 지식과 자료를 공급하기 때문에 청중의 실제적인 필요를 외면하거나 적용에 약점을 가지기도 한다. 넷째, 각 절을 모두 다루기에 속도가 느려 청중이 지치거나 전체적인 의미를 이해하지 못하는 문제가 일어난다.[54]

이처럼 연속 주해식 설교는 전체 그림을 그리고 설교의 사상 혹은 개념을 효과적으로 전달하는 데 약점을 가진다. 설교에서는 전체적인 윤곽을 부각시키는 것이 청중의 집중력을 끌어올리는 데 유리하며, 본문에 대한 주해 만큼 적용에 대한 배려가 있어야 한다.

연속 주해식 설교와 강해 설교의 차이점

연속 주해식 설교와 강해 설교는 '본문 중심'이라는 큰 맥락에서 볼 때 공통점이 있고, '역사적, 문법적, 문자적, 신학적'으로 연구한다는 면에서도 공통점이 있다. 그러나 연속 주해식 설교와 강해 설교에는 명확한 차이점이 있다. 첫째, 성경적 개념의 유무이다. 일반적으로 연속 주해식 설교는 하나의 메인 아이디어인 성경적 개념을 찾지 않고, 물 흐르듯이 각 절을 해석하면서 설교를 이끌어간다. 그러나 강해 설교는 반드시 본문에서 하나의 성경적 개념을 찾아 설교 전체를 이끌어 간다. 최근 존 맥아더John F. MacArthur 같은 설교자들은 구절 단위의 설교를 진행하지만 한 가지 사상에 집중하여 설교를 하기도 한다.[55] 그러나 여전히 연속 주해식 설교에서 '개념'보다는 구절 구절에 집중하는 경향을 보인다.

둘째, 적용의 유무이다. 강해 설교는 설교자 자신에게 먼저 적용하고, 그 말씀을 듣는 회중에게 적용해야 하는 적용의 대원칙을 가진다. 강해 설교는 '적용 중심'이다. 그러나 연속 주해식 설교는 여전히 적용에 있어 약점을 지닌다. 성경 본문의 주해적인 해석만으로도 충분한 설교가 되었다고 생각하기 때문이다. 제이 아담스Jay E. Adams는 적용을 상처 부위에 가하는 압박이나 벽에 페인트를 바르는 것과 비교했다.[56] 즉 적용되는 대상의 변화를 가져오는 것이다. 설교의 적용도 이와 같은 역할을 해야 한다.

셋째, 구조와 통일성의 유무이다. 연속 주해식 설교라고 통일성, 혹은 조직이나 구조가 없다는 것은 아니지만 전반적으로 강해 설교에 비해 통일성과 구조적인 조직이 부족하다. 말씀을 한 절 한 절 해석해 나가다 보니 전체적인 통일성이나 설교의 구조보다는 성경의 각 구절이 더 중요하게 여겨진다. 반면 강해 설교는 중심 명제성경적 개념를 통해 구조적인 틀을 가지고 하나의 아웃라인을 형성한다. 연속 주해식 설교도 강해 설교의 뿌리를 가지고 있지만 강해 설교가 가져야 하는 기본적인 요소들의 결핍을 보일 때가 있다. 분명한 것은 이 방식이 강해 설교와 전혀 다른 것이 아니라 변형된 형태이기 때문에, 여기서 언급한 부분들만 보완하면 또 다른 하나의 강력한 강해 설교 방법론이 될 수 있다.

3. 본문 설교

본문 설교의 특징

또 하나의 강해 설교의 변형된 양식은 본문 설교이다. 본문 설교는 18세기 후반과 19세기 초반에 설교계에 상당한 영향을 끼친 설교 방법론이다. 찰스 스펄젼Charles H. Spurgeon과 프레드릭 로버트슨Frederick Robertson, 릭 워렌Rick Warren 같은 설교자들이 이 방법을 사용한다.[57] 어떤 사람들은 본문 설교를 강해 설교와 동일한 것으로 간주하기도 하고, 어떤 이들은 강해 설교의 한 유형으로 보기도 한다. 데이비스 그래디Davis, H. Grady는 강해 설교와 본문 설교를 동일한 것으로 여긴다. 본문 설교는 강해 설교의 중심 사상에 대한 입장 뿐 아니라 구조적인 요소까지 가져오기 때문이라고 보았다. 시드니 그레이다누스Sidney Greidanus도 "모든 본문 설교는 강해 설교로 간주해야 한다"라고 제안했는데, 그 이유는 본문 설교가 성경 본문을 다루고 본문의 메시지를 깊게 해석한다고 보았기 때문이다.[58]

그러나 브로더스의 생각은 달랐다. 그는 설교를 세 가지 형식으로 구분했는데, 첫째 '주제 설교,' 둘째 '본문 설교,' 그리고 마지막으로 '강해 설교'이다. 그가 말하는 '주제 설교'는 설교가 성경 본문에 기초하기보다 설교에서 다루는 주제의 특성에 기초하는 것이다. 설교자가 어떤 교리나 도덕적인 논점들을 청중에게 제시하기 위해 어떤 주제의 형식을 따라 설교의 구조를 짜는 것을 의미한다. 그러나 본문 설교와 강해 설교 모두 성경 본문에서 기본적인 개념을 가져온다. "본문 설교는 본문에서 주제와 대지를 그대로 설교로 끌어와서 설교자 임의대로 전개하고, 주도적인 사상을 본문에서 가져오되 그 사상을 더욱 발전시키기 위해서 성경의 다른 구절들을 끌어들인다." 우리가 알고 있는 강해 설교와 주제 설교가 혼합된 형태이다. 그는 성경 본문의 흐름을 따라 설교를 하는 것보다 주제 설교를 할 때처럼 주제의 형식을 따라 구조를 발전시키는 것이 더 효과적이라고 보았다.[59]

채플도 같은 시각을 가진다. 그는 본문 설교는 설교의 주제와 대지를 본문에서 끌어오지만 그 중심 사상의 세부적인 발전은 해당 본문 밖의 다른 자료들로부터 가져오는 것이라고 생각했다. 그래서 그가 정의하는 본문 설교는 주제와 중심 사상은 본문에서 가져올지라도 중심 사상을 발전시키기 위해 그 소재를 본문 밖에서 가져오는 자유는 허용된다고 보았다.[60]

정리하면 본문 설교를 보는 입장은 본문에서 중심 사상과 주제를 가져오지만 다른 성경 구절을 참고하여 그 사상을 발전시킨다는 의견과, 강해 설교와 별반 다를 바가 없다는 의견으로 갈린다. 그러나 본문 설교는 주제와 사상을 발전시킴에 있어 본문 안에 제한되지 않고 설교자의 자율성을 어느 정도까지 보장하는 방법으로 보는 것이 옳다. 설교를 전개함에 있어서 설교자는 강해 설교의 기본적인 벽을 허물고 좀 더 자유롭게 설교를 펼쳐나가는 것이다. 그런 점에서 본문 설교는 성경의 핵심 사상을 설교할 때나 불신자들을 대상으로 하는 전도 설교를 할 때 효과적이다. 본문 설교는 본문에서 기억할 만한 중심 사상을 가지고 주제 설교와 같이 설교 본문 이외의 다른 핵심 사상을 자유롭게 가지고 와서 응용할 수 있기 때문이다.

본문 설교와 강해 설교의 차이점

본문 설교는 강해 설교가 가지는 본문 중심성과 본문의 흐름을 따라 설교를 조직하고 구조적인 틀을 짜야 하는 것에 대한 아쉬움에서 시작된 것 같다. 강해 설교가 가지는 경직성과 제한성을 탈피하고자 본문 설교는 본문에서 시작은 하지만 다른 성경 구절로 넘나들면서 자유롭게 설교 논리를 전개한다.

먼저 강해 설교와 본문 설교는 본문 안에만 머무르는지, 아니면 본문에서 시작하지만 본문을 넘어가는지에서 그 차이를 보인다. 두 번째로, 설교의 구조가 본문의 흐름을 따라 진행되는지, 아니면 본문이 말하는 중심 사상과 주제에 따라 자유롭게 변형되는지로 구분된다. 그리고 세 번째로, 성경 저자의 의도를 따라 설교하는지, 어느 정도 설교자의 의도를 허용하는지로 구분짓는다. 강해 설교에서는 성경 저자의 의도가 중요하지만 본문 설교에서는 어느 정도 설교자의 의도가 허용된다. 마지막으로 강해 설교는 설교의 중심 사상, 대지와 소지가 모두 본문에서 나오는 반면, 본문 설교는 기본적인 시작은 본문에서 하지만 설교자의 필요에 따라 다른 성경 구절이나 사상을 가져올 수 있다. 이렇듯 본문 설교는 강해 설교의 설교 구조적인 어려움과 본문 집중의 한계를 넘고자 하는 도전이었고, 나름대로 오랜 시간 발전 성장해 온 설교의 형태이다.

4. 대지 설교

또 하나의 강해 설교의 변형은 대지 설교이다. 2009년에 한기총 창립 20주년을 맞이하며 기념 설교집이 발간되었다.[61] 거기에는 한국 교회의 교단을 대표하는 설교자 161명의 설교가 수록되었다. 설교자들을 교단별로 분석하면 합동, 통합, 고신, 대신, 백석, 합신 등의 장로교 출신의 설교자가 38.48%, 성결, 순복음, 침례교단에 속한 설교자 25.45%, 그리고 나머지는 군소 교단에 속했다. 이 설교집을 분석해 본 결과 다음과 같은 결과를 얻을 수 있다.[62]

〈표 1〉 한기총 20주년 설교집 분석 결과

대지 설교	주제 설교	강해 설교	이야기 설교
103명(63.97%)	49명(30.43%)	6명(3.72%)	3명(1.86%)

대지 설교와 주제 설교, 그리고 강해 설교에 대한 정의가 서로 다르면 분류하는 방법도 달라지기에 이견이 있을 수 있다. 그러나 대략적인 통계가 보여주는 것처럼 한국 교회의 대표적인 목회자들의 설교는 여전히 대지 설교에 머물러 있다. "대지 설교는 설교자가 설교 주제 또는 본문에서 얻은 착상을 주안점으로 자신의 시각

과 언어로 대지 서너 개를 열거하고, 거기에 대한 설명을 붙여 나가는 형태"를 말한다. 그리고 각 대지에 적절한 예화를 열거하여 청중의 흥미와 관심을 끌어내는 설교가 바로 대지 설교이다.[63] 정장복은 대지 설교에 대해 다음과 같이 소개한다.

> "청중에게 본문의 교훈과 메시지를 논리적이고, 일목요연하게 전달하여 이해시키고 기억하게 하는데 목표를 두고 설교자가 설교의 주제, 중심 사상 그리고 중심 논제를 분명하고, 상세하게 그리고 논리적으로 설명하는 설교이다"[64]

대지 설교는 성경 본문이 가지는 복잡한 내용을 서너 가지 주제로 선명하고 단순하게 요약한다. 또한 성경 본문이 말하는 주제를 차례대로 진행해 나가기에 설교자가 설교의 구성이나 논리를 위해 치열하게 고민하지 않아도 되며, 연역적 구조를 취하기에 주제나 결론을 분명하게 제시할 수 있다.[65] 이런 대지 설교는 설교가 가지는 선포적인 기능, 교육적인 기능, 치유적인 기능 그리고 예언적인 기능을 드러냄에 있어 효과적이다.[66]

본래 대지 설교는 고전 수사학에 뿌리를 둔 설교 방식이다. 수사학이란 논리적이고, 명확하고, 설득적인 말하기이다. 대지 설교는 '논쟁과 증명'을 통해 청중을 설득하려고 노력한다.[67] 그러다 보니 설교에서 감성이나 상상력을 자극하는 부분이 결여되기 쉽다. 또한 대지 사이의 통일성이나 연관성보다는 독립적인 대지의 나열이 되면서 삼대지 설교는 삼지창 설교가 되고 말았다. 더 나아가 결론을 먼저 제시하는 연역적 방법이기에 청중에게 긴장감이나 호기심을 유발하는 데에 약점을 가지게 되었고, 일방적이고, 주입식의 전달이 될 수밖에 없다.⁶⁸

대지 설교가 보편화된 이유

대지 설교가 한국 교회에서 보편적으로 사용된 이유는 한국 초기 선교사들의 영향 때문이다. 특히 평양신학교에서 설교학을 가르쳤던 미국 북장로교회 선교사이자 맥코믹 신학교에서 공부한 찰스 클락Charles Allen Clark, 1878-1961, 한국 이름으로는 곽안련 선교사의 영향이 컸다. 그는 1910년 맥코믹신학교 교수였던 헤릭 존슨Herrick Johnson의 「강도요령」이라는 설교학 책을 번역 요약하여 출판했다. 1925년에는 자신의 설교학 강의 내용을 중심으로 「설교학」이라는 책을 두 번째로 출판했다.⁶⁹ 그는 자신의 설교학 책에서 다섯 가지 형태의 설교를 소개했는데, 그것은 주해 설교, 예증 설교, 부흥 설교, 아동 설교 그리고 특별 설교이다.⁷⁰ 그는 오늘날의 대지 설교인 본문설교를 주로 다루었고, 한국 교회 설교자들에게 대지 설교가 가장 좋은 방법이라고 소개했다.⁷¹

곽안련이 한국 교회 설교자들에게 대지 설교가 가장 좋은 설교 방법이라고 소개한 이유는 첫째, 신학 교육을 제대로 받지 못한 초보 설교자들이 익히기가 쉽고, 둘째, 성경 본문에서 크게 벗어나지 않는 본문 설교이고, 셋째, 또한 성경에 대한 지식이 없는 한국 교회 청중을 고려한 설교 방식이었기 때문이다. 곽안련은 성경 지식을 청중에게 전체적으로 전달해 주면 그것을 다 붙잡을 수 없다고 생각해서, 이해를 위해 여러 부분으로 나누어 주는 것이 유리하다고 생각했던 것 같다. 유아기적인 한국 교회 성도들의 신앙 단계에 맞게 대지와 소지로 분할하여 설교할 것을 권면한 것이다. 넷째, 거짓 교리가 만연한 당시 한국 사회에 논증적인 대지 설교가 성도들의 신앙을 더욱 굳건하게 세워 나가는데 더 적합하다고 생각했던 것 같다.[72]

지금의 눈으로 대지 설교를 볼 때 여러 가지 문제가 있을 수도 있다. 그렇지만 1900년대 초중반의 한국 교회의 입장에서는 대지 설교가 강단의 권위와 힘을 공급해 주었고, 청중을 고려한 설교 형태였다. 70-80년 이후 한국 교회는 세계 교회에서 유래를 찾을 수 없는 성장과 부흥을 경험하면서 회중의 눈높이가 올라갔고, 또한 말씀을 듣는 귀가 성장하기 시작했다. 그러나 여전히 한국 교회의 강단은 대지 설교의 그늘에 머물러 있다.

대지 설교의 별명

대지 설교에 대한 별명이 많이 있다. 대표적인 것이 삼지창 설교이다. 세 개의 대지가 삼지창처럼 나누어져 있다는 의미이다. 그리고 '세 개의 대지와 한 편의 예화'three points and a poem라는 이름도 있는데, 각 대지마다 하나의 예화가 자리를 잡고 있기 때문이다. 주제를 대지를 통해 설명하는 방식이기에 '개요 설교'outline preaching라고 부르기도 한다.[73]

대지 설교는 각 대지가 연결되지 않기에 설교의 흐름이 끊어지고 청중을 수동적인 참여자로 만들어 버릴 수 있다는 약점이 있다.[74]

마치 건물을 지을 때 늘 벽돌포인트의 요지에만 신경을 쓰느라 벽돌과 벽돌을 붙이는 모르타르설교의 전개 과정에는 신경을 쓰지 않는 것과 같다.[75] 이런 대지 설교는 성경 본문을 설교 주제를 뽑아 내기 위한 도구로 전락시키는 오류를 범하게 만든다.[76] 유진 로우리Eugene L. Lowry는 대지 설교의 맹점을 다음과 같이 설명한다.

> "대지 설교는 논리적 토대 위에 설교를 구조화하여, 완벽한 틀 위에서 설교자가 이미 만들어 놓은 해답을 일방적으로 회중들에게 전달하려는 경향을 가진다. 그래서 대지 설교는 회중들의 설교 참여를 근본적으로 막게 된다."[77]

헨리 미첼Henry Mitchell은 이러한 대지 설교의 방식을 비인격적인 설교라고 평가한다.[78] 왜냐하면 대지 설교는 일반적으로 연역적 방식을 고수하고, 설교자가 가지는 해답을 각 대지마다 선포함으로써 전령의 이미지를 가지기 때문이다.

대지 설교와 강해 설교의 차이점

대지 설교는 설교의 주제, 중심 사상 그리고 중심 논제를 전달한다는 점에서 강해 설교와 크게 다르지 않다. 두 설교 방식의 결정적인 차이는 '성경 저자의 의도'와 '본문이 말하는 의도'에서 나타난다. 강해 설교는 역사적, 문법적, 신학적인 연구를 통해 성경적인 개념 즉, 성경 저자가 말하려고 하는 의도를 파악하려고 한다. 반면 대지 설교는 본문이 말하고자 하는 의도 즉, 본문의 주제를 찾아 본문을 해석하려고 한다. 강해 설교에서는 성경적인 하나의 개념으로 대지 사이에 논리적인 연결과 흐름이 이어지지만, 대지 설교에서는 말하고자 하는 각 대지의 주제가 더 부각된다. 강해 설교는 설교자의 에너지와 열정이 본문을 석의하는데 집중되어 말씀의 실제적인 적용이 약할 수 있지만, 대지 설교는 주제를 통해 전달하려고 하는 내용에 집중하기에 적용에 강점을 가질 수 있다.

대지 설교나 강해 설교가 같은 뿌리를 가졌다는 사실에는 변함이 없다. 다만 강해 설교가 본문을 중심으로 '개념화'와 '구조화'를 하여 설교를 진행하는 반면, 대지 설교는 이에 변화를 주어 본문 중심에서 바로 '구조화'로 뛰어넘은 경우라고 볼 수 있다. 이런 이점利點 때문에 설교자는 성경적인 하나의 개념을 찾기 위해 시간을 쏟아 붓기보다 각 대지에서 주제를 찾아내는 일에 더 많은 시간을 투자하게 된다. 그러나 대지 설교와 강해 설교의 차이는 단순한 형식에 있지만은 않다. 대지 설교에서는 성경 저자가 말하려는 의도보다 성경 본문을 바라보는 설교자의 의도가 더 부각되는 경향이 있다. 따라서 성경적 개념의 결여로 강해 설교로 불리기엔 부족할 수 있다.

로빈슨은 강해 설교는 '성경적 개념의 전달'이라는 점을 분명히 지적한다.[79] 성경적 개념이란 하나의 형식적인 단계가 아니라 성경 저자가 본문 속에서 의도하는 것이다. 이런 점에서 대지 설교와 강해 설교의 차이는 단순한 개념화의 과정이 추가되었는가 그렇지 않는가의 형식적인 것이 아니라, 성경 저자의 의도로 성경 본문을 보는가 아니면 설교자 자신의 의도로 성경 본문을 보는가의 차이라고 할 수 있다.

5. 주제 설교

강해 설교의 변형된 유형 중 가장 많은 변형을 보이는 것이 주제 설교이다. 주제 설교란 "설교자가 일정한 주제를 정하고, 그 주제에 따라 설교를 진행하는 형태"이다. 삶 속에서 발견된 주제를 가지고 거기에 맞는 본문을 찾아 설교하거나, 성경 본문에서 발견한 주제를 가지고 삶의 현장에 적합한 적용점을 찾는 설교를 말한다. 주제 설교는 주제 선정과 본문의 선정에 거의 제약을 받지 않는다. 주제를 선정하거나 설교를 이끌어 가는 방식에 있어 모든 권한은 설교자에게 있다.[80] 그래서 설교 본문이 지배하는 강해 설교와 달리 주제 설교는 설교자가 정한 설교 주제를 따라 진행되기에 성경 진리들을 적절히 배열하여 설교를 구성하게 된다.[81]

본래 주제 설교는 설교가 홀대받던 중세 수도승들이 일정한 성서 본문 대신 자신들의 신앙과 신학, 성경 지식을 동네 공터와 길거리에서 사람들에게 이야기해 주던 방식이었다. 종교 개혁 이후 설교의 중요성이 부각되고 성경 본문을 주석하던 '주석 설교'가 설교의 기본이 되면서 주제 설교 방식은 점점 사라졌다. 그러나 기독교의 근간을 이루는 각종 교리를 설교를 통해 가르치고자 할 때 하나의 성경 본문으로 설명하기에는 한계가 있었다. 그래서 설교자들은 하나의 주제를 중심으로 다양한 성구를 사용한 교리 설교를 하게 되었는데 이것이 주제 설교의 시작이었다.[82] 오늘날 주제 설교는 교리 설교를 벗어나 더 다양한 주제와 필요에 따라 사용된다. 현대 사회가 부딪히는 수많은 문제들과 이슈들이 설교의 주제가 되었고, 우리는 그러한 설교들을 '주제 설교'라고 부른다.

가끔씩 우리는 '제목 설교'를 '주제 설교'라고 부르는데 그것은 주제 설교를 잘못 이해한 것에서 비롯한 실수이다. '제목'title이란 준비된 설교의 이름을 청중에게 알리기 위해 사용하는 말이고, '주제'subject란 무엇에 관하여 설교를 할 것인가를 논할 때 사용하는 용어이기에 제목 설교가 아니라 주제 설교라고 해야 하는 것이다.[83]

주제 설교의 장점

정장복은 주제 설교의 장점을 다음과 같이 제시한다.[84]

첫째, 무엇보다도 설교자의 구상이나 구성의 범위가 자유롭다.
둘째, 설교자의 분석과 창작의 능력을 지속적으로 향상시킨다.
셋째, 회중이 메시지를 쉽게 이해할 수 있으며, 현대적 감각을 공유하게 된다.
넷째, 설교의 방향과 목적을 정확하게 제시해 주면서 회중을 이끌어 갈 수 있다.
다섯째, 설교의 주안점을 열거함에 있어서 통일성을 유지할 수 있다.

방관덕은 주제 설교의 장점을 네 가지로 정리한다.[85]

첫째, 설교 구성과 조직이 쉽다.
둘째, 설교에 있어 다양성을 가지고 자유롭게 할 수 있다.
셋째, 통일성을 가지고 하나의 주제를 강하게 논증할 수 있다.
넷째, 논리적인 설교이기에 청중의 마음에 확신을 준다.

주성호는 주제 설교의 장점을 아래와 같이 설명한다.[86]

첫째, 설교자가 원하는 어떤 특정한 주제에 대해 설교할 수 있게 한다.
둘째, 광범위한 주제를 다룰 수 있다.
셋째, 주제를 잘 사용하면 설교의 목표가 분명해진다.
넷째, 설교자의 문학적 자질이 계발된다.
다섯째, 창조적인 설교를 할 수 있게 된다.
여섯째, 논리적인 설교를 통해 청중에게 확신을 준다.
일곱째, 설교의 조직과 구성이 용이하다.

마지막으로 이명희는 주제 설교의 장점에 대해 다음과 같이 말한다.[87]

첫째, 청중의 필요에 민감한 설교 방법이다.
둘째, 목적 있는 설교 사역을 가능하게 만든다.
셋째, 보다 교육적인 설교를 가능하게 만든다.
넷째, 수사학적으로 풍성한 설교가 되게 한다.
다섯째, 설교를 미리 준비하기에 용이하다.

정리하면 주제 설교는 청중이 살아가는 삶의 현장에서 만나는 중요한 주제를 다양하고, 현실감 있게 설교할 수 있는 방법이다. 또한 설교자가 주제와 본문을 직접 선정하기 때문에 설교자의 역할이 부각된다. 뿐만 아니라 설교자의 창의적인 능력과 수사학적인 웅변술에 영향을 많이 받고,[88] 설교자의 분석 능력과 창작 능력을 발달시킨다.[89] 더불어 주제 설교는 한 가지 주제의 증명을 위해 여러 대지들을 펼치기에 청중이 설교자가 전하고자 하는 설교의 내용을 명확하게 전달받는 논리적인 설교가 된다.[90]

주제 설교의 단점

반면 주제 설교가 가지는 단점도 적지 않다. 방관덕은 주제 설교의 단점에 대해 다음과 같이 말한다.[91]

첫째, 주제 설교는 설교에 있어 성경이 중심이 아니라 주제가 중심이 되어서 인간적인 말과 현실 상황 설명에 헤매다가 그칠 가능성이 있다.

둘째, 성경 본문의 깊은 뜻보다는 특정한 어떤 주제에만 매달리게 된다.

셋째, 때로는 설교자의 의도에 대해 의심이나 오해를 받게 된다.

넷째, 인간적인 말이 주가 되고 성경은 그것을 뒷받침하기 위하여 인용되기 쉽다.

정장복도 주제 설교의 단점을 지적한다.[92]

첫째, 주제의 근원이 설교자의 개인적인 생각이나 회중의 삶의 현장에만 국한된다.

둘째, 설교자의 주관적 판단과 사상을 열거하면서 그것이 하나님의 말씀과 동일하다 여기는 오류를 범하게 된다.

셋째. 주제를 풀어나가기 위해 본문을 사용하거나 설교자 자신의 말을 합리화시키기 위하여 본문을 징검다리로 사용하게 된다.

주성호도 주제 설교의 단점을 다음과 같이 제시한다.[93]

첫째. 주제 설교는 세속주의를 초래할 수도 있다.
둘째. 설교자가 성서를 소홀히 여기게 된다.
셋째. 설교가 지나친 개인적인 주관으로 흘러갈 수 있다.
넷째. 성경보다 성경 외 자료에 더 많은 설교 내용을 할애하게 된다.
다섯째. 성서의 깊은 맛과 뜻을 제대로 보지 못하게 만든다.

주제 설교의 단점은 설교자의 주관적인 생각이 설교로 전해진다는 점이다. 성경의 내용과 하나님의 말씀이 전해지기보다는 설교자의 의도성이 전해질 수 있다는 것이다. 성경 안에 담긴 깊은 내용을 전해야 하는데, 성경 내용보다는 설교자의 이야기나 생각을 전할 위험성이 있는 것이다. 따라서 주제 설교는 성경을 벗어나 인본주의적이고 세속적인 설교가 될 수 있다.

정리하면 주제 설교의 단점은 첫째, 비성경적인 설교가 될 가능성이 높다. 설교자가 선택한 주제를 성경 본문 안에서 풀어내기보다는 자극과 호기심을 유발하기 위해 성경 외 자료들을 사용할 가능성이 많기 때문이다. 둘째, 성경 본문이 하나님의 말씀을 전달하기 위한 도구가 아닌 설교자 개인의 의도와 목적을 합리화하기 위한 도구로 전락할 가능성이 있다.[94] 그리고 주제 설교는 자칫 잘못하면 세속적이고 인본주의적인 설교가 될 가능성이 있다.[95]

주제 설교를 주제 강해 설교로

주제 설교도 성경적인 설교가 될 수 있다. 주제 설교도 강해 설교처럼 설교 전체를 통해 하나의 지배적인 주제나 중심 사상을 전달하기 때문이다. 설교자는 중심 주제나 사상을 전달하기 위해 다양한 성경 본문을 가져온다. 문제는 설교자가 자신의 설교 주제에 맞추어 저자의 의도와 상관없이 본문을 다룰 수 있다는 점이다.[96] 주제 설교가 성경적으로 바른 설교가 되기 위해서는 설교자가 택한 주제를 성경 저자가 말하려는 것과 일치시켜야 한다. 그러기 위해서는 본문에 대한 철저한 주해와 맥락의 연구가 필요하다.[97] 그러면 주제 설교는 오늘날 다양해지는 사회와 문화의 문제에 대한 복음적인 해석과 기준을 제시하기 위해 귀하게 쓰일수 있는 설교의 형태가 될 수 있다.

주제 설교와 강해 설교의 차이점

주제 설교와 강해 설교의 가장 큰 차이점은 첫째, 청중이나 본문 중 어느 것을 중심에 두느냐에 있다. 주제 설교는 청중의 삶의 자리 즉, 청중의 필요와 그들이 만나는 수많은 사회적, 문화적인 이슈로부터 출발한다. 반면 강해 설교는 언제나 철저하게 본문 중심이다. 둘째, 설교자의 역할에도 차이가 있다. 주제 설교는 설교자가 본문을 주도하는 역할을 하는 반면, 강해 설교는 설교자가 본문에 순종하고 따라간다. 주제 설교는 설교자에게 많은 자율성을 보장하지만 강해 설교는 본문 안에서 설교자의 자율성을 제한한다. 셋째, 의도에 대해서도 차이를 가진다. 주제 설교는 설교자의 의도에 따라 주제와 본문이 결정되지만, 강해 설교는 본문 저자와 성령의 의도에 따라 설교가 결정된다.

정장복은 주제 설교가 바른 설교의 면모를 갖추기 위하여 다음의 몇 가지 사항이 필요하다고 말한다.[98]

첫째, 주제의 근원이 비록 설교자의 개인적인 생각이나 회중의 삶의 자리라고 할지라도 그 주제를 제어할 수 있는 본문과의 연관이 있어야 한다.

둘째, 대지별로 주제가 전개될 때 주제와의 통일성이 있어야 한다.

셋째, 설교자의 주관적 판단과 사상이 하나님의 말씀과 동일하다고 하는 오류를 조심해야 한다.

넷째, 주제를 풀어나가기 위해 본문을 사용하거나 자신의 말을 합리화시키기 위하여 본문을 사용하는 오류도 조심해야 한다.

6. 문제 해결식 설교

강해 설교의 변형된 유형 중 가장 최근에 발생한 설교 형태는 문제 해결식 설교이다. 이 방식이 설교학적으로 어떤 한 영역을 구축하고 있지는 않지만 70년대 이후 북미 설교학에서 시작된 '신新설교학'에 속한 설교 방식이 거의 이러한 형태를 가진다. 문제 해결식 설교란 청중의 문제를 정확하게 찾아내어 성경에 근거한 해결 방식을 제시하는 설교 방법을 의미한다. 문제 해결식 설교는 해리 포스딕Harry Emerson Fosdick: 1878-1969에게서 시작되었는데 사람들은 그의 설교를 '집단 상담적인 설교'라고 부른다. 그는 개인 상담을 통해 발견한 현대인들의 문제와 고민에 관심을 가졌고, 설교를 통해 그들의 문제와 상처에 대한 성경적인 조명과 해답을 제시하려고 노력했기 때문이다.[99]

포스딕의 설교에 대해 박은규는 다음과 같이 설명한다.

"첫째, 청중의 개인적인 관심과 필요에서 시작된다. 그래서 그들의 삶의 긴급한 문제나 혹은 개인과 사회의 중요한 이슈들이나 여러 가지 문제들에 대해 깊이있게 파헤친다. 둘째, 청중의 삶의 문제들을 함께 통찰한다. 문제를 분석하고, 문제에 대한 성경적, 역사적 근거를 제시한다. 셋째, 그 이후 문제에 대한 설명을 통해 청중 스스로 자신의 정체성을 발견케 한다. 문제와 관련된 청중의 마음과 양심에 도전을 주고, 문제 해결에 대한 기대를 가지게 만든다. 넷째, 문제 해결을 위해 설교자의 직관을 제시하는데 설교자가 발견한 성경적 그리고 신학적 해결점과 복음적인 대안을 제시한다. 다섯째, 마지막으로 성경적 해답을 가지고 청중이 행동하도록 동기 부여를 한다."[100]

이러한 포스딕의 설교 방식은 설교에서 무시되었던 청중을 새롭게 발견하게 만들었고, 청중의 삶의 자리와 문제에 관심을 가지게 만들었다. 결국 그의 설교 방법론은 1970년대 이후 시작된 북미 설교학의 '새로운 설교학 운동'에 중요한 영향력을 미치게 되었다.

포스딕의 이력서

포스딕이 이러한 설교 방법론을 선택하게 된 것은 그의 신학적인 배경과 무관하지 않다. 그는 1878년 뉴욕에서 출생했고, 콜게이트 대학교Colgate Seminary와 유니온 신학교Union Theological Seminary 그리고 컬럼비아대학교Columbia University에서 공부했다. 대학 시절 그는 당시 지배적이던 맹목적이고 수용적인 신앙에서 벗어나고자 진보적인 사상에 심취했다.[101]

그는 뉴저지의 몬트클레어 제일침례교회에서 1904년 목회를 시작했고, 1908년 뉴욕의 유니온 신학교에서 설교학으로 강의를 했으며, 1915년에는 실천신학 교수로 정식 초빙되었다. 1925년 그는 나이 47세에 뉴욕의 리버사이드 교회의 청빙을 받았고, 1946년 은퇴할 때까지 20여 년 동안 목회와 신학교 교수 사역을 함께 감당했다. 1931년부터 라디오 강단이었던 *National Vespers Radio Hour*를 통해 그의 설교가 전해지며 엄청난 반향을 일으켰다. 그는 1969년 91세의 나이로 하나님의 부르심을 받았는데, 이후로도 미국 자유주의 성향의 설교자 중 뛰어난 설교자로 평가받고 있다.[102]

포스딕의 신학적 배경

네 가지 신학적 배경이 포스딕의 사상에 큰 영향력을 끼쳤다. 첫째는 자유주의 사상의 영향이다. 그의 성장기는 전 세계가 20세기의 첫발을 내딛는 시기였고, 과학의 급속한 발전과 함께 신에 대한

회의와 인간은 신을 인식할 수 없다는 '불가지론'[103]이 주도하던 시기였다.

둘째는 삶의 경험을 통한 신앙이다. 포스딕은 어린 시절에 무서운 질병을 경험했는데 이러한 질병을 치료하기 위해서는 전능하신 하나님의 도움이 있어야 한다는 것을 알게 되었다. 그리고 그 도움은 인간의 지적인 노력이나 연구가 아닌 하나님 앞에 단독자로 서서 겸손하게 부르짖는 기도를 통해서 가능하다는 것을 경험했다.[104]

셋째는 사회 복음에 대한 관심이다. 정장복에 의하면 "18세기 영국의 복음적 부흥 운동Evangelical Revival의 영향은 설교의 탐구와 발전에 도움을 주었고, 그 결과 영적 능력을 가진 설교자들이 쏟아져 나오면서 유럽과 미국에 말씀의 전성기를 이끌게 된다. 19세기 유럽은 본문 말씀을 세밀하게 관찰하고, 해석하는 방식으로 설교가 이끌어졌다면 미국은 사회적인 문제와 맞물려 명료하고 강력한 설교가 주를 이루었다. 그래서 1900년대 초, 전쟁 문제, 인종 문제, 노동 문제 그리고 경제 문제에 대해 교회와 설교자들은 특별한 관심을 가졌다. 그 결과 노예 제도 폐지 운동이 나오게 되었고, 행동하는 설교자 월터 라우센부쉬Walter Rauschenbusch를 중심으로 한 사회 복음화 운동으로 이어지게 되었다."[105] 이러한 사회 복음화 운동은 산업 자본주의와 막대한 부의 축적으로 인해 사회적, 경제적 불균형으로 발생한 문제에 대한 반발로 시작되었다. 이러한 상황 속에서 포스딕은 사회 복음화 운동에 대한 확신을 가지게 되었고, 청중의 실제적인 삶의 문제에 도움을 주는 설교에 대한 관심을 가지게 되었다. 그래서 그의 설교에서 전쟁, 인종 차별, 노동, 경제 문제 등이 중요한 주제가 되었고, 직접 그러한 문제 해결을 위해 설교하기 시작했다.[106]

마지막으로 복음적 자유주의이다. 그가 활동할 당시 미국 교회는 근본주의와 자유주의가 대립하던 시기였다. 그는 근본주의의 배타적인 태도에 도전과 변화를 추구했다가 자신의 의도와 상관없이 근본주의에 대한 자유주의의 도전으로 오해를 받아 근본주의자들의 집중 공격을 받게 된다. 그가 자유주의 신학의 영향을 받았고 자유주의를 옹호하는 것은 사실이었지만 자유주의자는 아니었다.[107] 그는 자유주의 신학의 영향을 받아 그 사상을 지지할지라도 하나님의 말씀인 성경을 부인하지는 않았고, 그의 설교는 언제나 복음적 해결책으로 마무리되었다. 그래서 설교학자 다간 E. C. Dargan 은 포스딕을 '복음적 자유주의' evangelical liberalism 를 추구하는 사람이라고 말한다.[108]

이후 그의 문제 해결식 설교 방식은 70년대 북미에서 시작된 신설교학에 영향을 주었고, 귀납적 설교, 이야기식 설교, 네 페이지 설교 등이 문제 해결식의 방식을 따르게 되었다.

문제 해결식 설교의 특징

이러한 문제 해결식 설교의 특징은 첫째, 청중의 위치가 변한다. 수동적으로 설교를 경청하던 청중이 문제 해결의 능동적인 주체자로 서게 된다. 전통적인 설교에서 청중은 설교자의 설교에 강요당했다면, 문제 해결식 설교에서는 스스로 설교에 참여하고, 체험하며, 문제의 실마리를 함께 풀어간다.[109] 둘째, 설교의 초점도 변한다. 전통적인 설교에서 설교란 '무엇'what을 전달할 것인가를 고민했다면, 문제 해결식의 설교는 무엇과 더불어 '어떻게'how 전달할 것인가에 대한 초점을 가진다. 그러다 보니 설교 방법이 한두 가지 정해진 틀에 묶이지 않고 다양한 방식의 설교를 할 수 있다. 셋째, 설교 구성도 전통적인 설교 방식과 다르다. 전통적인 설교는 연역적으로 구성되어 말하려는 중심 주제를 서두에서 선명하게 제시한 다음 그것을 설명하고 해설해 가는 방식을 취한다. 반면 문제 해결식의 설교는 문제 제기와 문제 해결이라는 방식을 취하기에 귀납적인 구조를 취할 수밖에 없다. 귀납적 설교란 설교의 중심 주제 혹은 결론적인 내용을 끝부분에서 드러내는 형식이다.[110] 그래서 문제에 대한 해결을 설교 뒤에 위치시킴으로 긴장감과 극적인 효과를 가져올 수 있다.

그 외에도 문제 해결식 설교는 설교에 대한 몰입도를 높인다. 청중이 집단 상담을 받는 것처럼 설교를 통해 자신이 직면한 문제에 대한 성경적인 답을 얻을 수 있기 때문에 더 설교에 집중하게 된다. 또한 이 설교 방식은 청중의 설교 참여도를 높인다. 청중은 가만히 앉아 듣는 대상에 그치치 않고 적극적으로 설교에 참여하여 설교에 대한 결론을 함께 만들어 간다. 물론 설교자가 던지는 결론이 있지만 청중 또한 자신의 결론을 구체적으로 적용할 수 있다. 마치 병원에서 처방을 받은 환자가 약국에서 약을 사서 구체적으로 복용하는 것처럼, 설교를 통해 받은 처방을 청중은 자신들의 삶에서 구체적으로 적용할 수 있다는 장점이 있다.

문제 해결식 설교와 강해 설교의 차이점

 문제 해결식의 설교는 수많은 장점을 가지고 있고, 설교 형식에 있어서도 새로운 패러다임을 보이지만 강해 설교와 차이점을 가진다. 첫째, 문제 해결식 설교는 본문 중심의 강해 설교와 달리 청중의 문제와 관심에서 출발한다. 이는 성경 저자의 의도와 목적보다 설교자 자신의 목양적인 의도와 필요에 더 집중하는 결과를 가져온다. 둘째, 일반적으로 문제 해결식 설교는 귀납적인 방식으로 진행되지만 강해 설교는 중심 명제를 중심으로 주제를 풀어가는 연역적인 방식이다. 셋째, 강해 설교는 본문 해석과 논리적인 구조로 조직하는 것에 집중한다면, 문제 해결식 설교는 회중에게 전달되는 이미지와 상상력, 그리고 이야기와 같은 방식을 취하며 플롯과 움직임을 중요하게 생각한다.[111] 넷째, 강해 설교에서는 하나님의 말씀을 전달하는 설교자의 권위가 강조된다면 문제 해결식 설교에서는 설교자의 권위보다 설교자가 주는 해결책이 권위를 가지게 된다.[112]

문제 해결식 설교와 이미지 설교와의 차이점

 문제 해결식의 설교와 이미지 설교 사이에는 설교 구성에 있어 많은 유사점이 있다. 두 방식 모두 문제나 주제를 중심으로 설교를 구성해 간다는 점에서 비슷하다. 그러나 이 두 설교의 차이점은 첫째, 설교의 출발점에 있다. 문제 해결식 설교에서 설교자는 청중이 가진 문제에 대한 고민에서 출발한다면 이미지 설교는 강해 설교처럼 성경 본문에서 출발하며, 성경 저자가 주는 메시지에 집중하려고 노력한다. 둘째, 설교의 주도권이다. 문제 해결식 설교는 청중이 직면한 삶의 문제를 해결하기 위해 설교자가 설교의 주도권을 가지고 본문 속에서 메시지를 찾는 한편 이미지 설교는 본문이 주도권을 가지고 본문이 허용하는 범위 안에서 청중의 눈높이에 맞는 메시지를 찾는다. 셋째, 설교의 목적이다. 문제 해결식 설교는 청중이 가지는 삶의 관심과 문제를 해결하기 위한 집단 상담적인 모습이 설교의 목적으로 나타난다면, 이미지 설교는 청중의 삶의 문제 해결을 목적으로 하지 않는다. 본문에 따라 문제에 대한 해결책을 제시하기도 하지만 반드시 문제를 해결하는 것을 설교의 목적으로 삼지 않는다. 문제를 제기하는 것으로 설교가 끝나기도 하고, 주제에 대한 설명과 증명으로 끝나기도 한다. 성경 본문이 이끄는 대로 설교를 하는 것이 이미지 설교의 방식이다. 넷째, 설교 언어이다. 문제 해결식 설교도 이미지 언어와 상상력의 언어를 사용하기도 하지만 그것들이 설교 전체를 이끌어가기보다는 설교의 어떤 한 부분을 위해 사용된다. 그러나 이미지 설교는 설교의 중심 주제를 이미지로 바꾸어 설교 전체를 이끌어 간다. 이와 같이 이미지 설교와 문제 해결식 설교는 청중이 가지는 삶의 문제에 대해 관심을 가진다는 면에서는 연관성이 있고 설교를 통해 청중이 분명한 어떤 결론을 얻어간다는 면에서 동일하지만, 설교의 출발과 주도권, 그리고 목적에 있어 중요한 차이를 가진다.

한국 교회 안에서 설교는 강해 설교의 형태에서 조금씩 변형이 된 대지 설교, 본문 설교, 연속 주해식 설교, 주제 설교, 그리고 문제 해결식 설교 형태를 가지고 있다. 그러나 신학교에서 다양한 방식의 설교 방법론을 배움에도 불구하고, 여전히 한국 교회에서는 대지 설교와 주제 설교가 강세인 것을 보면 신학교에서 배웠던 설교 방법론들이 전혀 설교 현장에서는 적용되지 못하고 있음을 보게 된다. 또한 모든 설교의 뿌리가 되는 강해 설교에 대한 이해가 없는 상태에서 여러 가지 설교 방법과 기술을 배워나가다 보니 점점 강해 설교와 멀어지는 경향까지 나타나고 있다.

무조건 강해 설교를 해야 하는 것은 아니지만 강해 설교를 고수하는 이유는, 그것이 가장 성경적인 설교이기 때문이다. 설교는 성경적이어야 한다. 하나님의 말씀을 전달하는 것이기 때문이다. 그러나 시대와 문화의 변화에 따라 설교의 방법은 달라질 수 있고, 또 달라져야 한다. 모든 설교 방법론의 변화는 기존의 설교 방식에 대한 문제의식에서 시작되었기에 항상 다시 설교가 본질로 돌아가고, 그 본질에서 다시 긍정적인 변화를 추구해야 한다.

즉 강해 설교가 가진 본문 중심, 개념 중심, 구조 중심이라는 핵심 원리에서 시작하여 청중에게 들려지는 새로운 설교의 형태가 필요하다. 다시 말해, 강해 설교에서 말하는 '무엇을'what과 신설교학에서 강조하는 '어떻게'how를 접목시킨 새로운 강해 설교 방식이 필요한데, 그것이 바로 성경적 강해 설교 안에서 진행되는 '이미지 설교 방법론'이다. 이미지 설교 방법론은 강해 설교에서 변형된 설교에서 약점을 보완하여 더 본문 중심적이지만 더 청중 중심적인 설교를 할 수 있게 만든다.

CHAPTER 3.

" 새로운 설교학과 여행 떠나기 "

1970년대에 들어서면서 전통적인 강해 설교에 대한 반기를 드는 사람들이 생겨났다. 특히 아리스토텔레스로부터 내려온 수사학적인 설교 방식에 의문을 던지며 새로운 방식의 설교를 소개한 사람이 있었는데, 바로 크래독Fred B. Craddock이다. 그는 "어떻게 해서 복음이 언제나 아리스토텔레스의 논리학에 매여 있는가? 어떻게 해서 성경의 다양하고 풍부한 문학 형식과 분위기가 모두 수세기 전 헬라 수사학 형식을 모방하여 일정한 하나의 틀 속에 가두어져야 하는가?"라며 전통적인 방식에 의문을 던졌다.[113] 이후 그가 제시한 패러다임의 골격을 방법론적으로 잘 발전시킨 유진 로우리가 등장했고, 그것에 기초하지만 제3의 방법을 소개한 데이비드 버트릭David Buttrick이 나타났다.[114]

모두 조금씩 다르기는 하지만 이들의 주장은 기존 '해석된 메시지'에 대한 이해와 전달에 대한 불만으로 시작된 도전들이었다. 기존의 설교학은 설교를 '진리에 대한 이상적 해설'로 이해하고, 청중에게 가르치고 전달하려는 방식을 가지는 데 불만을 제기했다. 또한 서너 개의 대지를 통한 연역적이고, 논리적이고, 교육적인 설교로만 설교가 나가는 것을 거부했다.[115]

전통적인 설교와 신설교학의 차이

권성수는 전통적인 설교와 신설교학의 차이를 이렇게 설명한다. "전통적인 설교는 본문의 의미가 고정되었다고 보지만 신설교학은 본문의 의미가 청중에 따라 유동적이라고 본다. 전통적인 설교는 '선포'를 중시하지만 신설교학은 '대화'를 중시한다. 전통적인 설교는 "왜 그런가?" "또 왜 그래야 하는가?"와 같은 방식의 논증이나 설명, 그리고 예증을 통한 설득의 방법을 선택한다면 신설교학은 '그게 그렇다'는 식으로 서술한다. 전통적인 설교는 본문을 '해석'하지만 신설교학은 본문을 '전개'한다. 전통적인 설교는 '명제적 설교'를 하지만 신설교학은 주로 '이야기식'으로 설교를 이끌어간다. 전통적인 설교는 주로 '연역적으로' 삼대지 설교를 하지만 신설교학은 '귀납적' 플롯을 사용한다."[116]

1. 귀납적 설교

크래독의 이력서

크래독Fred B. Craddock은 1928년 4월 30일 미국 테네시 주 훔볼트

Humbolt에서 태어났고, 2015년 3월 6일 세상을 떠났다. 그는 1950년 테네시주에 있는 존슨성서대학현 Johnson University에서 학사 학위를 받았고, 1953년 필립스에서 신학 학사 학위를, 그리고 1964년 밴더빌트대학Vanderbilt University에서 신약학으로 철학 박사 학위를 받았다. 이후 그는 독일 튜빙겐Tübingen University과 예일대Yale University에서 박사 후 연구post-doctoral study를 했다.[117] 그리스도의제자들교단Disciples of Christ에서 목사 안수를 받았고, 테네시와 오클라호마에서 목회를 했으며, 교단 총회 및 행정 위원회에서 일했다.[118] 1973년부터 에모리 대학Emory University의 캔들러 신학부Candler School of Theology에서 설교와 신약학을 가르쳤고, 1993년에 은퇴했다.[119]

크래독의 신학적 배경

실제 크래독의 생각에 변화가 일어난 시기는 1960년대 중반 이후로, 사회, 정치, 종교적으로 혼란한 시기였다. 시민 권리 투쟁들, 케네디J. F. Kennedy와 마틴 루터 킹Martin Luther King, Jr. 목사 암살, 베트남 전쟁, 도시 폭동, 생태적 관심사들의 정치화, 페미니즘feminism의 등장, 워터게이트Watergate 사건, 그리고 닉슨Richard Nixon 대통령의 사임과 같은 일련의 사건들이 발생했다.[120] 문화적으로는 1960년대에 보급된 텔레비전으로 인해 라디오를 통해 듣는 시대에서 텔레비전을 통해 직접 보고 듣는 시대로 변하고 있었다. 또한 60년대 시작된 포스트모더니즘 시대의 영향으로 다원주의가 유입되고, 여성들과 유색인들에 대한 인간성 말살, 그리고 남성 지배적인 '계급적 권력 체계'에 대한 강력한 저항이 나타나고 있었다.[121] 당시 설교 강단은 여전히 권위적이었고, 성경에 대한 역사비평학적 성찰로 인해 청중에게는 설교에 대한 좌절감이 생겨나고 있었다.[122] 캠벨Charles L. Campbell은 이러한 사회·문화적 상황이 크래독의 설교 방법론에 네 가지 중요한 영향을 미치게 되었다고 설명했다.[123]

첫째, 크래독은 자신의 저서 『권위 없는 자처럼』에서 보여주는 것처럼 포스트모더니즘의 영향으로 설교자의 탈脫권위를 강조했다. 그것이 청중을 위한 귀납적 움직임으로 발전하게 되었다. 둘째, 존 듀이John Dewey의 교육 철학을 통해 크래독은 결론을 강제적으로 청중의 마음 속에 저장하기보다 그들 스스로 설교의 결론에 도달하도록 도왔다. 셋째, 크래독은 칼빈의 만인 제사장 교리를 자신의 설교 방법론에 적용했다. 모든 사람들이 하나님 앞에 제사장이라면 청중은 설교를 통해 자기 자신의 결론을 도출해내고 스스로 자신의 삶을 결단할 자유와 책임이 있다는 것이다. 넷째, 크래독은 게하르트 에벨링Gerhard Ebeling의 새로운 해석학New Hermeneutic에서 영향을 받았다. 그래서 설교의 언어적 차원들, 예수님의 비유들의 중요성, 그리고 설교의 구두적oral, 경험적experiential, 사건적event 특징을 강조했다.[124] 또한 키에르케고르Søren A. Kierkegaard의 간접 전달 이론의 영향을 받아 귀납적 방법론의 패러다임을 제공했다.[125]

크래독의 사상적 뿌리

김천일은 크래독의 귀납적 설교 방법론은 사상적으로 다섯 가지의 뿌리를 가지고 있다고 주장한다.[126]

① 후설(Edmund Husserl)의 현상학적 접근 방법

후설의 현상학적 접근법이란 '기존의 개념적인 전제를 내려놓고, 눈에 보이는 현상을 그대로 받아들여 충실히 기술하려는 방식'이다.[127] 기존의 선입관을 최대한 배제하고 사실 그 자체, 현상 그대로 바라보자는 것이다. 이러한 후설의 이론에 근거하여 크래독은 설교에 있어 전통적이고, 성경적인 전제보다 설교를 가능하게 만드는 현재적인 상황 즉, 회중의 삶의 문제에서 설교를 시작하려고 했다.[128]

② 하이데거(Martin Heidegger)의 언어 이해

하이데거는 존재, 언어, 그리고 인간 사이의 관계를 탐구하면서 "언어는 존재의 집이다"라는 결론에 이른다.[129] 이 은유적 표현은 존재는 언어를 통해 있게 된다는 것을 의미한다. 언어는 존재의 본질이며, 인간 존재는 언어를 통해 자기 자신을 표현한다. 이에 영향을 받은 크래독은 설교자들이 사용하는 성경 언어에 대해 문제를 제기했다.[130] 전통적인 설교에서 사용하는 논리적이고, 논증적이고, 명령적이고, 분석적인 언어를 이야기와 이미지의 언어로 수정해야 한다고 생각했다. 즉 청중의 마음 속에 그림을 그려주는 시각적 언어인 그림 언어, 메타포의 언어, 그리고 이야기 중심의 언어를 사용해서 설교를 해야 청중과의 커뮤니케이션 회복이 일어난다고 생각한 것이다.[131] 그래서 그의 설교 방법론은 성경의 권위와 저자의 의도보다 청중과의 커뮤니케이션에 더 집중하게 되었다.[132]

③ **불트만**(Rudolf K. Bultmann)**의 실존주의적 인간 이해**

불트만의 고민은 "기독교의 복음을 어떻게 하면 적절하게 현대 사회에 선포할 수 있을까?"였다. 그리하여 찾은 답이 실존주의적 방법이다. 그는 예수 그리스도의 사건을 철저하게 인간 실존의 문제와 관련하여 해석해서 이천 년 전에 일어난 그리스도의 사건을 현재 사건으로 해석 및 재구성하려고 했다.[133] 불트만은 성경 저자들이 당시 독자들에게 메시지를 전달하기 위해 사용했던 철학과 세계관과 같은 사고 패턴을 오늘날의 독자들에게 강요하는 것은 맞지 않다고 생각했다. 그래서 성경의 메시지를 오늘날의 독자들에게 이해 가능하게 전달하기 위해서는 핵심적 메시지를 처음 그 메시지를 수용했던 독자들이 가졌던 사고 패턴에서 분리하는 작업을 해야 한다고 보았다. 즉, 성경의 메시지를 오늘 이 시대의 독자들이 알아들을 수 있는 실존적인 언어와 방식으로 전달해야 한다고 생각한 것이다.[134]

크래독은 이러한 불트만의 인간 이해에 바탕을 두고 오늘날의 청중 중심의 사고 패턴으로 귀납적 설교를 완성했다. 그는 청중에게 하나님의 말씀이 실존적으로 들리고 경험되기 위해서는 메시지를 귀납적 방법으로 전달해야 한다고 주장했다.[135] 그리고 불트만의 실존주의적 인간 이해를 바탕으로 '청중의 주체적 경험성과 열린 결론의 타당성'을 확보했다.[136]

④ **가다머**(Hans Georg Gadamer)**의 지평 융합의 해석학**

크래독의 성경 해석 방법은 1960년대 가다머의 지평융합적 해석 방법과 유사하다. 가다머 이론의 핵심은, 어떤 텍스트가 이해되려면 반드시 두 개의 지평의 만남이 일어나야 한다는 것이다. 청중이 자신들의 지평을 성경 텍스트의 지평에 연결시키고, 청중과 텍스트 서로 간에 대화가 일어날 때 해석이 일어난다. 크래독도 성경 말씀 이해는 특정한 성경 말씀과 청중 사이에서 행해지는 대화로 이루어진다고 보았다. 그래서 말씀과 청중과의 지평의 융합, 즉 말씀의 경험이 메시지의 참된 전달 수단임을 강조한다.[137]

⑤ 키에르케고르(Søren A. Kierkegaard)의 간접 전달 이론

크래독은 설교가 들리지 않는 고통스러운 현장에서 들리는 설교로의 전환을 위해 키에르케고르의 '간접성의 원리'를 수용한다. 간접성의 원리는 청중에게 정보를 제공해서 그들 안에 있는 능력 혹은 행동을 끌어내는 방식이다. 강제적이고 직접적인 방법이 아닌 동기를 부여하고, 스스로 결단하고, 행동하게 하는 방법을 의미한다. 키에르케고르는 이 방법이 청중의 자주성을 존중한다고 설명한다.[138]

키에르케고르의 간접 전달 이론indirect communication에 영향을 받은 크래독은 이미 복음을 알고 있는 청중에게 연역적으로 접근하는 것보다 간접적으로 접근하는 귀납적 방식을 주장한다. 결론도 설교자가 직접적으로 청중에게 강요하지 않고 열린 결론을 통해 청중 스스로 결론을 찾아갈 수 있도록 했다.[139]

결론적으로 크래독의 귀납적 설교 방법론은 다음과 같은 사상적 배경을 가진다. '방법론이 바로 메시지'라는 크래독의 주장 뒤에는

현상학적 접근법이, '귀납적 움직임이 현상학적 접근의 최고의 방편'이라는 주장 뒤에는 하이데거의 언어 이해가 있다. '열린 결론과 청중의 역할의 강조' 뒤에는 불트만의 실존주의적 접근 방법인 인간 이해가 자리 잡고 있으며, '청중의 말씀 경험'을 강조하는 주장 뒤에는 가다머의 지평융합적 해석학이 기초를 이루고 있다.[140] 그리고 키에르케고르의 간접 전달 이론은 그의 귀납적 방식과 열린 결론에 대한 이론적인 바탕을 이룬다.

크래독 귀납적 설교

크래독에 의해 시작된 귀납적 설교는 설교의 난청으로 고통스러워하는 청중에게 효과적인 설교 커뮤니케이션의 변화를 이끌어낸 설교 방식이라고 말할 수 있다. 그는 『권위 없는 자처럼』의 출간을 통해 청중의 중요성을 새롭게 부각시켰으며, '무엇을 전할 것인가'와 함께 '어떻게 전할 것인가'의 중요성을 일깨워 주었다. 이 방식은 명제 제시형 설교에서 경험과 이야기의 설교로, 좌뇌적인 방법에서 우뇌적인 방법으로, 논증적인 설교에서 경험적인 설교로, 논리적이고 교육적인 설교에서 말씀을 경험하게 하는 설교의 구조로 패러다임 전환을 이끌었다.[141]

귀납적 설교는 언제나 청중이 서 있는 자리 즉, 그들의 삶의 자리에서 출발한다. 보편적인 진리에서 출발하지 않고 청중의 경험에서 시작하여 깜짝 놀랄 결론으로 이끌어 간다. 그렇기에 귀납적 설교에서는 움직임과 디자인이 중요하다. 움직임을 체계화하여 청중이 참여할 수 있게 만드는 경험을 제시한다. 그러기 위해 섬세하고 자연스러운 설교 디자인이 요구된다.

귀납적 설교의 목표는 설교 과정 속에 청중의 참여동의, 관심를 이끌어내어 결론에서 말씀의 경험을 얻도록 이끌어 가는 것이다. 누구나 인정하는 보편적인 진리에서 누군가를 설득하거나 가르치려고 하는 것이 아니다. 개인의 특별한 경험에서 시작된 설교에서 설교자는 당연하게 받아들이던 것들에 의문을 제시한다. 이후 문제를 풀어감으로 결론에서 누구나 받아들일 수 있는 일반적이고 보편적인 결론으로 진행한다. 이끌어가는 논리가 흔들리거나 설교 개요가 허술하면 청중이 집중력을 잃어버리고 설교는 방향을 잃어버리는 문제가 발생한다.[142] 그래서 이 설교 방식에서는 화살이 과녁을 향해 궤적을 그리며 날아가듯 하나의 통일된 흐름을 가져야 한다. 귀납적 설교는 결론의 개방성을 가지고 있기에 결론을 청중에게 강요하지 않고 스스로 자신에게 주어진 말씀의 결론을 찾고 적용하게 한다는 장점이 있다.

귀납적 설교의 설교 방식

귀납적 설교는 실제적으로 다음과 같은 순서를 가진다. 그러나 꼭 정해진 형태를 따라가는 것은 아니다.

오늘의 삶과 관련된 예 (적용과 선택적으로 주어지는 임시 결론)
실례 1 : 본문의 전후 상황
      - 상상력 필요(적용과 선택적으로 주어지는 임시 결론)
실례 2 : 본문으로 접근, 전후 상황

- 문제 제시, 문제 해결 방법(적용과 선택적으로 주어지는 임시 결론)

실례 3 : 공동체 스토리
- 문제 해결에 대한 개인적인 경험 제시(적용과 선택적으로 주어지는 임시 결론)

설교의 최종적인 결론 아하 포인트 과 적용 [143]

귀납적 설교는 로우리가 말한 이야기식 구성과 같은 구조로 움직이는데, 문제와 갈등, 그리고 문제 해결의 구조로 나아간다. 그래서 크래독은 이 귀납적 설교를 '문제 해결식 설교'problem-solving activity라고 부른다. 청중이 설교를 통해 자신에게 주어진 특별한 문제를 해결해 갈 수 있도록 설교자가 그 정보를 제공한다.[144]

귀납적 설교에서 통일성과 움직임 외에도 중요한 요소는 상상력이다. 상상력은 언제나 이미지와 연결되는데, 설교는 이미지를 본문 속에서 찾거나, 새로운 이미지로 기존의 이미지를 대체하거나, 혹은 새로운 이미지를 만들어주는 것이다.[145] 크래독은 "설교는 이미지를 사용하여 복음의 빛 아래에서 살아가면서 주어지는 삶의 경험들을 재창조하는 사건이 되어야 한다"고 주장한다.[146] 이미지를 통해 제시되는 '공감대가 형성된 상상력'이야말로 크래독이 말하는 특별한 상황에서 출발하는 귀납적 설교의 토대가 된다.

그러나 톰슨James W. Thompson은 이러한 귀납적 설교가 놓치고 있는 것이 있다고 말한다.

"그것은 어떤 이들에게는 연역적 설교가 더 필요하다는 것을 간과했다는 것이다. 특히 신앙적인 깊이가 없거나 진리를 잘 알지 못하는 청중 그리고 지적인 사고 능력이 낮은 자들은 스스로 알아서 바른 결론으로 나갈 수 없을 수도 있다. 그런데 알아서 결론을 내리라는 식의 귀납적 설교의 방식은 청중으로 하여금 더 큰 혼란과 설교 청취의 어려움을 가져올 수 있다."[147]

귀납적 설교의 실제 설교문 분석

설교 제목   그리고 그들은 아무에게도 말하지 않았다
               And They Said Nothing to Anyone [148]
설교 본문   마가복음 16:8

이 설교는 크래독이 부활 주일에 실시한 절기 설교이다. 설교는 장례식 후에 무덤에 가는 일반적인 관습에 맞추어 여인들이 무덤에 간 것에서 시작한다. 열려 있는 무덤과 사라진 예수님의 시신. 그때 흰 옷 입은 사람이 나타나서 제자들과 베드로에게 전할 메시지를 준다. 예수님이 살아나셨고 먼저 갈릴리로 가시는데, 거기로 가면 주님을 만나게 된다는 것이다. 그러나 성경에 나오는 대로 '여자들은 아무에게 아무 말도 하지 못했다'라는 단순 결론을 가지고 설교를 시작한다. 귀납적 설교는 청중의 흥미와 관심을 이끌기 위해 결론이 글의 마지막 부분에 나와야 하지만 이미 제목과 글의 서론에서 말하려는 핵심을 다 드러내고 있다는 인상을 준다.

설교자는 이 여인들이 아무에게 아무것도 말하지 못했던 이유를 설명하려고 한다. 첫번째 이유는 두려워했기 때문이다. 밖에 나가서 예수님이 다시 살아나셨다고 말하는 것은 그들의 목숨조차 위험하게 만드는 행동이다. 둘째, 사람들의 반응을 두려워했기 때문이다. 그러나 온갖 거짓 소문이 가득 찬 세상에서 우리가 침묵한다면 세상 사람들이 만들어 낸 거짓 소문으로 예수의 부활 사건은 엉망이 되고 말 것이다. 크래독은 예수님이 부활하셨다는 소식은 그것을 본 자들의 증언이 반드시 뒤따라야 한다고 결론을 내린다. 즉 아무에게 아무것도 말하지 않는 사람이 되지 말고, 우리가 보고 믿는 부활을 사람들에게 전하는 사람이 되어야 한다고 말하는 것이다.

설교에는 본문의 전후 상황과 문제와 해결 방법이 언급되지만 전체적으로 설교가 빈약하다는 인상을 지울 수가 없다. 전해야 하는 메시지가 부활 주일에 맞추어지다보니 내용이 제한적일 수밖에 없었고, 다른 복음서와 연결을 끊어버리고 마가복음에만 국한한 설교를 하다 보니 전체적인 논리와 설교의 연결도 매끄럽지 못하다. 설교를 듣는 순간 정말 이들이 끝까지 아무에게 아무 말도 하지 않았을까 의구심을 지울 수가 없다. 또한 설교자는 그들이 아무에게 아무 말도 하지 못하는 이유가 두려움이라고 말하고 있는데, 그 근거가 너무 빈약해서 동의가 잘 되지 않는다. 그리고 그들은 아무에게 아무 것도 말하지 않았지만 오늘날 우리는 누군가에게 부활의 소식을 전해야 한다는 뻔한 결론을 예상하게 하여 귀납적 설교의 특징을 제대로 살리지 못한다는 느낌이 든다. 그러나 설교 속에 설교자의 상상력과 내러티브가 돋보이고, 보이지 않는 어떤 움직임을 따라 가고 있다는 느낌과 '그들은 아무에게도 말하지 않았다'는 문제를 해결하려는 모습도 발견할 수 있다.

설교 제목	여기에서 출석을 부를 때 When the Roll is Called Down Here[149]
설교 본문	로마서 16:1-27

이 설교는 크리스천투데이 Christian Today의 "Preaching Today" 시리즈에 나오는 설교문이다. 설교자는 바울이 사람들의 이름을 부르는 것을 마치 사람들이 강의 시간에 출석을 부르는 듯한 따분함을 줄 수 있다는 말로 설교를 시작한다. 그러나 두 가지 예화를 사용하면서 출석을 부르는 것이 언제나 나쁜 것이 아님을 자신의 특수한 경험을 바탕으로 설명한다. 그러면서 바울이 부르는 출석부가 따분하고 지루한 이름의 나열함이 아니라는 것을 석의 과정을 통해 설명한다. 바울이 출석을 부르는 것은 자신이 사역하면서 감사했던 사람들의 이름들을 떠올리면서 감사하고 안부를 전하는 것이다. 안부를 전하고 싶은 특별한 사람들의 명단이고, 로마로 떠나기 전 마지막 작별을 고하는 인사이기도 하다.

그리고 공동체의 경험과 관련된 세례침례식의 경험을 소개하면서 이름을 불러주는 것이 공동체를 하나 되게 만든다는 것을 설명한다. 말씀을 경험하게 하기 위해 설교자는 청중에게 각자의 종이를 꺼내서 기억나는 이름들을 적어가게 한다. 그리고 그 목록들을 가지고 다니라고 권면한다. 그 이름들은 오늘 우리를 여기까지 오게 도와준 이들의 이름들이다. 결론적으로 설교자는 천국까지 이어질 성도의 아름다운 교제에 '아하 포인트'를 둔다.[150]

크래독의 설교는 지극히 단순하게 전개된다. 따분한 출석부로 시작해서 그 명단이 오늘 우리에게도 필요하다는 결론으로 이어진다. 이 설교의 장점은 청중이 설교를 통해 스스로 말씀을 자신들의 삶에 경험하게 된다는 점이다. 이 과정에서 설교자는 상상력과 움직임을 통한 설교를 전개하고, 마지막 부분에 말씀의 경험을 위해 설교에 동참하기를 청중에게 권면한다. 그러나 설교자는 바울의 인사를 단순히 로마서라는 편지글의 마지막 작별이나 문안 인사 정도로 이해하려고 한다. 그렇지만 로마서 12장을 필두로 시작되는 로마서 전체의 적용과 실천 메시지의 관점으로 바라볼 때 16장을 단순히 안부로만 이해하고 끝낼수 있을까 하는 의구심이 든다.

성경 저자의 의도와 설교의 목적을 고려할 때 16장은 12-15장까지 적용해야 할 메시지에 대한 구체적인 실례를 들고 있는 부분일 수도 있다. 결국 귀납적 설교는 성경 저자가 말하려는 의도보다 설교자 자신이 오늘날의 청중에게 전할 메시지에 집중하기 때문에 성경 저자가 말하려는 메시지를 놓칠 수 있다는 약점을 스스로 드러내고 있다.

2. 이야기식 설교
유진 로우리의 이력서

　유진 로우리Eugene L. Lowry는 1933년 캔사스 시티Kansas City에서 태어났다. 사우스웨스턴대학Southwestern College, Winfield, K.S.에서 과학과 언어 전공으로 학사 학위를, 드류대학교Drew University에서 신학 학사 학위를 얻고, 컬럼비아대학교Columbia University에서 언어 교육 전공으로 석사 학위를 얻었다. 캔사스 대학University Kansas에서 교육학 박사 학위를 얻었다. 이때 학위 논문은 *The Informing Image, The Three Modes of Knowing and Education*였다. 그는 캔사스 시티에 있는 세인트폴신학교Saint Paul School of Theology에서 설교학 교수로 1968년부터 1998년까지 30년 간 사역했고, 이후 프린스톤신학교와 드류신학교에서 잠시 가르쳤다.

　그의 관심은 '언어와 이야기'였고 이러한 관심사를 교육학적인 방법으로 설교에 접목했다. 이를 통해 자신만의 독특한 이야기식 설교를 창조했다. 그는 이야기를 설교에 접목했고, 그래서 탄생한 이야기식 설교는 "특정한 시간에 일어나는 사건인데 그 사건은 충돌과 문제의 상태에서 갈등과 혼란의 단계로 전개되고 그리고 극적 반전과 대단원의 끝으로 이동하는 부분"이다.[151] 즉 내러티브narrative로써의 이야기는 어떤 내용을 마치 한 사람의 기자가 사건을 취재하고 재구성하여 전달하는 것처럼 전개된다. 그래서 사건 이면에 보이지 않는 암시와 복선을 찾아내어 재구성하고, 그것을 실감나게 이야기로 전달함으로써 효과를 극대화한다.[152] 내러티브로써의 이야기는 "사건 자체의 이야기에 해석자의 의견이 가미되고 문학적 장치들을 이용하여 이야기의 배경과 청중의 현재 삶의 자리를 동일한 위치에 이끌어 놓기 위한 작업이다."[153]

그의 이야기식 설교는 크래독의 영향 아래 있다. 크래독이 불트만의 실존주의적 인간 이해에 근거하는 것처럼 로우리도 청중의 삶의 문제에 대한 실존적인 접근에서 설교를 시작한다.[154]

로우리의 이야기식 설교

논리적이고 명제 중심적인 설교의 틀을 깨고 제시된 새로운 설교 패러다임을 어떤 이들은 설교의 코페르니쿠스적인 혁명이라고 평가한다.[155] 이러한 설교 형태의 중심에는 로우리의 '이야기를 통한, 이야기와 같이, 이야기에 의한' 이라는 설교의 틀이 존재한다.[156] 이 이야기식 설교 방법을 소개한 로우리는 크래독처럼 문제 해결식의 설교를 제시한다. 대신 그의 방식이 크래독과 다른 것은 이야기의 움직임이나 줄거리에 따라 설교가 진행된다는 것이다. 크래독은 설교의 형식과 틀에 대해 개방적이지만 로우리는 분명한 설교의 틀을 제시한다. 그가 제시하는 설교는 다섯 가지 움직임으로 진행된다.

① **평형 깨뜨리기 단계**: 문제를 제기하는 단계인데 청중이 기존에 알고 있던 상식을 깨뜨리는 단계다.
② **불일치를 분석하는 단계**: 설교자가 문제를 자세하게 분석하고 왜 그런 문제가 발생하는가에 대해 설명한다.
③ 문제 해결을 위한 실마리를 제시하는 단계: 본문에 대한 해석과

주제에 대한 해석이 일어나야 한다. 앞서 제시한 모순점에 대한 실마리를 제시하며, 말씀의 절정으로 이끈다.

④ **복음을 경험하는 단계**: 설교자가 말하고 싶은 핵심 메시지가 전해지고, 청중은 '아하 포인트'에 도달하는 단계이다. 의혹이 풀리고 복음을 경험한다.

⑤ **결론을 기대하는 단계**: 복음을 통해 청중이 새로운 미래로 나가기 위한 메시지를 제시하는 단계이다. 직접적인 적용이나 명령보다는 개방적인 결론 혹은 간접적인 결론으로 이끌고 간다.[157]

이야기식 설교도 귀납적인 설교의 방식이고 문제를 제기하고 문제를 풀어가는 문제 해결식 설교이다. 로우리와 크래독의 설교 방식은 많은 부분에서 유사하다. 특히 설교자가 전달하고 싶은 이미지가 그들의 메시지 속에 있고, 그 이미지를 통해 문제해결 메시지를 제시하는 방식에서 그러하다. 새로운 패러다임의 설교에서 이미지는 설교를 이끌어가는 데 있어 아주 중요한 역할을 한다.

그러나 톰슨James W. Thompson은 이러한 이야기식 설교의 문제점을 다음과 같이 제시한다.

"성경에 이야기가 많은 비중을 차지하는 것은 사실이지만 이야기 외에도 다른 장르들율법, 시, 잠언, 복음, 서신, 묵시 등이 많이 나오는데 그러한 모든 장르를 무시하는 오류를 범하고 있고 또한 이야기식 설교도 결론이 청중 스스로 내리는 방식을 취하고 있기에 공동체를 하나로 묶어주는 신학적 구심점이 없는 약점이 있다. 그리고 이야기식 설교 같은 경우는 청중의 삶의 변화에 대해 구체적으로 요구하지 않기에 스스로 감동받고 변화의 단계로 나갈 수 있지만, 만약 그러한 감동이 주어지지 않았을 때 청중은 삶의 변화를 경험할 기회를 잃어버리게 된다."[158]

이야기식 설교의 실제 설교 분석

설교 제목   누가 더 달라고 할 수 있습니까?
　　　　　　Who could Ask for Anything More?[159]
설교 본문   마태복음 20:1-16

이 설교는 로우리가 직접한 설교 가운데 하나이다. 그는 자신이 제시한 다섯 단계의 설교 틀에 맞추어서 설교를 진행하고 있는데, 내용적으로 아주 좋은 설교 구성을 보여준다.

1단계: 평형을 깨뜨리는 단계

이야기식 설교라는 이름에 걸맞게 하나의 이야기로 설교가 시작되고, 성경 본문의 내용이 이야기의 구성에 맞게 각색되어 있다. 핵심 내용은 주인이 임금을 지급할 때 가장 늦게 온 사람부터 한 데나리온을 줌으로 먼저 온 이들의 마음 속에 더 많이 받을 것에 대한 기대감을 가지게 만들었다는 것이다. 하지만 결과적으로 똑같이 임금을 지불한 주인에 대한 청지기들의 불만을 나타내면서 불의해 보이는 주인의 행동에 청중의 공감을 이끌어 낸다. 주인은 내 돈을 가지고 내 마음대로 그리고 처음에 정한 원칙대로 했는데 무엇이 문제가 되는지 묻는다.

2단계: 불일치를 경험하는 단계

이 단계에서는 아침 일찍부터 나와서 먼저 일한 사람들의 생각에 동의하면서 시작한다. 두 가지 예를 들면서 주인이 했던 행동의 문제점을 지적한다. 주인이 그렇게 임금을 주려는 의도를 가졌다면 그는 먼저 온 사람의 순으로 임금을 지불해야 했다. 그렇게 했더라면 문제가 발생하지 않았을 것이다. 주인의 이러한 행동은 그 다음날부터 아침 이른 시간에 와서 일하는 청지기들을 사라지게 만들고, 어쩌면 모든 청지기들이 끝나기 전에 포도원에 들어오려는 소동을 만들 것이다.

설교자는 점점 모순된 부분을 심화시키고 있다. 주인이 그렇게 행동한다면 누가 아침 일찍부터 와서 일하려고 하겠는가를 질문한다. 즉, 설교자는 청중에게서 공감을 이끌어내고, 설교자가 어떻게 설교의 움직임을 가지고 갈 것인지 기대하게 만든다.

3단계: 문제 해결을 위한 실마리를 제시하는 단계

설교자는 이 단계에서 좀 더 본문의 내용에 집중하면서 본문과 주제에 대한 해석을 한다. 19장에 나오는 부자 청년의 이야기나 베드로가 모든 것을 버리고 주를 따르는 부분에 대해 말하면서 사람들의 상식을 깨뜨린다. 하나님의 나라는 비즈니스 거래를 통해 얻어지거나 계약 체결을 통한 것이 아닌 오직 '언약'covenant에 의한 것이라는 점을 분명히 한다. 그러면서 본문의 포도원 품꾼의 이야기로 다시 들어간다. 우리는 늘 자신을 나보다 일을 많이 하는 사람들과 비교하기보다 자신보다 적게 한 사람들과 비교하는데 익숙하다. 거기에서 우리의 비극이 시작된다며 문제 해결을 위한 간단한 실마리를 던져 준다.

4단계: 복음을 경험하는 단계

설교자는 세 살, 여섯 살, 아홉 살 자녀를 둔 부모의 이야기를 하면서 청중에게 다음과 같이 질문한다. "당신은 세 살 먹은 아이보다 아홉 살 먹은 아이를 세 배나 더 사랑합니까?" 이 이야기는 비즈니스가 아닌 가족 언약의 이야기라는 것을 밝힌다. 청중에게 '아하 포인트'를 경험하게 만들어 준다.

5단계: 결론을 기대하는 단계

결론은 포도원 주인에게로 다시 포커스를 맞춘다. 포도원 주인은 지금도 포도원에 청함 받지 못한 사람들을 찾기 위해 시장터로 나가고 있다. 주인은 일할 시간을 이미 넘겨 버린 사람이라도 상관없이 자기의 포도원에 들인다. 설교자가 내리는 결론은 "포도원에 청함을 받았다는 것은 하나님의 가족으로서 본향에 청함 받은 것이다. 그런데 누가 더 달라고 할 수 있는가?"이다. 설교 제목을 가장 마지막 결론에 두면서 설교가 무엇을 위해 달려왔는가를 청중에게 보여준다. 이 설교는 주인의 행동을 못마땅하게 생각했던 사람들이 주인의 행동에 동의하게 만들고, 설교자의 이야기에 고개를 끄떡이게 만든다.

아쉬운 부분은 3단계부터이다. 본문의 전후 문맥을 살펴보는 것은 아주 좋지만 설교자가 말하려고 하는 부분이 처음부터 전체 구성 가운데 정해져 있기 때문에 본문을 바라보는 시각 자체도 제한될 수밖에 없다. 하나님의 가족이라는 개념으로 포도원 품꾼 이야기에서 발생한 문제를 해결해 나가기에는 논리적인 한계가 있어 보인다.

마태복음 19:30과 20:16은 동일한 결론의 메시지를 제시한다. '먼저 된 자가 나중되고, 나중된 자가 먼저된다'는 것이다. 이 말씀은 하나님의 주권과 연결될 수밖에 없다. 포도원 품꾼 비유에서 말하는 복음적인 메시지는 주인의 주권과 포도원에 대한 것이다. 자신이 얼마나 수고했는가의 여부보다 주인의 뜻이 중요하다는 '주인의 주권'을 복음적인 메시지로 보여주려고 하는 것이다. 그 하나님의 주권은 우리의 상식을 뛰어넘고 우리의 예상을 보기 좋게 빗나간다. 부자 청년에게나 베드로에게, 그리고 마태복음 20장의 포도원의 품꾼들에게도 동일하게 나타난다. 이것이 본문의 핵심 메시지이기 때문이다.

이처럼 성경 본문에 대한 석의와 해석에 대한 아쉬움에도 불구하고, 이야기식 설교는 사람들의 시선을 설교자가 이끌고 설교자가 원하는 메시지에 공감하게 만든다는 점에서 뛰어난 설교 방법임에 틀림없다.

3. 현상학적 전개식 설교
데이비드 버트릭의 이력서

데이비드 버트릭David Buttrick은 1927년 뉴욕에서 목사의 아들로 태어났다. 그는 1948년에 하버포드 대학Haverford College, 1951년에 유니온신학교Union Theological Seminary를 졸업했다. 이후 게렛신학교Garrett Biblical Institute에서 조직신학을, 노스웨스턴대학교Northwestern University에서 시학과 현대 문학을 전공했다. 그는 1951년 뉴욕에 있는 장로교단에서 안수를 받았고, 1951년부터 1960년까지 뉴욕에 있는 프레도니야제일장로교회First Presbyterian Church of Fredonia에서 목사로 사역했다. 1961년부터 14년 동안 피츠버그신학교Pittsburgh Theological Seminary에서 강의했고, 이후 세인트마인라드신학교St. Meinrad School of Theology에서 설교학 교수로 가르쳤다. 1981년부터 밴더빌트신학교Vanderbilt Divinity School에서 설교와 예배를 다른 분야와 융합하는 새로운 도전을 시작했다. 이 과정에서 그는 1990년대 초에 장로교단에서 미국연합그리스도교회United Church of Christ로 교단을 옮겼고, 작가로서 19권의 책, 그리고 175개 이상의 글과 리뷰를 남겼다.[160]

버트릭의 사상적 배경

버트릭의 관심은 인간의 의식 변화에 따른 언어의 변화에 있었다. 인간의 의식은 시대에 따라 변하고, 현실은 인간의 의식에 따라 규정된다. 현실에 대한 이해가 바뀌듯 우리의 언어도 바뀐다. 예를 들어 1961년판 *Webster's New International Dictionary*에는 45만 개의 단어가 나오는데 그 중에 15만 단어 이상이 반세기 동안 일상에서 사라졌다. 언어는 계속 사라지고 생성되는 흐름을 반복한다. 인간의 의식은 변하기 때문이다.

그러나 설교는 1800년대 초기의 계몽주의 문화 속에서 전해지던 방법론을 19세기 설교학자들이 받아들인 이래로 계속해서 그 흐름을 이어가고 있다. 이성을 추구하는 설교학은 멈추어 있는 사물을 그린 정물화처럼 말씀을 취급하게 되었고, 철학적, 역사적으로 비슷한 성경 읽기만을 반복하고 있다는 것이 버트릭의 불만이었다. 그래서 그는 "성경 구절은 정적인 정물화가 아닌 이야기처럼 움직임을 가지고, 에피소드와 에피소드가 연결되어 계속해서 움직이고 있는데 우리는 그것을 잃어버리고 말았다"고 주장했다.[161]

전통적인 설교학은 "성경의 중요한 의미를 마치 소라 껍질에 감추어진 알맹이와 같은 것으로 본다." 그래서 해석자는 껍데기를 깨뜨리고 거기에 갇혀 있는 진리의 말씀을 드러내는 의무가 있다고 보았다. 그러나 버트릭의 생각은 달랐다. 그는 알맹이도 중요하지만 껍데기가 없이는 그 알맹이를 제대로 볼 수 없다고 믿었다. 소라 껍데기는 이야기나 비유, 혹은 경구로 표현된다고 보았다. 그리고 성경 저자가 그러한 껍데기 속에 알맹이를 넣어둔 것은 반드시 이유가 있다고 생각했다. 따라서 '말씀'이라는 알맹이를 전달하기 위해 설교자가 '껍데기'를 먼저 살핌으로 설교가 시작되어야 한다고 생각했다. 그에게 이 껍데기는 상상력이자 이미지이며, 은유이다. 그래서 이러한 양식과 형태의 껍데기는 알맹이를 꺼내기 위해 깨뜨려야 하는 것이 아니라고 그는 주장한다.[162]

그는 설교에서 언어의 중요성을 강조했다. 그에게 설교의 언어는 "궁극적으로 임재의 언어, 드러냄의 언어를 효과적으로 나타내는" 것이다.[163] 설교의 언어는 청중을 고려해 상상력이 있는 이미지 언어의 특성을 지녀야 하고, 신학적으로 적합해야 한다. 설교의 언어는 메타포metaphor 즉 은유이다. 설교자는 메타포와 이미지로 설교해야 한다. 메타포는 우리의 의식 속에서 활동하고 청중에게 긴장을 불러일으키기에 설교는 '메타포를 만드는 행동'이라고 그는 생각했다.[164]

버트릭의 현상학적 전개식 설교

버트릭의 설교를 흔히 '현상학적 전개식 설교'phenomenological move method라고 부른다. 그는 설교의 현상에 관심을 가졌고, 설교가 어떻게 사람들에게 들리는지, 또 설교라는 사건에서 어떤 일이 일어나는지 현상학적 연구를 계속했기 때문이다. 그래서 그는 카메라가 필름에 형상을 담듯이 청중은 좋은 설교에서 장면으로 전개되는 움직임을 통해 그들의 의식 속에 말씀을 담는다고 설명한다. 설교자는 사진 작가 같은 사람이다. 자신만의 사진 작업을 위한 강조점을 가져서 필터와 구도, 그리고 각도를 스스로 결정해야 한다.¹⁶⁵ 그리고 그 장면들을 찍어서 청중에게 전달하는 역할도 바로 설교자의 몫이다.

그런 의미에서 설교는 청중의 마음의 필름의식에 말씀의 이미지를 심는 작업이다. 여기에서 중요한 역할을 하는 것이 바로 '이미지 언어'이다. 말씀이 전달될 때 말씀을 기억하게 만드는 언어 즉, 말씀을 이끌어 내는 언어가 바로 이미지 언어 즉, 메타포의 언어인 것이다. 버트릭이 사용하고 있는 '움직임'은 전환되는 장면이고 일종의 줄거리이다. 설교는 바로 이러한 개념을 설명하고 있는 이미지 언어가 다른 개념을 설명하는 언어로 움직이는 움직임이고, 이것이 마치 단어가 결합되듯이 연결되어 하나의 설교를 형성하게 되는 것이라고 그는 설명한다.

버트릭의 설교는 크게 도입부와 전개, 그리고 마무리의 3단계로 구성된다. 도입 단계는 설교자가 말하려는 논지가 무엇인가를 분명하게 말해줌으로 청중의 집중력을 불러일으킨다. 전개에서는 청중의 의식적 흐름과 성경에서 행하기 원하는 것에 따른 다양한 움직임을 이끌어 낸다. 그리고 마무리 단계는 전개에서 제시한 개념의 연결로 시작한다. 새로운 어떤 것을 첨부하기보다는 기존에 말하고자 했던 것을 정리하며 마무리한다. 움직임은 '관점'으로 움직인다. 관점은 설교자가 서 있는 위치초점 영역-바라보는 시간과 장소의 폭와 지향하는 방향렌즈 깊이-자신의 의식 속에 참여하는 정도과 시공간적이고 감정적인 거리초점 깊이-얼마나 멀리까지 사물과 사람들을 볼 수 있는가를 결정로 요약될 수 있다. 이 관점이 움직임을 결정하고 그 움직임은 동일한 관점의 위치와 방향, 그리고 거리를 만들어 낸다.¹⁶⁶

하나의 설교는 보통 4-6개의 움직임으로 구성되고 각 움직임에는 다양성과 통일성이 있어야 한다. 또한 그는 각 단계의 움직임마다 이미지를 추가하기를 추천했고, 각 단계에서 다음 부분으로 움직일 때 반드시 연결 논리connective logic가 따라와야 한다고 생각했다. 즉, 설교는 A에서 B로, B에서 C로 계속해서 연결되어 움직이는 플롯인데 이것이 대지 설교와 차별화를 이룬다.

버트릭의 설교는 앞서 언급한 크래독이나 로우리와 동일하게 움직임을 강조한다. 차이가 있다면 버트릭은 앞선 움직임과 연결되는 연결 고리로 다음 움직임을 시작한다는 것이다. 또한 각 움직임의 마지막 부분에 자신이 전하고자 하는 핵심을 선명하게 하기 위해 이미지화해서 사람들이 말씀을 기억하는데 도움을 준다. 그는 앞서 말한 두 사람의 움직임보다 좀 더 구체적이고 포괄적인 움직임을 이끌려고 노력했다. 그는 인간의 '의식'과 그 의식이 중심이 되는 청중의 '마음'에 관심을 가지고 설교 방법론을 세웠기에 장면을 기억하게 만드는 '이미지 언어'의 중요성을 누구보다 강조한다.

현상학적 전개식 설교의 실제 설교 분석

설교 제목   정직하지 못한 청지기
           Who could Ask for Anything More?[159]
설교 본문   누가복음 16:1-12

이 설교는 버트릭이 1998년에 선포한 설교이다. 그는 서론과 여섯 개의 장면move, 그리고 결론으로 이어지는 구조를 통해 설교를 이끌어 간다. 서론에서 욕심 때문에 공금을 횡령한 매니저의 이야기를 통해 문제를 제기하고 본문으로 들어간다. 그리고 불의한 청지기를 칭찬한 주인에 대한 반대 의견을 제시한다. 문제 제기를 하려고 하는 것 같다. 그리고 바로 여섯 개의 장면으로 이동한다. 각 장면들은 서술과 전개, 그리고 이미지화라는 구조로 진행된다.

첫 번째 장면은 성경 말씀이 종종 우리를 당혹하게 만든다는 서술로 시작한다. 가인, 야곱, 그리고 다윗의 예를 통해 내용을 전개한다. 가인은 동생을 죽인 사람인데 하나님께서 그에게 표를 주어 보호하신다. 야곱은 형을 속인 사람인데 하나님이 그를 사랑하셨다. 그리고 마크 트웨인의 예를 이미지로 들면서, 부도덕했던 사람들이 당혹스럽게 하나님의 사랑을 받고 있다는 사실에 의문을 제기한다.

두 번째 장면에서는 자신이 의인이라고 생각하는 사람들에게 성경은 자주 당황스러운 상황을 보여준다고 서술한다. 그러면서 우리는 의인이기도 하지만 때로는 죄인이기도 하다고 논리를 제시하면서 이야기를 전개하고, 이러한 부분이 우리를 당황하게 만든다고 주장한다. 자기 의에 대한 비판을 하려고 한 것 같다.

세 번째 장면에서는 성경에 나오는 청지기가 나쁜 사람이라고 서술한다. 그가 영리한 사람이고 위기 대처 능력에는 뛰어나지만 사기꾼이라는 것이다. 그는 자신의 청지기직을 잃을 때를 대비하여 주인의 차용증을 위조한다. 그리고 그의 이러한 기민함이 그의 해고를 막았다고 말한다. 로렌스 블록이 쓴 책에 나오는 전문적인 도둑인 벤니 로덴바에 불의한 청지기를 비유한다. 설교자는 우리 안에 숨어 있는 악당의 모습을 말하려는 것 같다.

네 번째 장면에서는 성경적인 해석을 한다. 청지기의 행동이 정당하지 않다는 것을 서술하면서, 그것은 성경에서 금지하고 있는 고리대금업을 한 것이고 사회의 시스템을 붕괴시키는 악한 행동임을 다시 한 번 강조한다. 그러면서 설교자는 구약 성경에서 하나님께서 자기 백성에게 빌려준 돈에 대한 이자를 받지 말라고 하신 부분을 잠깐 언급한다. 자기 백성의 빚을 탕감해 주는 행동은 선한 행동임을 보이지 않게 제시하는 것이다.

그리고 다섯 번째 장면으로 넘어간다. 설교자가 전할 메시지가 이제 드러난다. 비유는 그 불의한 청지기를 주인이 인정해 주고 그의 기민함을 칭찬하는 것으로 끝이 난다. 우리의 생각이 흔들릴 수밖에 없음을 말하면서 예수님께서 이 비유를 말씀하신 이유에 접근한다. 그것이 세상에 나가서 이 청지기처럼 지혜롭게 행동하라는 메시지라면 우리는 실망할 것이다. 그렇게 지혜롭게 행동해야 한다고 말하는 것이라면 '왜 예수님께서 십자가에서 돌아가셔야 했는가?' 질문하게 된다. 즉 이 문제를 지혜의 관점으로 풀어가서는 안 된다는 것을 보여주려는 것이다. 그러면서 이 청지기가 협잡꾼이지만 칭찬받고 있는 모습은 '죄인이면서 동시에 의인의 모습'이 드러나는 것이라며 설교를 새로운 관점으로 이끌어 간다.

마지막 장면에서 설교자는 예수님께서 이 청지기를 두둔하신 이유를 소개한다. 청지기는 주인의 소유를 낭비했지만 주인에게 빚진 사람의 빚을 탕감해주는 일을 하고 있다. 돈을 벌고 이익을 얻기 위해 일하지 않고 이웃에게 어떻게 하고 있느냐를 말하고 있는 것이다. 즉 내가 얻는 이익보다 이웃에게 얼마나 관심을 가지고 그들을 도와주고 있는지 말하려고 한다.

결론에서는 여전히 남아 있는 혼란에 대해 분명한 메시지를 정리한다. 그것은 자신이 가지고 있는 재산을 떼어서 이웃들을 섬겨야 한다는 메시지이다. 설교자는 당시 종교 지도자들에 대한 예수님의 메시지로 이웃에 대한 배려를 강조하며 설교를 마무리한다.

움직임과 장면을 강조하는 부분이 설교에서 잘 드러나고, 또한 앞의 내용과 맞물리면서 이어지는 전개로 흐름이 끊기지 않는다는 장점은 있지만, 설교 중간에 논리적인 모순이나 문제가 생기면 전체 설교의 메시지에 문제가 발생하게 된다는 위험성도 가지게 된다. 이 설교도 마찬가지다. 불의한 청지기 비유가 이웃에 대한 배려를 나타내는 설교라는 것은 본문에서 저자가 강조하는 포인트라기보다는 설교자가 당시 청중에게 전달하고 싶었던 메시지라는 생각이 든다. 장면의 전환으로 사람들의 의식을 이끌어가는 것은 현상학적 전개식 설교의 장점이지만, 분명한 말씀의 논지 위에 장면의 전환이 이루어지지 않기에 안타까움이 느껴진다.

4. 신설교학의 핵심 원리

신설교학은 들리지 않는 설교의 문제에서 시작되었기에 공통적으로 지향하는 방향과 핵심 원리를 가진다.

1) 귀납적인 설교 전개

귀납적 설교 방식은 연역적 방법과는 다르게 인간의 특별한 경험에서 시작된다. 그리고 복음의 깜짝 놀랄만한 결론을 향해 나가는 움직임을 갖는다. 귀납적 설교는 변화하고 있는 시대를 사는 회중으로 하여금 하나님의 말씀을 듣게 하려는 시도에서 나온 하나의 방법론이다.[167] 기존의 연역적 설교를 거부하고 귀납법적 설교를 시작했던 크래독은 사람들이 연역적으로 살아가지 않고 귀납적으로 살아간다는 것에서 자신의 논리를 펼쳤다. 사람들은 자신의 인생에서 정해진 답안을 가지고 살아가지 않고 다양한 사건과 갈등 속에서 구체적인 경험과 사건을 통해 스스로 답을 찾아간다고 생각했다.[168] 그래서 귀납적인 전개는 청중의 삶에서 출발하고 들리는 설교가 된다. 신설교학 운동의 핵심은 누군가를 설득하기 위해 설교하지 않고 청중으로 하여금 말씀과 복음을 경험하도록 설교하기에 귀납적으로 설교 전개를 한다는 점에 있다. 이런 신설교학 운동의 시작이 크래독의 귀납적 설교의 토대 위에 세워졌기에 로우리나 버트릭까지 모두 귀납적인 설교 전개의 흐름을 보인다.

2) 청중의 삶의 자리

신설교학은 청중의 삶의 자리에서 시작한다. 신설교학은 전통적인 설교 방법처럼 본문에서 더 이상 케리그마가 일어나는 것을 추구하지 않는다. 청중의 아픔과 고통, 혹은 문제에서 출발하여 문제를 해결해 나가는 방식을 취한다. 그래야 청중이 설교에 대한 반감 없이 도입에 대한 동의를 하고 말씀을 통해 하나님을 만나는 경험을 하게 된다고 믿는다.

3) 설교의 이야기성

신설교학 운동의 중요한 특징 가운데 하나는 이야기이다. 성경의 많은 부분이 이야기로 기록되어 있고, 효과적인 설교 내용의 전달을 위해서 이야기는 설교의 핵심 적인 요소가 된다. 악트마이어 Elizabeth Achtemeier는 현대인들은 이야기를 잃어버린 사람들이라고 말한다.[169] 성경의 3/4 이상이 내러티브 형식 즉, 이야기로 되어 있기 때문에 당연히 설교도 내러티브로 구성되어야 한다고 신설교학에 속한 자들은 주장한다. 스티븐 페리스Stephen C. Ferris도 "신설교학 운동은 한 마디로 '내러티브 설교학'이다"라고 규정한다.[170] 신설교학은 설교의 이야기성을 회복하려고 노력했고, 그로 인해 설교의 움직임과 통일성, 그리고 관점을 강조하게 되었다.

4) 청중의 역할

전통적인 설교에서 청중은 선포되는 설교에 무조건적으로 반응하는 수동적 관객이었다면, 신설교학에서의 청중은 설교에 함께 참여하는 자가 되고 설교에 영향을 미치는 자들이 되었다. 신설교학 운동의 청중은 하나님의 말씀을 향한 탐구의 여정을 함께 하는 파트너이며 적극적으로 말씀의 사건에 동참하는 사람들이다.[171]

청중의 중요성

전통적인 설교에서는 선포되는 말씀이 청중보다 중요했다면, 새로운 설교학 운동에서는 말씀을 듣는 청중의 중요성이 강조되고 설교 커뮤니케이션이 부각되었다. 기존 설교에서는 설교 내용의 구성이나 전달 방법이 그리 중요하지 않았다. 하나님의 말씀은 선포되는 것이기 때문이다. 새로운 방식에서는 전달되는 메시지만큼이나 어떻게 해야 제대로 들리는가에 중점을 둔다.

설교의 언어

기존의 설교가 명료하고 분명한 설득적인 언어를 사용했다면 신설교학은 사람들이 경험하고 기억할 수 있는 이미지 언어와 메타포의 언어를 사용한다. 새로운 설교학 운동의 핵심은 이미지 언어의 사용과 그동안 무시되었던 청중에 대한 역할과 중요성을 강조하는 것이다.

5. 신설교학과 이미지 설교의 차이점

신설교학과 이미지 설교는 청중의 역할과 중요성에 있어 같은 맥락에 서 있다. 신설교학에서 강조하는 설교 커뮤니케이션과 청중의 말씀의 경험에 대한 중요성을 이미지 설교에서도 공감하고 중요하게 인식한다. 그러나 신설교학과 이미지 설교는 근본적인 차이를 가진다.

1) 성경의 권위

이미지 설교는 강해 설교에서 시작하기에 성경의 절대적인 권위 위에서 출발한다. 설교자가 본문을 연구하고 석의하지만 기본적인 설교의 전제는 '본문이 무엇을 말하는가?' 와 '성경 저자가 무엇을 말하는가?"이다. 그러나 신설교학은 성경의 권위를 존중하지 않고 성경 저자의 의도에도 관심이 없다. 성경 본문에서 설교가 출발하지도 않는다.

버트릭은 전통적인 성경의 권위에 대해 공격하면서 "설교자가 성경을 진리라고 규정하고 본문의 진리를 선포하고자 하는 사고에서 벗어나야 한다"고 주장했다. 그리고 "설교의 권위는 성경 자체에 있는 것이 아니라 성경을 이해하는 신학이나 해석학 위에 놓여 있다"고 생각했다.[172] 그래서 "설교의 의미도 성경 본문에서 발견되는 것이 아니라 설교의 사건이 이루어지는 청중의 의식 가운데서 형성된다고 보았다."[173] 크래독 역시 성경의 권위를 강조하는 전통적인 설교를 강력하게 비판한다.[174] "설교는 성경 자체의 진리성을 전하는 것이 아니라 청중의 경험 속에 부딪혀서 반응을 일으키는 것"이라고 보았다.[175] 그래서 크래독은 "성경의 권위와 본문에서 발견해야 할 저자의 의도에 집착하지 말고 해석의 중심을 청중으로 옮겨와서 청중 스스로 결론을 맺는 귀납법적 설교를 해야 한다"고 주장한다.[176]

이미지 설교는 이런 신설교학자들의 주장에 동의하지 않는다. 성경의 권위를 인정하고 성경 본문이 이끌어 가는 강해 설교 형태의 설교를 지향한다. 성경의 권위를 인정하지 않는 설교는 결국 성경이 아닌 다른 어떤 권위를 의지하고, 설교의 기본적인 정의를 벗어나게 하기 때문이다.

2) 설교의 목적

설교의 목적이란 설교자가 설교의 결과로 일어나기를 기대하는 부분이다.[177] 신설교학이 주장하는 설교의 목적은 청중의 체험이다. 크래독은 열린 결론을 통해 청중의 개인적인 체험을 강조하고, 로우리는 설교의 목적을 복음의 체험이라고 생각했다. 설교 방법론에서 소개한 것처럼 로우리는 1단계에서 문제 제기 평형 깨뜨리기를 하고 4단계에서 복음을 경험하게 하는데, 이는 설교자가 청중이 가지고 있는 문제에 대한 해결책을 제시하는 것을 말한다.

신설교학의 설교 목적은 설교자와 청중이다. 설교자가 청중으로 하여금 복음을 경험할 수 있도록 해결책을 제시하기 때문에 설교자가 중요하고, 청중 스스로 자신만의 열린 결론으로 나가서 말씀을 체험하기 때문에 청중이 중요한 것이다.

이미지 설교도 청중으로 하여금 복음을 경험하게 하고 하나님의 말씀을 삶에서 체험하게 하는 것을 간과하지 않는다. 그러나 복음을 경험하게 하는 주체나 말씀을 체험하는 주체가 다르다. 이미지 설교는 강해 설교 틀 안에 있기 때문에 설교의 주체가 설교자나 청중이 아니다. 우선적으로 고려되어야 하는 것은 성경 저자의 의도와 성경 본문이 말하려는 것이다. 이것이 설교의 목적이다. 설교자는 그러한 설교 본문과 성경 저자의 의도 안에서만 본문을 전달한다.

리차드가 소개하는 것처럼 설교는 "경건한 삶을 추구할 수 있도록 지성을 깨우치며, 가슴에 호소하여 삶을 변화시킬 목적을 가져야 한다."[178] 설교자는 설교를 통해 청중의 지·정·의 변화라는 목적을 가져야 한다. 청중의 변화에 있어 주체는 성령이시며 성경 본문

자체이다. 설교자는 성령의 역사를 위해 사용되며, 성경 본문이 말하고자 하는 것을 동시대의 언어와 방법으로 전달하는 역할을 하는 도구이다. 신설교학에서 말하는 것처럼 설교자가 복음을 체험하게 만들고, 청중 스스로가 열린 결론을 통해 말씀을 체험하게 하는 것과는 거리가 있다.

3) 청중의 역할

신설교학에서 청중은 설교자의 설교 내용과 전달 방식에 중요한 영향을 미친다. 청중은 설교에 적극적으로 참여하면서 설교에 영향을 받는 자들이다. 이미지 설교에서도 청중은 설교자의 설교 전달 방식과 설교 언어에 중대한 영향을 끼친다. 그러나 이미지 설교에서 청중은 신설교학에서 말하는 청중과 조금 다른 역할을 한다. 신설교학에서 청중은 설교 현장에서 직접적으로 복음을 체험하나 이미지 설교에서 청중은 설교 현장 뿐아니라 설교가 끝난 이후에도 중요한 역할을 감당한다. 이미지 설교에서 설교자는 하나님의 말씀이라는 배턴을 가지고 달리는 이어달리기 경주의 첫 번째 주자이다. 한 주간 설교자는 하나님의 말씀을 붙들고 자신을 죽여 하나님의 말씀을 발견하고, 그것을 강단에서 청중에게 전달하는 존재이다. 청중은 그 말씀의 배턴을 전달받아 붙들고 한 주간 세상 속으로 달려가는 존재들이다. 말씀을 기억하여 삶에 적용하고, 그 말씀이 자신의 삶을 주도하게 만들어서 결국 삶 속에서 변화를 경험하는 것이다. 청중에게 설교는 예배 시간 안에서 체험하고 끝나는 것이 아니라 이후 삶의 현장에서 시작되는 것이다.

4) 이미지 언어

　신설교학에서 설교의 언어는 아주 중요한 역할을 한다. 이것이 신설교학이 기존 설교와 차별화를 이루는 요소이기도 하다. 그러나 신설교학에서 사용하는 이미지 언어는 설교의 어느 한 부분에서 중요한 역할을 감당할 뿐 설교 전체를 이끌어가지 않는다. 버트릭은 청중의 마음의 필름의식에 말씀을 심기 위해 이미지 언어를 강조했고, 설교의 각 단계의 움직임마다 이미지를 추가할 것을 요구했다. 그러나 그 이미지는 하나의 통일된 흐름을 가지지 않고 각 움직임 안에서 연결되는 이미지일 뿐이다.

　이미지 설교에서 이미지는 신설교학에서 말하는 이미지의 비중을 넘어선다. 이미지 설교에서 이미지는 설교를 이끌어 가는 주된 동력이며 화살처럼 하나의 궤적을 그리며 청중의 마음이라는 과녁을 향해 날아가는 것이다. 다시 말해 이미지 설교는 본문에서 발견한 중심 주제를 이미지로 변환하여 설교 전체를 이미지가 주도하도록 하는 설교 방식이다. 하나의 이미지가 구슬을 꿰듯이 설교 전체를 관통하여 하나의 흐름으로 이끌어 감으로 설교 전체를 기억하게 만든다. 설교가 끝난 이후에도 이미지만 기억해 내면 줄기로부터 감자 알갱이가 딸려나오듯 설교 말씀을 기억해낼 수 있다.

　신설교학과 이미지 설교는 비슷한 문제 의식에서 시작되었지만 다른 방향으로 발전했다. 그것은 성경에 대한 인식과 성경 저자와 설교자 중 누가 본문에 대한 주도권을 가지느냐에 대한 차이에서 기인한다.

Part

2

설교와 이미지

CHAPTER 4.

" 이미지와 숨바꼭질 "

　우리가 살아가는 세상은 수많은 이미지로 가득 차 있다. 미디어와 광고가 만들어 낸 수많은 이미지로 인해 우리의 생각은 강압과 지배를 당하고 있다. 각종 포털 사이트들이 만들어 내는 빅데이터는 사람들이 선호하는 것을 일반화시키는 데 앞장서고 있다. 홍수 가운데 먹을 물을 찾기 어려운 것처럼 이미지 홍수 속에서 생수와 같은 이미지를 찾는 것이 힘들다. 왜곡된 정보와 오염된 이미지로 인해 우리의 눈이 생수와 같은 이미지를 찾는 일이 더 힘들어지고 말았다. 우리는 이미지와 숨바꼭질을 하고 있는 것이다. 마태복음 13장에 나오는 감추인 보화처럼 열심히 파고 노력해야만 얻을 수 있고, 극히 값진 진주처럼 열심히 찾아다녀야 발견할 수 있다.

1. 이미지의 정의

이미지라는 단어의 어원은 헬라어 아이콘eikon, 에이돌론eidolon, 판타스마phantasma에서 찾을 수 있다. 아이콘은 '닮음'resemblance이라는 뜻을 가지고 있다. 에이돌론은 에이도스eidos에서 파생된 용어인데 '모양, 형태'를 의미하고, 비가시적 현상 혹은 비현실적인 것을 볼 수 있게 만들어내는 것을 의미한다. 이 단어에서 '우상'idol이 나왔다. 판타스마는 파이노phaino라는 동사에서 나왔는데, 그 의미는 '뿌리를 빛나게 해서 보이게 한다'이다. 꿈, 환영, 유령처럼 실제로 그 형체가 없지만 우리 눈에 보이게 만드는 것을 의미한다. 이외에도 '모방하다'라는 어원을 지닌 라틴어 이마고imago가 있는데 이는 오늘날의 '이미지'와 거의 같은 의미로 사용된다.[179]

'이미지'의 사전적인 정의는 "감각적이고 직관적으로 주어지는 구체적인 상象"이다. 그래서 이미지는 '형상'形象으로도 설명된다. 오감에 의해 직접적으로 지각되지 않더라도 머릿속에 생생하게 그려낼 수 있으면 되는 것이다.[180] 이미지는 개념적 사고가 아니라 감각적이고 직관적인 것이다. 유평근과 진형준도 비슷하게 이미지를 정의한다. "이미지는 어떤 대상객관적 혹은 물질적에 대한 개념적 또는 추상적 의미가 아닌, 대상을 구체적이고 감각적으로 재현해 낸 것"이다.[181]

그러나 이와 같은 사전적인 정의에도 불구하고 이미지를 하나의 구체적인 개념으로 정의하는 것은 어렵다. 이미지는 바라보고 인식하는 사람에 따라 정의와 형태가 달라질 수 있기 때문이다. 바닷물을 보고 어떤 이는 어린 시절 해수욕장의 즐거운 추억을 떠올리지만, 어떤 이는 물에 빠져 죽을 뻔한 자신의 트라우마를 기억해 낸다. 자신의 인식 속에 정의된 이미지가 서로 다르기 때문이다.[182] 그래서 마크 존슨Mark Johnson은 이미지를 하나의 단일 이미지가 아니라 인간의 경험 구조 속에서 의식 속에 그려진 '영상 도식'으로 보았다. 우리 생활 속에 일어나는 어떤 신체적 경험들이 반복되어 얻은 우리의 인식은 하나의 영상 도식으로 구성되고, 우리는 그 영상 도식을 기반으로 세계를 이해하고 받아들인다. 이때 생겨나는 구체적인 영상 도식을 '이미지'라고 본다.[183]

사르트르는 이미지를 "사물에 관한 의식의 한 형태"로 보았다. 그러나 그 의식은 추상적인 것이 아니라 구체적이고, 방법적으로 비유적인 특징이 있는 것이라고 보았다. 그래서 이미지는 넓은 의미에서 "비유 언어figurative language이고, 표현상에 있어서 추상적인 것을 구체화시키는 한 방법"이다.[184]

마르틴 졸리Martine Joly는 이미지의 개념을 플라톤의 공화국에 나오는 이미지의 개념을 사용해 정의하는데, '우선 물 또는 불투명하나 매끈하고 빛나는 표면 위에 비치는 모습과 그림자 그리고 그러한 종류의 표상'을 이미지라고 부른다.[185] 다시 말해 어떤 것에 투영이나 투사되어 보이는 것을 이미지라고 본 것이다. 그래서 그는 이미지를 기호로 보았고, 기호를 어떤 것들을 대신하는 이미지로 사용할 수 있다고 보았다.[186]

찰스 퍼스Charles Sanders Peirce는 "인간이 다른 인간과 소통하고 자신의 의도를 호소하기 위해 만들어 내는 것이 곧 기호이고, 그 기호는 단순하게 어떤 것을 지칭하는 이미지를 의미한다"고 보았다[187] 결국 이미지를 기호의 관점에서 '하나의 의미를 전달하기 위한 가장 기초적인 수단'으로 보았던 것이다.

이처럼 이미지는 머릿속에서 그려지는 영상 도식이나 비유적인 특징을 가지고 누군가와 소통하기 위한 기호 같은 것이다. 이미지는 보이지 않는 어떤 것을 눈에 보이게 하는 실체이며, 또한 이미지는 생각하는 것을 비슷한 어떤 것으로 표현한 형상이다. 결국 이미지의 목적은 의사 전달이다. 제대로 된 의사 전달을 위해 사람들은 이미지를 사용하여 자신의 생각이나 어떤 것을 표현하는 것이다.

2. 이미지와 기억

우리의 뇌는 어떤 정보를 받아들이게 되면 그것을 두뇌 속에 저장한다. 이때 먼저 입력된 다른 정보들과 상호 작용을 하면서 정리를 하고, 자기 나름대로의 정리 방식으로 모든 정보들을 자동 정리해 나간다. 그러나 머릿속에 들어온 모든 정보가 기억 속에 남는 것이 아니라 주의를 기울이지 않는 정보들은 걸러지고, 중요하다고 판단된 정보들만 정리되는 것이다.[188] 우리의 뇌는 세 가지 기억 모드를 가진다.

- ▶ **감각 기억**: 우리가 감지하는 모든 것이 잠시 이곳에 머무른다. 일반적이지 않거나 주의를 끌 만한 것이 없는 대부분의 입력된 정보들은 이곳에서 사라진다. 그러나 이때 어떤 특정 정보에 주의를 기울이고 관심을 가지게 되면 그 정보는 단기 기억으로 저장된다.

- **단기 기억**: 이것은 우리의 뇌가 어떤 생각이나 사고를 단기간 기억해 주는 저장 공간이다. 단기 기억으로 남는 것은 일반적으로 자신에게 중요하다고 생각하는 것들, 자신이 찾고 있었던 정보들, 놀랐거나 즉각적인 어떤 행동을 취해야 하는 것들이다. 이러한 단기 기억의 용량은 크지 않고, 저장되었더라도 그 기억은 오래 지속되지 않는다. 일반적으로 이러한 단기 기억 혹은 작업 기억은 정보가 사용되고 나면 대부분 소실된다. 대부분의 정보는 단기 기억에서 지워지지만 장기 기억으로 넘어가는 정보들도 있다.
- **장기 기억**: 이것은 장기간 기억을 정보의 옷장 안에 기억을 저장해 두는 것과 같다. 이를 위해서는 반복을 해 주거나 이미 머릿속에 분류되어 있는 어떤 정보와 연결 고리를 만들어야 한다. 연결 고리가 많으면 많을수록 기억이 오래 가고 쉽게 정보를 찾을 수 있게 된다.[189]

장기 기억으로 가는 방법

일반적으로 이렇게 오래 기억되는 기억으로 나가기 위해서는 기억을 좀 더 세부적으로 구분할 필요가 있다. 줄리 더크슨Julie Dirksen은 장기 기억으로 가는 다섯 가지 기억을 소개한다.[190]

- **서술의미 기억**: 서술 기억이란 자신이 무엇을 안다고 인지하는 기억인데, 이것은 자신이 명확하게 말할 수 있는 것을 의미한다. 이것은 의식적으로 암기한 것일 수도 있고 아니면 노력 없

이 기억된 것일 수도 있다. 의식적으로 암기한 것은 구구단처럼 자신이 외우려고 노력해서 얻는 기억이고, 노력 없이 기억되었다는 것은 자신이 좋아하거나 관심이 있어 남게 된 정보를 의미한다.

▶ **삽화 기억**: 삽화 기억이란 서술 기억의 한 형태로 경험에 기반한 특정 사건에 대한 기억이며, 자신이 특별한 어떤 것을 설명할 수 있는 기억이다. 이러한 삽화 기억은 자신이 경험한 것이나 들었던 이야기를 기억하는 것이다. 스토리텔링으로 들은 내용 같은 것들은 기억에 오래 남는다. 거기에는 스토리에 대한 프레임워크framework 가 있기 때문이다. 스토리에는 순서가 있고, 그 순서는 내적 논리를 가지고 있기에 정보를 정리하는데 도움이 된다. 또한 이야기에는 주인공이 있고, 그 주인공에 대한 이야기가 새롭고 신선하기 때문에 기억에 더 잘 남는다.[191]

▶ **조건 기억**: 조건 기억이란 암묵 기억의 한 형태인데 우리의 기억 중 어느 한 부분에 저장되어 있는 기억으로 어떤 조건적인 상황이 주어질 때 나타나는 기억이다. 갑자기 공이 날아올 때 예전에 배구를 했던 기억이 있으면 자신도 모르게 손으로 공을 받는 조건적인 행동이 나올 것이다. 운전을 하고 가는데 백미러에 경찰차가 보인다면 무의식 중에 속도를 낮추게 된다. 이미 우리의 기억 속에 의식적으로나 무의식적으로 연결된 어떤 것들과 상호 작용을 하면서 조건적인 반응이 나오게 된다.

▶ **절차 기억**: 절차 기억이란 행동하는 방법에 대한 것이다. 단계

와 과정이 필요한 것들에 대한 기억이다. 목적지로 가는 방법은 알고 있지만 설명하기가 쉽지 않거나, 요리를 하지만 누군가에게 설명하는 것이 쉽지 않은 것도 이러한 무의식적인 절차 기억에 의존하고 있는 것을 나타내는 것이다. 절차를 반복하다 보니 무의식적인 습관이 된 것이다. 이것은 '근육 기억'이라도 부르는데 연습을 통해 마치 몸의 근육처럼 특정 작업에 대한 기억 근육이 생긴 것이다. 이러한 근육 기억은 수없는 반복으로 형성되는 것이다.

▶ **섬광 기억**: 섬광 기억이란 어떤 사고나 사건 등과 같이 자신의 감정에 큰 영향을 준 것들에 대한 기억을 말한다. 비상 상황이나 죽음과 관련된 긴급하고 중요한 부분들을 두뇌가 기억하여 우리 자신을 보호하는 것이다.

이처럼 우리 두뇌 속에 들어온 어떤 정보들이 단기 기억을 거쳐 장기 기억으로 머물 때 우리의 행동과 사고에 변화가 일어나게 된다. 여기에 이미지가 필요하다. 이미지는 스토리텔링을 통해 사람들에게 특별하게 기억시키는 삽화 기억이며, 이전에 이미 알고 있는 어떤 부분과 연결시켜 어떤 하나님의 말씀을 기억하게 만드는 조건 기억이 될 수도 있는 것이고, 더 나아가 섬광 기억으로 잊지 못할 기억이 되거나, 계속적인 반복으로 근육이 생겨나게 하여 무의식 가운데서도 이미지를 보는 순간 하나님의 말씀을 떠오르게 만드는 절차 기억이 될 수도 있다.

어떤 정보가 우리의 장기 기억으로 저장되는 과정에서 뇌는 장기 기억을 이미지화해서 기억하려고 한다. 특히 뇌 속에 있는 해마가 장기 기억을 만드는 중요한 역할을 하게 되는데, 이때 해마는 외부의 정보를 가공하고 시각화하여 추상적인 내용을 이미지로 만들어 장기 기억으로 바꾸어 준다.[192] 이렇게 이미지는 인간의 두뇌에 오랜 기간 기억하게 하는데 중요한 역할을 하게 한다.

인간은 오랫동안 어떤 정보를 기억하고 보존하기 위해 이미지를 사용해 왔다. 가장 기본적인 방법이 시각적인 그림이나 어떤 형상을 통해 정보를 공급하는 방식이다. 인간은 동굴 벽화와 같은 것들을 통해 인간이 자신들의 삶을 유지하고 보존하기도 했다. 글로 설명하기보다는 약속된 기호나 그림과 같은 방식이 인간에게 더욱 친숙하고, 더 빨리 이해하게 하고, 기억에도 오래 남게 된다. 또한 이러한 시각적 이미지는 공간 배경이나 비언어적인 어떤 이미지와 함께 주어질 때 더 오래 남는다.[193] 즉 이미지는 별도의 어떤 저장고에 분류되어 저장되는 것이 아니라 우리의 인체가 자각하는 시스템에 통합적으로 기억되는 것이다. 그래서 우리가 음성을 들을 때 음성만 저장되는 것이 아니라 뇌의 작용으로 이미지화되어 저장되기도 한다.[194]

사람은 논리보다는 이미지로 기억한다. 처음에는 논리적으로 다가가서 설득되지만 그것은 이미지화되어 기억된다. 이미지를 통해 다시 논리를 떠올리며 기억하는 것이다. 하나님은 성경의 수많은 이미지를 통하여 하나님의 뜻을 이해시키고 기억하도록 하셨다. 인간의 생활도 이미지로 기억되고, 설교 또한 이미지로 기억 속에 저장된다.[195]

3. 이미지와 언어

오랜 인류 역사 동안 이미지는 언어에 종속되는 것이라고 생각되었다. 그래서 이미지는 "언어로 표현할 수 없는 것을 표현하는 수단, 혹은 언어에 의한 표현을 효율적으로 대체하는 수단" 정도로 인식되었다. 구텐베르크의 금속 활자 발명과 인쇄술의 발전으로 문자가 대중적으로 사용되고 읽혔고, 그로 인해 문자가 소통의 주요한 매체로 자리잡았다.[196] 그러면서 이미지는 언어의 보조 수단 정도로 인식되었으며 그 사용이 점점 축소되었다. 그러나 그것은 이미지와 언어를 분리하는 사고에서 나온 것이다. 언어 사용의 실제에 있어서 언어와 이미지는 서로 종속되는 것이 아니라 공존하는 개념이다. 이미지가 언어를 대체할 수도 없고, 언어가 이미지를 대신할 수도 없다. 언어학적으로 이미지와 언어는 상호 보완하며 대상을 더욱 구체화한다.[197]

본래 언어가 만들어지기 전 인간은 상상력에 기반한 이미지를 통해 의미를 부여하고 의사 소통을 해 왔다. 그래서 이미지는 지각-인식-기억-회상의 과정을 두뇌 속에서 만들어 가면서 의미와 소통을 이루었다.[198] 언어 생성 이후 이미지는 그 역할을 멈춘 것이 아니라, 언어와 공존하면서 어떤 것에 대한 의미와 소통을 만들어 냈다. 더 구체적이고 효과적으로 어떤 물건을 구체화할 수 있게 된 것이다.

이미지와 언어는 구별되어 사용되기보다는 '이미지 언어'로 사용되어 사람들의 인지와 인식, 그리고 기억과 회상에 영향을 미치게 된다. 그래서 이미지 언어는 더욱 구체적이고 생생하게 상상력을 청중에게 가져다준다.[199] 사실적 언어만으로는 정서나 느낌, 의지 전체를 전달하기 쉽지 않다. 사실적 언어는 주로 정보의 전달 이상의 결과를 가져오지 못하는 반면, 이미지 언어는 감각에 호소하여 정서적 반응을 일으킨다.[200] 또한 사실적 언어가 추상적인 반면, 이미지 언어는 이를 구체화하는 힘이 있다. 그러므로 청중이 음성으로 설교를 듣게 되지만 내용을 인식하고 기억하게 만드는 것은 이미지라는 것을 잊지 말아야 한다. 그래서 설교에는 귀로만 듣는 것이 아니라 인간의 모든 감각을 통해 설교를 느끼고 받아들일 수 있도록 이미지 언어의 사용이 필요하다.[201]

4. 이미지의 영향력

현대 사회에서 가장 많이 접하는 용어 가운데 하나가 바로 이미지이다. 아침에 눈을 뜨면서 저녁에 잠자리에 들기까지 우리는 수많은 이미지의 홍수 속에서 살아간다. 영화, 텔레비전, 현란한 광고물 등이 만들어 내는 수많은 이미지들이 우리의 눈을 현혹하고 우리의 마음을 자극한다.[202]

리차드 니버N. Richard Neibuhr는 "사람이 사용하는 언어 자체가 상징체계이고, 그래서 사람들은 자신들이 생각하는 이상으로 이미지를 만들고, 또한 이미지를 사용한다"고 말했다.[203] 사람들은 이미지 안에 살고, 자신도 모르는 가운데 이미지를 사용하며 이미지의 영향을 받으며 살아간다. 그래서 우리가 살아가는 세상은 말과 글을 영상과 이미지로 표현하는 멀티미디어의 시대로 탈바꿈하게 된 것이다.[204]

이미지는 우리의 두뇌 속에 오랫동안 어떤 것을 기억하게 하는 데 결정적인 요인이 된다. 우리 몸의 어떤 행동은 조건 반사적으로 나타나기도 하지만, 일반적으로는 먼저 기억되고 있다가 어떤 상황을 만날 때 의도적으로나 반사적으로 나타난다. 그러기에 이미지가 주는 영향력은 장기 기억에 영향을 미치게 된다. 그리고 이미지는 우리의 사고와 행동을 자극하는 결정적 요인이 된다. 홈쇼핑이나 TV 광고들을 보면 광고하는 제품에 대한 특별한 어떤 이미지들이 구매 충동을 일으킨다. 당장은 아니더라도 훗날의 사고와 행동의 변화를 결정짓는 중요한 원인이 되기도 한다. 기업마다 좋은 이미지를 소비자에게 보여주려고 하는 것도 그런 이유 때문이다. 박준식은 기업의 이미지와 구매 의도에 미치는 영향에 관한 연구를 통해 기업의 이미지가 재구매와 추천 의사에 영향을 미친다는 논문을 발표했다.[205]

교회에 대한 이미지도 마찬가지이다. 한국기독교언론포럼이 실시한 "한국 교회에 대한 인식 조사" 자료가 발표된 적 있다. 전국 주요 언론사 기자 225명(일반 언론: 182명, 교계 언론: 43명)을 일대일 개별 면접 방식으로 조사하였는데 "한국 교회가 한국 사회에서 긍정적 역할을 잘 수행하고 있다고 생각하느냐"는 질문에는 '잘 수행하고 있다'가 34.7%, '잘 수행하고 있지 못하다'가 64.9%로 나왔다. 그렇다면 "이러한 부정적인 인식을 타파하기 위해 한국 교회가 해결해야 할 가장 시급한 과제는 무엇인가"라는 질문에는, 첫째, '세속화/물질주의'가 44.4%, 둘째, '목회자의 자질부족/사리사욕/이기심'이 34.2%, 셋째, '양적팽창/외형에 너무 치우침'이 33.8%, 넷째, '지나치게 자기 교회 중심적이다'가 16.9%로 나타났다. 개신교 관련 이미지 형성에 가장 큰 영향을 미치는 항목은 '목회자/교회 지도자 언행'이 48.9%로 가장 높았다. 그 결과 향후 10년 후 가장 증가할 것으로 예상되는 종교는 이슬람교가 40.4%로 1위를 차지했으며, 천주교 39.1%, 불교 12.0%로 나타났으며, 개신교는 10.2%로 꼴찌를 기록했다.[206]

한국 교회의 이미지가 한국 사회에서 복음 전도와 믿지 않는 사람들의 인식과 행동에 영향을 미치고 있는 것이다. 그만큼 이미지가 중요하다. 어떤 기업이나 교회가 보여주는 이미지도 중요하지만, 우리가 살아가면서 경험하는 이미지도 우리의 인지와 기억, 그리고 행동에 영향을 미친다.

5. 이미지와 설교

교회 전문 조사 기관인 바나리서치연구소Barna Research Institute에 따르면 "예배에 참석하는 성인 남녀 41%가 거듭나지 못했고, 또한 22%의 사람들은 종교적인 가르침이나 가치가 사람들의 도덕적인 판단 기준에 별로 영향을 주지 못한다"고 응답했다.[207] 이것은 설교가 청중의 삶에 미치는 영향력이 약화되었음을 의미하고, 더 나아가 설교자들의 설교가 회심과 영적인 삶에도 영향을 미치지 못함을 보여준다. 설교자와 청중 사이에 커뮤니케이션 문제가 있다는 것을 가리킨다.

설교란 커뮤니케이션이다. 커뮤니케이션이란 본래 '공통,' '공유,'

그리고 '나누어 갖는다'는 의미를 지닌 라틴어의 'communicare'에서 유래한 단어이다. 커뮤니케이션이란 설교자가 하나님 말씀을 통해 청중과 지식, 정보, 의견, 신념, 감정, 경험 등을 공유하는 행위이다.[208] 설교에서 커뮤니케이션은 설교 메시지의 전달과 기억에 중요한 역할을 감당한다. '설교 커뮤니케이션'은 설교자와 메시지, 매체와 통로, 그리고 청중 등의 필수 요소를 가진다. 설교자는 청중과의 커뮤니케이션을 이끌어 가는 커뮤니케이터communicator이다.[209] 설교자가 청중에게 전달해야 하는 것은 '메시지'인데, 그것은 설교자의 생각이나 경험이 아닌 하나님의 말씀이다. 설교자는 메시지를 제대로 전달하기 위한 매체와 통로로 사용되는 것이다.

샤르티에Chartier는 "기록된 말씀이 설교자를 통해서 전달될 때 비로소 생명을 지닌 말씀으로 바뀔 수 있다"고 말한다.[210] 설교자 자신이 하나의 매체가 되고 통로가 된다는 것이다. 설교 시에 미디어를 메시지 전달의 통로로 사용할 수 있지만 설교 대부분은 설교자라는 매체와 통로를 통해 메시지를 전달한다. 일반적으로 메시지를 전달할 때 설교자는 청중이 충분히 납득할 수 있도록 어떤 암호나 기호 속에 담아서 전달하게 되는데 그것을 '기호화'라고 부른다.[211] 그래서 청중의 경험과 지식에 맞도록 말씀을 전달하게 된다.

설교자가 '자기 자신'이라는 매체와 통로를 통해 메시지를 전달할 때 이미지 사용이 중요한 역할을 한다. 청중이 인식할 수 있도록 메시지를 기호화 하는 작업이 바로 설교를 이미지화하는 것이다. 설교자 자신이 이미지 통로가 되어 설교 메시지를 흘려보내야 한다. 좋은 설교자란 청중에게 어떤 영상이 떠오르게 만드는 사람이다.[212] 이미지란 추상적이고 일반적인 아이디어를 구체적이고 명확한 그림으로 마음 속에 떠오르게 하는 역할을 한다.

이미지는 설교자가 청중과 커뮤니케이션을 하기 위해 사용하는 중요한 도구이다. 로우리는 "우리에게 절실히 필요한 것은 설교에 대한 새로운 이미지이다"라고 말했다.[213] 설교에 있어 이미지란 "저자가 이야기하려는 주제와 의미 그리고 정서까지 함축시켜 전달하는 핵심적인 의미 전달 장치이다."[214]

설교 이미지의 효과

설교에서 전달되는 이미지에는 첫째, 궁금증 유발 효과가 있다. 이미지는 회중에게 설교에 대한 궁금증과 신비감을 가지게 만든다. 둘째, 설교에 신선함을 가미한다. 설교의 이미지는 설교의 예화로써의 기능이 아니라 설교 전반적인 흐름과 움직임에 영향을 미치는 역할을 한다. 셋째, 말씀에 대한 거부감을 줄이게 된다. 익숙하게 알고 있는 이미지가 말씀에 대한 거부감보다는 친숙하게 기억됨으로 발전된다. 넷째, 기억되어 적용되는 설교로의 전환을 가져온다. 이미지는 일단 설교를 기억하게 만들고, 그 설교가 청중의 인식과 행동에 영향을 미치게 만든다. 다섯째, 말씀의 영향력을 우리의 사고 속에 지속시킨다. 이미지로 사진을 찍어 두면 시간이 지나도 말씀의 영향력이 지속된다.

위어스비는 「상상이 담긴 설교」라는 책에서 "주일마다 의무적으로 교회에 출석하여 성경적 설교를 듣고 있는 크리스천들이 세상에 나가서 이방인처럼 사는 이유는 상상에 굶주려 있기 때문"이라고 말한다.²¹⁵ 청중이 성경을 공부하고 설교를 들어왔지만 성경의 진리가 그들의 상상에까지 스며들지는 못했다는 것이다. 설교가 하나의 이미지로 전환되지 못했기에 실제의 삶에 영향을 미치지 못했다고 위어스비는 보았다.

그는 설교에서 언어가 얼마나 중요한가를 강조했고, 설교가 들려지는지 그렇지 못한지는 전적으로 사용된 설교의 언어에 달려 있다고 주장한다.²¹⁶ 그러므로 설교에 있어 이미지의 사용은 단순히 '전달하는 설교'에서 '들려지는 설교'로의 전환을 의미한다.

6. 이미지와 기호(Sign)

설교 이미지를 이해하기 위해서는 해석학의 핵심이 되는 현대 기호학에 대한 고찰이 필요하다. 기호학이란 "커뮤니케이션과 의미 작용의 현상들을 연구하는 분야"이다.²¹⁷ 모든 커뮤니케이션 과정 속에는 일정한 계약에 근거하는 규칙이나 코드가 존재한다.

기호학자들은 우리가 살아가는 세상의 모든 것이 기호sign로 되어 있다고 말한다.²¹⁸ 기호학이 다루는 분야는 광고, 텍스트, 예술, 연극, 현상, 코드, 메시지, 언어, 암호, 시각, 후각, 촉각의 커뮤니케이션 등 광범위하다. 인간은 거리의 신호등과 표지판 등 수많은 기호를 통해 세계를 이해하고 타인과 의사 소통을 한다. 인간은 기호와 함께 살고, 기호를 통해 의사 소통을 하며, 기호 그 자체를 이루며 살아간다.²¹⁹

현대 기호학은 소쉬르Ferdinand De Saussure와 퍼스Charles Sanders Peirce

에 의해 그 토대가 마련되었다. 거의 비슷한 시기에 이들은 기호학에 대한 개념을 소개했고 "기호와 기호의 구성 요소 간의 관계를 통해 기호를 메시지로 이해하게 된다"고 보았다.[220] 그러나 소쉬르가 기호학을 언어 이론으로 제한한 반면, 퍼스는 기호의 범위를 이전에 없던 넓고 새로운 시각으로 기호학에 접근하는 것을 가능하게 했다.

퍼스는 "인간들은 문자를 포함한 상징symbol과 도상icon, 지표index로써 자기의 생각을 표현하고, 다른 사람의 생각을 읽으며, 서로 의사를 소통한다고 보았다. 특별히 자기 생각을 표현하거나 다른 사람의 생각을 읽어내는 행위를 의미 작용signification이라 보았고, 의미 작용과 기호를 통해 서로 메시지를 주고받는 행위를 '커뮤니케이션'이라고 보았다. 그리고 이 둘을 합하여 기호 작용semiosis이라 불렀다. 기호학은 엄밀하게 말하면 이 기호 작용에 관한 학문이다."[221]

소쉬르의 기호 이론

소쉬르가 보았던 기호는 기표記表: signifiant와 기의記意: signifi의 결합이다. 소쉬르는 언어를 하나의 시스템으로 보았다. 그 시스템을 형성하는 단위를 기호로 그리고 기호 안에는 '기의'시니피에; signifié와 '기표'시니피앙; signifiant가 있다고 보았다. '기의'는 '개념'으로, 기표는 '청각적 이미지'로 정의한다.[222] 청각적 이미지로 나타나는 기표는 우리가 나무라는 소리를 들을 때 그것이 우리의 사고 속에 어떤 이미지로 남게 된다. 그리고 우리가 '나무'에 대한 개념을 떠올리게 만든다. 이 기의와 기표가 결합하여 기호를 이루게 되면 이 둘은 분리되지 않는 하나의 단위로 움직이고, 사람들 기억 속에 자리잡아 하나의 의미를 전달하게 된다. 기호라는 것은 어떤 개념을 이미지라는 운반 도구에 담아서 하나의 의미를 전달하는 도구이다. 그래서 이미지는 바로 그러한 개념을 기억나게 만들고 새로운 하나의 의미를 부여하는 수단이 된다.

예를 들어 사랑하는 연인에게 장미꽃을 선물했다면 그를 사랑하는 마음이 기의이고, 꽃집에서 산 장미꽃은 자신의 마음을 전달하는 수단인 기표가 된다. 기의와 기표가 결합하여 사랑을 표현하는 기호를 만들어낸 것이다. 그러면 장미꽃을 받은 사람은 그것을 선물한 사람의 의도를 해석하게 된다. 이때 발생하는 현상을 '의미 작용'이라고 한다. 기표로써 기의를 표현하는 사람뿐만 아니라, 기표를 대할 때 그것을 해석하고 이해하는 사람편에서도 의미 작용이 일어나는 것이다. 즉 준 사람과 받은 사람의 의미 작용이 동일하게 일어났을 때 성공적인 커뮤니케이션이 일어난다."[223]

퍼스의 기호 이론

퍼스의 기호 구조는 세 가지 기호 모델로 나타난다. 표상체와 대상체, 그리고 해석체이다. '표상체'는 그 자체로 기호를 의미하며, 정보의 운송 수단이 된다. '대상체'는 기호를 지칭하는 것인데 도상, 지표, 상징으로 사물이나 지시 대상물을 표현한다. 도상icon은 대상체를 유사성으로 재현하고, 지표index는 대상체에 실제적인 영향을 주고 지시하는 성격을 가지고, 상징symbol은 사회적인 약속으로 만들어진다. '해석체'는 경험적이고 정신적이고 내재적인 의미를 가지기에 다양한 해석의 가능성이 존재한다.[224]

퍼스의 기호 이론에는 소쉬르가 가지지 못한 '해석체'가 있다. 기호를 수용하거나 전달할 때 기호는 반드시 인간의 사고를 통해 해석되는데, 그 사고를 통한 해석으로 전혀 다른 새로운 기호가 탄생하기도 한다. 또한 기호는 사고를 통해 또 다른 사고로 이동하거나 복합적인 사고를 통해 연속적이며 역동적인 커뮤니케이션을 수행한다. 퍼스의 기호학은 해석체가 작용할 때만 완벽한 기호로 존재하게 된다고 믿는다.[225]

소쉬르와 퍼스 모두 우리가 살아가면서 사용하는 기호를 의미 전달과 세상과 소통하는 도구로 사용하려고 했다. 퍼스는 하나의 기호란 "어떤 대상에게 어떤 목적이나 관계를 만들어 가는 이미지 혹은 의미 전달"이라고 말한다.[226] 그렇다면 우리가 설교에서 사용하는 하나의 이미지는 언어 철학적으로나 커뮤니케이션적으로 어떤 대상과 소통하고 의미를 전달하는 중요한 요소가 된다. 이미지는 하나의 기호이며, 그 안에는 의미와 상징이 들어 있다. 이미지를 통해 설교를 전달할 때 청중은 하나의 청각적인 소리를 통해 하나의 이미지를 그리게 되고, 그 이미지 속에 있는 의미까지 함께 기호로 저장하게 된다.

7. 이미지와 사회[227]

이미지는 원시 사회 때부터 의사 소통을 위한 도구로 사용되었으나 언어와 문자의 등장으로 언어나 문자의 보조 수단으로 인식되었다. 반면 오늘날 이미지는 개인적 의사 소통의 수준을 넘어 사회적 메시지 전달의 도구가 되었다. 이미지는 우리 생활의 도처에 존재하고 있으며, 원하든 원하지 않든 생활의 일부를 이루고 있다.

다시 말해 이미지는 의사 전달의 보조 수단이라는 기존의 지위에서 벗어나 현대 사회에서 새로운 문화의 아이콘으로 주목받고 있다. 현대 사회를 이전 사회와 구별하는 가장 큰 변화는 컴퓨터의 발달과 그것의 대중적인 사용이다. 컴퓨터 사용이 구체화된 것은 1970년대이고, 개인용 컴퓨터가 보급된 것은 1980년대였다. 이때까지 컴퓨터라는 도구는 소수의 전문가들에게 속한 물건이었다. 도스DOS 기반의 텍스트 모드인 컴퓨터는 접근하기 어려운 존재라고 인식되었기 때문이다. 그러나 1990년대 이후 모든 컴퓨터의 조작을 아이콘과 이미지로 처리하는 윈도우즈Windows의 접근 방식으로 개인용 컴퓨터의 대중화가 시작되었다. 또한 인터넷의 대중화는 월드 와이드 웹WWW, World Wide Web의 개발에 의해서였다. 이렇게 과거 소수에게만 개방되었던 과학 기술을 대중이 쉽게 접근할 수 있게 됨으로써 기술의 차원을 넘어 새로운 문화를 창조하는 데 있어 결정적인 역할을 했다. 또한 과학의 발달은 새로운 이미지의 창조를 촉발시켰다.

현대 이미지 사회의 특징

이러한 현대 이미지 사회의 특징은 이미지 생산자와 소비자가 구별된다는 것이다. 과거에는 개인 차원에서 만들어지던 이미지가 오늘날에는 예술과 문화라는 이름으로 하나의 문화의 형태를 이루어가고 있고, 소수 사람들에 의해 생산된 이미지가 미디어의 발달로 빠르게 대량 생산이 되고 있다. 컴퓨터 기술의 대중화로 현대인은 항상 새로운 이미지에 노출되고, 익숙해지게 되면 이미지에 대한 비판력을 상실한 채 그것들을 무조건적으로 수용하게 된다. TV 광고의 경우 매일 반복되는 동일한 이미지를 통해 소비자들의 가치 판단을 마비시킨다. 광고를 통해 저장되어 있던 정보는 가치 판단의 기회조차 주지 않고 이미지 생산자의 의도에 따라 소비자를 움직인다. 현대인들은 누군가의 의도로 만들어 놓은 이미지 폭력에 무방비로 노출되는 것이다. 세상은 이미지 생산자들의 손에 의해 움직이게 되고, 이들이 새로운 시대적인 권력으로 자리잡게 되었다.

넘치는 이미지의 홍수 속에서 정작 각 개인은 빈곤한 이미지와 허약한 상상력에 시달리고, 수많은 자극적이고 저급한 이미지의 범람으로 혼란을 겪고 새로운 이미지에 대한 갈급함을 느낀다. 이러한 이미지는 자신이 보기 싫다고 보지 않을 수 없기에 점점 우리의 감각을 마비시키고 많은 부작용을 만들어낸다. 이미지는 본래 정보와 가치를 전달하고, 새로운 문명을 창조하는 기능을 했다. 그런데 현대 사회에서 이미지는 사람들의 상상력을 질식시키는 결과를 낳고 말았다. 기능 쇠약에 걸린 이미지들의 회복이 필요하다. 더 깊은 차원의 창조적 이미지가 생산되어야 한다.

여전히 이미지에는 부정적인 것보다는 긍정적인 면이 더 많기에 설교자들은 이미지를 통해 새로운 영적 상상력을 만들어가는 역할을 수행할 필요가 있다. 설교는 사람들의 마음 속에 자리잡은 세속적이고 저급한 이미지를 밀어내고 하나님의 말씀에 근거한 새로운 영적 이미지를 심어주는 하나님의 통로이다.

이미지 감별사가 되어라

설교에서 이미지를 사용하기 위해서는 이미지에 대한 분별이 필요하다. 일반적으로 하나의 이미지에는 하나 이상의 의미가 담겨 있다. 그 의미는 개인적인 의미일 수도 있고 사회적인 의미일 수도 있다. 그래서 이미지를 설교에 사용할 때는 주의가 필요하다. 아무리 좋은 이미지라도 어떤 이에게는 부정적으로 인지될 수도 있고, 개인에게는 문제가 없는데 사회가 그 이미지가 부정적으로 이해될 수도 있기 때문이다. 지금까지 전혀 문제가 없었던 어떤 이미지가 어떤 사건, 개인, 혹은 미디어를 통해 의미 변질을 겪기도 한다. 시대에 따라 사람들이 생각하는 이미지에 대한 개념이 달라지기도 한다. 어떤 시대에는 그 이미지가 품고 있는 의미가 나쁘지 않았지만 다른 시기에는 절대 사용해서는 안 되는 의미를 품게 되기도 한다. 예를 들어 청각 장애인을 상대로 비인간적인 성폭력과 학대를 다룬 '도가니,' 용서라는 주제를 다룬 '밀양,' 가출 청소년들의 원조교제를 다룬 '사마리아'와 같은 영화들은 그 단어가 가지는 이미지에 새로운 사회적인 문제 의식을 포함시키면서 이미지에 대한 변화를 만들어 낸 좋은 예이다.

'무지개'도 사회적인 인식과 이미지의 변화를 보여주는 좋은 단어이다. 무지개는 본래 성경에서 물로 다시는 세상을 심판하지 않으시겠다는 하나님의 약속의 의미를 담고 있었다. 일반인들에게도 비 온 뒤에 주어지는 아름다움의 상징이었다. 그러나 동성애가 수면 위로 올라오면서 어느 순간 무지개의 이미지는 일곱 가지 색깔의 다양한 성적인 취향을 인정해야 한다는 동성애자들을 대변하는 이미지로 변질되고 말았다. 얼마 전까지는 선하고 유익한 이미지였지만 사회와 시대의 변화로 이미지가 바뀐 것이다. 따라서 이미지를 사용할 때는 그에 대한 사회적인 연구가 필요하다.

이미지에 대한 사회적인 연구란 이미지에 대해 '사람들이 생각하는 의미'를 알아내는 것을 말한다. 개인적으로 다르게 가지는 의미에 대해서는 어쩔 수 없지만, 사회적인 인식을 내포하는 이미지 사용은 설교에서 중요하게 고려되어야 한다. 성적이거나 폭력적 의미, 부정적인 의미, 혹은 상반된 의미를 담고 있는 이미지는 사용해서는 안 된다. 특히 상반된 의미란 하나의 이미지 안에 두 가지 면이 함께 담겨 있을 때를 말하는 것인데, 이러한 이미지 사용은 조심해야 한다. 설교자는 좋은 의미로 설교했지만 듣는 사람에 따라 나쁜 의미로 이해될 수도 있기 때문이다. 그러므로 이미지에 대한 사회적인 인식과 사람들의 잠재 의식 가운데 인지하고 있는 의미들을 잘 고려하는 것도 이미지 사용에 있어 기억해야 할 중요한 요소이다.

8. 이미지와 신학

정장복은 설교란 "택함을 받은 설교자가 당대의 커뮤니케이션을 통하여 회중에게 하나님의 말씀인 성경의 진리를 선포하고, 해석하고, 이 진리를 회중들의 삶에 적용시키는 것이다"라고 정의하고 있다.[228] 설교는 당대의 커뮤니케이션이라는 방법을 통해 성경의 진리를 전달하는 것이다. 그러나 멀티미디어 시대에 단순한 설명과 합리적인 설득만으로는 청중의 삶에서 변화를 이끌어 낼 수 없다. 이미 청중에게는 마음을 지배하고 있는 주된 이미지가 있기 때문이다.

이미지로 이미지를 바꾸어라

설교는 청중의 가슴 속에 자리잡은 주된 이미지를 바꾸는 작업이다.[229] 세상적인 이미지를 가지고 살아가는 청중에게 말씀을 통해 새로운 이미지 그림을 그려주는 것이 설교이다. 이미지는 추상적 개념을 구체화하기 때문에 좋은 설교를 위해 필수적인 요소이다.[230] 설교 이미지란 멀티미디어 시대를 살아가는 청중에게 커뮤니케이션을 하기 위한 가장 효율적인 설교 전달 방법이다.

리차드 젠슨Richard Jensen은 "오늘날 교회 안의 위기는 신속하게 다가오는 미디어의 변화에 적응하지 못함으로 시작되었고 그래서 변화된 사람들에게 말씀을 전달하기 위하여 교회는 변화된 방법으로 말씀을 전달해야 한다"고 말한다.[231] 그는 변화하는 커뮤니케이션 환경 가운데 적응하지 못하는 교회는 큰 위기를 맞게 된다고 경고했다.[232] 그가 주목한 것은 회중의 상황이다. 그는 생활 양식이 변화한 현대 사회에서 고전적인 설교 방식을 고집하는 것은 시대에 역행하는 것이라고 보았다. 그래서 언어 중심의 설교가 이미지

중심의 설교와 서로 영향을 주고받으며 발전해야 한다고 주장한다.[233]

그러나 젠슨이 주장하는 이미지 중심의 설교는 주로 설교에서 이미지와 미디어를 활용하는 것이다. 물론 눈에 보이는 이미지와 미디어를 통한 설교도 언어적인 설교보다 설득력이 있고 자극적이지만, 매번 미디어를 통한 설교를 하다 보면 청중은 더 자극적이고 새로운 것을 요구하게 된다. 그래서 설교에서의 이미지는 미디어를 통한 이미지보다는 설교 언어에 있어 이미지를 사용하는 것이 더 효과적이다. 월터 브루그만Walter Brueggemann은 강단의 변화를 위해 극적이고, 예술적이고, 풍부한 상상력을 불러일으키는 언어를 사용해야 한다고 주장한다.[234] 설교자들은 성경에 나오는 추상적인 내용을 성경에 대한 이해가 있거나 전혀 없는 사람들에게 전할 때 그들 사고 속에서 구체화하도록 상징과 은유, 이미지와 같은 방법을 사용해야 한다. 이미지는 인간의 말초 신경을 자극하여 메시지를 주입한다.[235]

추상적인 언어와 딱딱한 기술적 언어를 이미지의 구체적 언어로 바꾸게 되면 과거의 케케묵은 이야기가 지금 우리의 삶에 구체적으로 적용되는 이야기로 바뀌게 된다.[236] 그래서 청중은 이미지를 통해 말씀을 상상하여 생생하고 살아 있는 하나님의 말씀으로 받아들이게 되는 것이다.[237]

미르체아 엘리아데Mircea Eliade는 "이미지가 분석적 언어보다 훨씬 유효하고 확실하게 사람들에게 다가간다"고 주장한다.[238] 김지찬도 말하기를 "이미지 전에 있는 것은 눈에 보이는 어떤 개념이 아니라 형태가 없는 체험이지만 이미지는 인간이 경험하는 체험에 형태를 부여한다"고 말했다.[239] 사람들은 어떤 대상에 대한 이미지를 형성하게 되면 그때부터 객관적 정보나 기준을 따라 반응하기보다 이미지에 따라 반응한다. 인지된 이미지는 기존의 대상을 대체하고, 대상이나 사물에 대한 개인의 반응에 중요한 영향을 미치게 된다. 이것이 이미지의 힘이다. 이미지가 한 개인의 생각과 사고에 인지되는 순간 사람들은 이미지로 그 대상을 경험하게 되고, 이미지에 따라 반응하게 된다.

이미지로 의미를 전달하라

신학자 레너드 스윗Leonard Sweet은 기독교의 이미지는 예수 그리스도로 압축되는데, 예수 그리스도는 하나님의 아들이며, 그분의 이미지image임을 강조했다. 예수 그리스도는 하나님 나라에 대해 이미지를 그릴 수 있는 언어로 전달하셨고, 자기 자신에 대해서도 생명의 떡 혹은 선한 목자와 같은 이미지로 설명하셨다. 즉 "예수님의 설교의 목적은 변화에 있었지 정확한 이해에 있지 않았다. 삶에 적용 가능하도록 설교하셨다."는 것이다.[240] 스윗이 말하는 핵심은, 기독교는 이미지로 가득 차 있고 하나님 조차도 인간들에게 의미 전달을 위해 이미지를 사용하셨다는 것이다. 이미지는 서로 다른 상황에 있는 사람들 사이에 의미 전달 수단이 된다는 점을 강조한다.

토미 캠폴로Tony Campolo는 "나는 그 무엇에 해당하는 단어나 이미지를 찾아보려고 계속 노력했다. 물론 어떤 단어나 이미지도 세상에서 역사하시는 하나님의 일을 정확하게 표현할 수는 없지만 내가 생각하는 단어는 어떤 사람이라도 그것을 듣기만 하면 즉각적으로 하나의 이미지를 그려볼 수 있는 단어이다."라고 말했다.[241]

피에르 바뱅Pierre Babin도 "그림 언어인 이미지와 스토리, 메타포은유와 같은 가시적인 상상이 담긴 언어를 통해서 가장 효과적으로 말씀이 전달된다"고 주장한다.[242]

버트릭도 자신이 쓴 「설교학: 그 움직임과 구조」란 책에서 "설교란 피할 수 없는 은유의 한 작품이고, 그 신학적 의미도 생활에서 끌어온 이미지를 통해서 구현되어야 한다"고 주장했다.[243] 채플은 설교자들이 여러 가지 이미지를 설교에 사용하는 것을 혹시라도 이 시대의 악이나 문화에 굴복하는 것은 아닌가 하고 두려워하지만 그렇지 않다고 말했다. 성경 속에 나오는 사도들은 자신의 생각을 표현하기 위해 갑옷이나 달리기 경주, 산, 돌, 감람나무, 빛 가운데 걸어가는 것 등의 이미지를 사용했고, 지난 이천 년 동안 수많은 이들에게 영감을 준 설교는 늘 이미지와 연결되어 있다고 주장한다.[244]

이미지를 하나님의 말씀으로 해석하라

채플에 따르면 "일반 성인들이 1년에 50시간의 설교를 듣는 반면 집에서 텔레비전을 시청하는 시간은 2,000시간에 육박한다. 그래서 사람들에게 더 이상의 이미지가 무의미하다고 생각할 수 있다."[245] 그러나 만약 설교자가 세상 사람들이 이미 습득한 이미지를 통해 하나님의 말씀을 새롭게 해석해 줄 수 있다면 그 이미지들은 무의미한 것이 아니라 설교 전달에 효과적 수단으로 작용할 수 있다. 그들에게 익숙한 이미지를 통해 전달되는 설교는 들리기 시작할 것이다. 채플의 말은 설득력이 있다. 수많은 이미지로 둘러싸인 세상을 살아가는 현대인들에게 더 이상의 이미지가 불필요해 보이지만, 그들을 둘러싸고 있는 이미지를 통해 하나님의 말씀을 기억시킬 수 있다면 그들은 이미지를 통해 하나님의 말씀을 기억해 낼 수 있고, 내적인 변화까지 경험할 수 있게 된다. 물론 이미지와 은유의 위험성도 있다. 버나드 히비트Bernard J. Hibbits가 말하는 것처럼 "은유가 훌륭하면 훌륭할수록 역설적으로 은유 자체가 위험 요소가 될 수 있다." 훌륭한 은유는 은유가 가지는 강력한 능력으로 본래의 말이 가지는 의미를 파괴할 수 있는 힘이 있기 때문이다.[246] 그래서 청중은 설교를 듣고 난 이후 예화만 기억하게 되는 것이다. 그러므로 설교자의 역할은 이미지가 말씀을 종속하게 만드는 것이 아니라 말씀이 이미지를 지배하도록 하는 것이다. 물론 이미지를 통해 말씀이 선포되더라도 '이미지'라는 기표와 '말씀'이라는 기의를 통해 설교자가 전달하려는 '기호'를 제대로 전달해 내야 한다. 그것이 설교 이미지를 사용하는 이유이다.

9. 이미지와 성경

신약과 구약 성경에는 수많은 이미지가 등장하고, 그 사용되는 이미지들은 나름대로 분명한 목적과 의미를 가진다. 구약에서 사용된 이미지가 주로 하나님을 보여주고 하나님의 뜻을 드러내기 위한 것이라면, 신약 성경에서는 하나님의 나라와 실제적인 삶을 보여주기 위한 것이다. 다시 말해 처음에는 보이지 않는 어떤 대상이나 메시지를 전달하기 위해 사용되었지만, 신약으로 갈수록 말씀을 기억하여 삶에 적용하기 위해 사용되고 있다는 것을 발견할 수 있다.

구약 성경에 나오는 이미지 사용의 목적

① 하나님과의 관계를 설명하기 위해

'결혼'이라는 단어는 사람 관계에서 사용되는 단어인데 이사야 43:4, 49:14, 62:4, 63:9, 예레미야 2:2, 2:20-25, 3:6, 3:13, 30:14, 에스겔 16:23, 16:33-37, 23:5, 23:9, 23:22 등에서 하나님과 이스라엘의 관계를 표현한다. 하나님과 하나님의 백성이라는 특수한 관계를 설명하는 것이 쉽지 않기에 구약의 선지자들은 하나님과 이스라엘의 관계가 법적인 관계, 사랑의 관계라는 사실을 보여주기 위해 결혼이라는 이미지를 사용한다.[247]

② 이 땅에 오실 메시아를 설명하기 위해

사도 바울은 예수님을 첫 사람 '아담'의 이미지를 통해 심판에서 인류를 구원하실 마지막 아담으로 이미지화하고 있다.[248] 처녀 탄생사 7:14의 임마누엘이 예수님의 동정녀 탄생으로 나타났고마 1:23, 건축자의 버린 돌시 118:22이 예수님의 버림받고 십자가에 달리는 모습마 21:42으로 나타났다. 또한 나귀를 타심에 대한 예언사 62:11이 실제로 나귀를 타고 예루살렘으로 입성하시는 모습으로 나타난다마

21:5. 이 외에도 구약의 여러 곳에 메시아로 오실 예수님에 대한 이미지가 드러난다.

③ **하나님의 존재와 성품을 드러내기 위해**

성경 곳곳은 하나님을 설명하기 위해 이미지 언어를 사용하고 있다. 특히 시편은 곳곳마다 하나님의 존재와 성품을 설명하기 위해 이미지 언어를 사용한다. 하나님은 복시 16:2, 산업과 잔의 소득시 16:5, 반석과 요새시 18:2; 시 59:9, 16; 62:2; 94:22, 바위와 방패, 구원의 뿔과 산성시 18:2; 59:11; 84:9; 144:2, 목자시 23:1, 빛과 구원, 생명의 능력시 27:1; 62:2,6; 65:5; 79:9; 88:1, 힘과 방패시 28:7; 115:9, 11; 144:2, 피난처와 힘, 환난 중에 만날 큰 도움시 46:1, 11; 59:16-17; 61:3; 91:2, 9, 온 땅의 왕시 47:7; 74:12; 145:1, 심판장시 50:6, 돕는 이와 생명을 붙들어 주시는 이시 54:4; 63:7, 견고한 망대시 61:3, 고아의 아버지와 과부의 재판장시 68:5; 75:7, 소망과 신뢰할 이시 71:5, 능력시 81:1, 해와 방패시 84:11, 능력과 찬송과 구원시 118:14, 구원의 능력시 140:7, 나의 사랑이시요 나의 요새시 144:2라고 시편 기자는 하나님의 존재와 성품을 이미지를 사용하여 설명하고 있다.**249** 구약 성경은 하나님이 어떤 분이신가를 보여주기 위해 이미지로 하나님을 설명한다.

④ **하나님께서 행하신 일들과 구원에 대해 설명하기 위해**

창세기 1장에는 하나님께서 행하신 창조 행위가 설명된다. 그리고 그 창조의 행위가 하나님께서 인류에게 행하신 위대한 구원 즉, 새로운 창조의 행위임을 사도 바울은 고린도후서 5:17을 통해 하나의 이미지로 설명한다.[250] 출애굽기 15장에 나오는 출애굽 사건은 신약으로 넘어오면서 하나의 이미지로 전환된다. 출애굽 사건이 하나의 이미지가 되어 신약의 구원론으로 발전한다.[251] 제사를 지내기 위해 사용된 어린양출 12:1-13, 21-23도 신약 성경에서 예수 그리스도를 나타내는 이미지요 1:29, 36로 사용된다.[252] 구약 성경에서 중요하게 사용된 '피'라는 단어는 신약 성경에서 예수 그리스도의 대속을 설명하는 중요한 이미지로 사용된다. 나무에 달린 자신 21:23; 갈 3:13는 구약에서 저주와 심판이라는 이미지로 사용되었는데, 신약으로 넘어와서 예수님께서 나무에 달리심으로 구원과 생명의 상징고전 1:18으로 이미지가 대체된다.

⑤ 하나님의 메시지를 효과적으로 설명하기 위해

특히 하나님의 메시지를 전달하는 선지자들의 예언 가운데 수많은 이미지가 등장한다. 예레미야는 하나님의 메시지를 전하기 위해 파수꾼렘 6:17, 목자렘 13:17, 20-21; 17:16, 23, 황무지가 된 포도원렘 6:9, 멍에렘 2:20; 5:5; 27:8, 깨진 옹기렘 19:1-15, 무화과렘 24:2-3, 진노의 술잔렘 25:15, 아나돗의 밭렘 32:1-15 등 수많은 이미지 언어로 하나님의 말씀을 전하고 있다.[253] 에스겔, 다니엘, 호세아도 마찬가지이다. 구약 곳곳마다 선지자들은 하나님의 메시지를 전달하기 위해 이미지를 사용한다.

⑥ 인간들의 삶의 모습을 현실적으로 보여주기 위해

빛과 어두움은 하나님의 창조의 이야기가 기록된 창세기 1장부터 나오는 이미지이다. 창세기 1장에서는 말 그대로 자연 현상을 보여준다면, 이후 이 단어들은 하나님의 백성들이 서 있는 삶의 자리를 보여주는 이미지로 사용된다. 일반적으로 빛은 하나님과 관련된 이미지이고, 어둠은 죄와 관련된 이미지이다. 그래서 마태복음 5:14, 빌립보서 2:15, 에베소서 5:8, 고린도후서 6:14에서 그리스도인들이 '세상의 빛'이라거나 빛의 삶을 살아야 하는 것으로 나타나고, 반대로 어둠은 믿기 전의 그리스도인의 모습이나 죄 가운데 살고 있는 사람들의 모습으로 표현된다.[254]

최초의 유월절에 언급된 누룩출 12:15은 신약 성경에서 온갖 종류의 악을 설명하는 상징눅 12:1이 되었고,[255] 풀은 인생의 무상을 설명하는 이미지시 90:5-6; 103:15로 사용되었다.[256] 선지서에 자주 등장하는 음란사 23:17, 렘 3:2; 13:27, 겔 6:9; 16:15, 22, 34, 43, 58; 23:8, 20, 27, 29, 30, 35, 44, 48, 49; 24:13; 43:9; 호 1:2; 2:2, 4; 4:12; 5:4과 간음대상 5:25; 시 50:18; 렘 3:8; 5:7; 7:9; 9:2; 13:27; 23:14; 29:23; 겔 16:32, 38; 호 4:2, 13, 14; 7:4; 말 3:5이라는 단어들도 하나님 백성들의 현주소를 보여주던 이미지들이다.

신약 성경의 이미지 사용 목적

신약 성경에 사용된 이미지들도 다양한 목적을 가진다. 특히 예수님께서는 비유이미지를 통해 자신의 제자들을 가르치셨고, 일반적인 대중을 향해서도 눈에 보이는 이미지를 통해 말씀하셨다. 가장 우선적인 이미지 사용의 목적은 눈높이에 맞는 교육과 메시지의 기억이다. 더 구체적으로 이미지를 사용한 목적에 대해 살펴보고자 한다.

① 하나님과의 관계를 설명하기 위해

마찬가지로 신약 성경에서도 하나님과 인간과의 관계를 설명하기 위해 이미지를 사용한다. '아버지와 아들'이라는 이미지는 구약에서와는 다르게 새로운 관계를 보여주는 좋은 예가 된다. 누가복음 15장에 나오는 탕자의 비유는 집을 나간 자식을 기다리시는 하나님의 이미지를 보여주고 있고, 갈라디아서 4:16은 우리가 하나님의 아들인고로 '아바 아버지'라 부르게 하셨다고 기록하면서 친근하고 가까운 '아빠' 이미지를 주고 있다.

② 하나님의 나라를 보여주기 위해

하나님 나라는 눈에 보이지 않는 세계이다. 그래서 예수님께서는 이 세계를 사람들에게 보여주시기 위해 이미지로 하나님의 나라를 설명하셨다. 예수님께서는 하나님 나라를 설명하시기 위해 마태복음 13장에 나오는 일곱 가지 천국 비유를 통해 하나님 나라에 대해 설명하셨고, 요한계시록을 기록한 요한도 하나님의 나라인 천국을 설명하기 위해 이 땅의 언어 즉, 이미지 언어를 사용했다. 이렇게 이미지 사용은 보이지 않는 어떤 대상을 눈에 보이는 어떤 형상으로 설명하기 위한 것이다.

③ 이 땅에 오신 메시아를 설명하기 위해

유대인들은 그토록 기다리던 메시아가 오셨지만 예수님을 메시아로 인식하지 못했다. 그래서 요한은 "빛이 어둠에 비치되 어둠이 깨닫지 못하더라"요 1:5고 말한다. 신약 성경의 핵심 주제는 이 땅에 오신 예수 그리스도시다. 당시 사람들이 가지고 있었던 메시아에 대한 기본 개념은 다윗 같은 존재 즉, 무너진 다윗의 왕조를 재건할 힘 있고 능력 있는 인간적인 존재였다. 그러나 이 땅에 오신 예수님은 사람들이 기대하는 힘 있고 강력한 존재가 아니라 구약 성경에서 예언하신 바로 그분이시라는 것을 보여주셔야 했다. 또한 이 메시아는 다윗 같은 인간이 아니라 신적 능력을 가지신 하나님이시라는 것을 보여주기를 원했다. 그래서 예수님과 신약 성경의 저자들은 이미지를 통해 예수님이 이 땅에 오신 메시아라는 것을 증명하려고 했다. 메시아로 오신 예수님의 존재와 사역을 드러내려고 했다. 이를 위한 대표적인 이미지가 메시아, 말씀, 생명의 떡, 포도나무, 빛, 선한 목자, 안식일의 주인, 하나님의 아들, 왕, 길, 보혜사, 어린 양 등과 같은 것들이다.

④ 하나님에 대해 소개하기 위해 - 속성, 존재, 사역

유대인들에게 하나님이라는 존재는 너무 거룩하여 이름조차도 부르기 어려운 분이다. 그렇기에 하나님을 아는 것이 제한될 수밖에 없었고 하나님에 대해 깊이 있게 알 수도 없었다. 그래서 신약 저자들은 이미지 언어를 통해 하나님에 대해 소개한다. 예를 들어 요한은 요한일서에서 하나님은 사랑이시라고 기록하고, 요한복음에서는 하나님이 세상을 너무나 사랑하셔서 자신의 독생자를 세상에 보내셨다고 말하고 있다. 이에 대해 사도 바울은 로마서를 통해 예수님이 십자가 위에서 죽으심은 하나님이 사랑을 우리에게 확증하시기 위함롬 5:8이라고 기록한다. 하나님의 존재는 사랑이신데 그 존

재의 속성과 사역이 예수님을 통해 나타나게 된 것이다. 그래서 예수님을 통해 사람들은 하나님의 사랑의 이미지를 읽어내게 된다.

⑤ 의미를 더욱 분명하고 명확하게 알려주기 위해

이미지의 또 다른 중요한 목적은 기존에 가지고 있던 개념을 더욱 분명하고 그림을 그리듯이 독자들에게 전달하기 위함이다. 사도 바울은 성도의 영적 싸움을 표현하기 위해 에베소서 6장에서 전신갑주를 입는 이미지로 소개한다. 독자들에게 하나의 이미지를 그리게 하기 위함이다. 이를 통해 믿음의 방패와 구원의 투구를 쓰고, 말씀의 칼을 가지고 영적인 싸움을 싸우기 위해 준비해야 한다는 것을 더욱 명확하게 이해하게 된다. 이미지는 어떤 한 주제에 대한 더 분명하고 명확한 설명과 함께 머릿속에 그려보는 상상력을 통해 사고의 확장과 행동 범주의 확대를 가져오게 한다.

⑥ 삶에 대한 교훈을 주시기 위해

예수님께서는 단순히 보이지 않는 천국을 설명하는 것으로 그치는 것이 아니라, 실제적인 삶에 교훈을 주시기 위해 이미지들을 사용하셨다. 예를 들어, 빛을 밝히는 등불마 6:22-23, 공중에 나는 새 마 6:26, 들에 핀 풀들마 6:30, 개와 돼지마 7:6, 여우와 새마 8:20, 양의 옷을 뒤집어 쓴 이리마 7:17, 낡은 옷에 생베 조각을 꿰매는 일마 9:16, 낡은 가죽 부대와 새 포도주마 9:17, 소와 멍에마 11:29, 집에서 키우는 개마 15:26-27, 암탉과 병아리마 23:27, 바늘 귀눅 18:25, 밀을 떨어내는 일눅 22:31, 누룩 있는 빵마 16:6, 11-12, 부패한 음식요 6:27, 양의 우리, 문지기,

목자요 10:1, 포도나무와 가지들요 15:1-8과 같은 이미지를 통해 예수님께서는 삶에서 기억해야 할 교훈의 메시지를 전달하셨다.

서신서로 넘어가면 바울은 군인, 운동 선수, 제사장, 몸, 떡, 신부, 건축물 등과 같은 다양한 이미지들을 이용하여 교회론과 관련한 여러 신학적 교리들을 제시한다.[257] 특히 에베소서 4:15-16 이하에 교회를 그리스도의 몸과 교회의 머리로 묘사하면서 유기체적인 몸의 관계를 통해 그리스도와 떨어질 수 없는 몸으로서의 교회의 기능과 형태를 소개하고 있다.

성경은 이와 같이 수많은 이미지 언어를 통해 설명과 설득, 기억과 삶의 행동으로 나갈 수 있도록 청중의 지적인 부분과 감성적인 부분을 건드린다. 성경이 이러한 이미지 언어를 사용한 이유는 그것이 이해와 설득에 효과가 있기 때문이다.

⑦ 하나님의 말씀을 장기 기억으로 저장하기 위한 목적

예수님께서는 공생애 삼 년 동안 수많은 이미지 언어를 통해 하나님의 나라와 복음을 설명하셨다. 그러나 실제로 제자들이나 수많은 청중은 예수님의 죽음과 부활까지 그 말씀의 의미와 목적을 깨닫지 못했다. 그런데 비유로 혹은 이미지로 말씀하신 그 말씀들은 그 당시에는 제대로 이해되지 못했을지라도 예수님께서 죽으시고 부활하신 이후에 그분의 말씀을 다시 기억나게 만드는 통로로 작용했을 것이다. 그래서 예수님께서 승천하신 이후 제자들은 예수님께서 살아계셨을 때 주셨던 말씀과 의미를 기억하여 사람들에게 전하고 가르치기 시작했다. 사도행전 2장에 나오는 초대 교회는 사도들의 가르침을 따라 교제하고 떡을 떼었다. 여기서 말하는 사도들의 가르침은 예수님께서 주셨던 말씀과 교훈에 근거한 것이다. 어떻게 그러한 일이 가능했는가? 바로 비유로 말씀하신 것들이 제자들의 기억 속에 장기 기억으로 저장되었기 때문이다.

이미지 설교도 이러한 원리에서 출발한다. 세상에 널린 수많은 이미지를 통해 새로운 말씀 이미지를 청중에게 심어주는 것이다. 그래서 세상적인 이미지를 당기면 그 안에 숨어 있는 하나님의 말씀이 끌려 나오게 된다. 마치 감자 줄기를 당기면 땅 속에 숨어 있던 감자 알들이 딸려 나오는 것처럼 말이다. 예수님께서 이미지로 말씀하신, 혹은 신약의 저자들이 이미지로 설명했던 메시지들은 그들이 떠나가고 세상에 없어져도 이미지라는 상자에 담겨 남았다. 그래서 그 메시지가 지금까지도 우리의 마음에 남을 수 있는 것이다.

이미지는 그냥 발견되지 않는다. 이미지라는 금광에서 보석을 찾기 위해서는 열심히 파고 두드려야 한다. 이미지는 숨어 있고 설교자는 이미지와의 숨바꼭질을 해야 한다. 결국 설교자는 말씀 속에 숨어 있는 이미지를 찾아내어 모든 사람들에게 드러내는 사람이다. 또한 설교자는 사람들의 마음 속에 숨어 있는 이미지를 새로운 말씀 이미지로 바꾸는 사람이다. 그러기 위해서는 이미지와의 숨바꼭질을 즐겨야 한다.

"구하라 그리하면 너희에게 주실 것이요 찾으라 그리하면 찾아 낼 것이요 문을 두드리라 그리하면 너희에게 열릴 것이니 구하

는 이마다 받을 것이요 찾는 이는 찾아낼 것이요 두드리는 이에게는 열릴 것이니라" 마7:7-8

CHAPTER 5.

"이미지야 놀자!"

　김운용은 설교란 기존 이미지를 새로운 이미지로 대체하거나 새로운 이미지로 만드는 작업이라고 말했고, 청중의 삶의 변화도 이러한 이미지의 대체, 혹은 새로운 생성을 통해 일어난다고 말했다.[258] 크래독도 "설교는 이미지를 사용하여 복음의 빛 아래 지금 주어지는 삶의 경험을 재창조하는 사건이 되어야 한다"고 말한다.[259] 설교가 사람들이 기존에 가지고 있던 이미지를 새롭게 바꾸어야 하는 작업이라면 당연히 이미지 설교는 기존의 이미지를 새로운 이미지로 바꾸는 작업이다. 청중에게 새로운 이미지가 생겨날 때 그들의 삶에 변화도 시작된다. 그래서 이미지 설교란 "강해 설교의 기본적인 범주 안에서 하나님의 말씀인 성경 본문의 핵심 메시지와 성경 저자의 의도를 효과적으로 전달하기 위해 세상 속에 널려 있는 수많은 물체와, 개념, 지식적인 정보이슈, 각종 매스미디어 등 사람들이 익숙하게 알고 있는 이미지를 통해 설교하는 방법"이다. 이미지 설교는 마치 감자를 수확하기 위해 줄기를 끌어당길 때 줄지어 열매가 끌려 나오는 것처럼 이미지 줄기를 끌어당길 때 이미지와 연결되어 있는 성경적인 개념과 하나님의 말씀들이 생각나게 만드는 설교 방식이다. 그래서 이미지 설교는 기억되어 삶에 적용되고, 또한 삶을 주도함으로 삶의 변화를 이끌어내는 설교가 된다.

〈그림 4〉 이미지 설교 적용 원리

지금까지 설교에서 문제는 '무엇을 전할 것인가'와 '어떻게 전할 것인가'의 대립이었다. 전통적인 강해 설교 방식은 '무엇을'에 집중했다면 신설교학 중심의 설교 방식은 '어떻게'를 강조했다. 물론 이 두 가지를 접목하려는 수많은 시도로 설교학은 지금까지 발전해 왔다. 시작은 어떤 면의 부족함으로 시작되었지만 시간이 갈수록 접목되기보다는 새로운 하나의 영역으로 분리되게 되었다. 그러나 이미지 설교는 강해 설교가 말하는 '무엇을'과 신설교학이 말하는 '어떻게'를 다시 접목해서 설교의 정의에서 강조하는 '해석'과 '전달'이라는 두 가지 중요한 이슈를 만족시키기 위한 새로운 도전이다.

1. 이미지 설교의 원리

첫째, 이미지 설교는 강해 설교에서 강조하는 '본문 중심'의 원리를 가진다. 주제 설교처럼 본문과 상관없이 설교를 이끌어가거나 본문 설교처럼 설교의 어느 일부분의 강조나 부각시키기 위해 다른 본문이나 다른 내용을 가져오지 않는다. 가능하면 강해 설교의 기본적인 원리 안에서 본문을 중심으로 설교를 진행한다.

둘째, 이미지 설교는 하나의 성경적인 개념을 중심으로 '원 포인트'로 진행된다. 대지 설교처럼 각 본문의 내용에 맞게 나오는 산발적인 대지의 삼지창 설교가 아닌, 강해 설교가 강조하는 하나의 성경적인 개념으로 설교를 이끌어 간다. 그래서 설교가 끝나고 나면 청중의 머릿속에는 설교자가 제시한 성경적인 하나의 개념 즉, 원 포인트만 남게 된다.

셋째, 이미지 설교에서 대지는 성경적인 개념을 서술하고 보충해 주는 술어의 역할을 한다. 대지의 목적은 성경적인 개념을 발전시키고 보충하는 것이지, 대지 설교에서처럼 하나의 대지가 독립적인 주제와 의미를 가지는 것은 아니다. 각 대지는 성경적인 개념을 돋보이게 하고, 서술하고 보충하는 것 그 이상도 이하도 아니다.

넷째, 이미지 설교에는 하나의 메시지가 설교 전체에 흐르기에 설교가 하나의 구조적인 통일성을 가지게 된다. 마치 화살을 쏘았을 때 그 화살이 하나의 궤적을 그리고 과녁에 명중하는 것처럼 설교는 반드시 하나의 궤적을 가져야 한다.

다섯째, 이미지 설교는 설교의 중심 명제 즉, 핵심 아이디어를 이미지로 바꾼다. 그래서 설교 전체가 중심 명제를 기호화한 이미지의 지배를 받게 한다. 설교에 따라 이미지가 강하게 드러나거나 그렇지 않을 수 있으나, 이미지 설교는 이미지가 설교 전체에서 중요한 영향력을 행사한다. 강해 설교는 하나의 성경적인 개념이 설교 전체를 이끌어 간다면, 이미지 설교는 동시대의 청중의 눈높이로 바꾼 하나의 이미지가 설교 전체를 끌어가는 것이다.

여섯째, 이미지 설교는 어떤 특정한 설교의 형식이나 방법에 국한되지 않고 본문과 설교 장르에 따라 다양하게 변할 수 있다. 연역적인 방법으로 설교를 해도 단순한 연역이 아니라 그 연역적인 이미지를 풀어내는 과정을 통해 이미지 설교는 귀납적으로 변하게 되고, 꼭 귀납적이 아니더라도 점점 더 강력한 내용이나 그 강하고 중요한 내용을 이끌어가는 방식을 통해 청중의 호기심과 기대, 그리고 집중력을 이끌어 낸다. 또한 이미지로 설교를 풀어가다 보니 당연히 설교는 본문 중심의 스토리텔링이 되어 청중이 성경 이야기에 빠져들게 된다.

일곱째, 이미지 설교는 이미지를 통한 말씀의 직접적인 적용을 통해 청중의 사고와 삶에 말씀의 체험이 일어나게 하는 설교이다. 경험이란 "어떤 사건을 직접적으로 관찰하거나 행동에 참가함으로 얻어진 결과로써의 기술, 지식, 실천 등으로 개인의 삶을 형성하는 의식적인 사실"을 말한다.[260] 체험이란 "경험이란 용어와 비교하여 경험이 인식적 의미 즉, 무엇인가에 대해 안다는 의미로 쓰인다면 체험은 개별 인간에 있어서 지적知的인 것만이 아니라 정의적情意的요소도 포함한 의식 활동 전체의 상태를 가리키는 극히 주관적인 의미를 가지는 말"이다.[261] 다시 말해 이미지 설교를 통해 이루고자 하는 '경험적 체험'은 하나님의 말씀에 대한 지·정·의적인 반응을 통해 의식과 행동의 변화를 이끌어 내는 것을 의미한다. 이미지는 감각과 지각을 통해 사람들의 인식을 바꿀 수 있는 영향력을 가지고 있기 때문이다.

여덟째, 그래서 이미지 설교는 기억되고 적용되어 삶을 주도하고 변화시키는 것을 목적으로 한다. '기억된다는 것'은 우리의 인식 가운데 말씀이 들어오는 것을 의미하고, '적용된다는 것'은 우리의 사고 속에 들어온 말씀이 우리의 삶과 연결됨을 의미한다. 그리고 '주도한다는 것'은 그 말씀이 우리의 실제 행동과 삶에 영향을 미쳐서 어떤 일을 하거나 판단과 결정을 해야 할 때 삶을 주도하는 것을 의미한다. 그리고 우리의 삶을 주도한 말씀은 우리의 영혼, 생각 그리고 삶에 실제적인 변화를 가져온다. 그래서 디모데후서 3:16-17에서 소개하는 성경의 목적처럼 하나님의 사람이 온전하게 살아갈 수 있도록 도와주는 것이다.[262]

이미지 설교의 필요성

설교의 효율성을 위해서는 '말해지는 것'what is said과 '들려지는 것'what is heard이 함께 고려되어야 한다.[263] 말해지는 것은 설교자를 통해 발견되는 것이고, 들려지는 것은 설교의 내용을 전달하기 위한 방법이다. 이미지 설교가 필요한 가장 중요한 이유는 들려지는 설교가 되기 위함이다. 설교가 들려질 때 청중의 삶에 말씀이 적용되고 삶에 변화가 일어난다.

그러나 오늘날의 현실은 데이비드 쉬라프David J. Schlafer가 말하는 것처럼 "청중은 전혀 식욕이 없이 느끼는 배고픔"Hunger without Appetite 을 느끼고 있다.264 청중은 설교가 식상하다고 생각하고 있고, 하나님의 말씀에 대한 식욕을 전혀 느끼지 않으며, 보다 좋은 설교에 대한 희망마저 가지고 있지 않다. 하나님의 말씀인 설교가 들려지지 않기 때문이다.

들려지지 않는 설교

김운용은 「설교의 새로운 패러다임」에서 설교가 들려지지 않는 주된 이유를 세 가지로 설명하고 있다. 첫째, 청중의 역할에 대한 설교자의 잘못된 인식이다. 전통적으로 청중은 "수동적으로 설교를 그저 받아들이는 존재"passive receiver로 인식되었다. 설교자가 준비한 말씀을 전달하면 청중은 그 말씀을 그저 받아들이기만 하면 되었다. 이러한 구조에서는 설교자가 지배적인 위치에 서게 되고, 청중은 그 권위를 받아들여 살아가게 되는 존재였다. 이러한 관계를 "수도관의 메타포"로 설명하는데, 수원지에 가득 담긴 물이 수도관을 통해 물이 필요한 곳으로 흘러가는 것처럼 설교자는 수원지와 같이 풍성한 말씀을 가지고 있고, 청중은 그 수도관을 통해 전달된 물을 통해 살아가는 것이다. 수동적이고 종속적인 관계를 형성할 수밖에 없는 것이다. 둘째, 설교 언어의 문제이다. 전통적인 설교에서 사용되는 언어는 명확하고 논리적이고 명령적이다. 청중을 설득하고 이해시키려다 보니 설교가 딱딱하고, 명령적이고, 분석적일 수밖에 없고, 정보 전달에 치우치게 되었다. 셋째, 설교의 형태도 문제이다. 전통적인 설교에서 설교의 형태는 무엇을 전할

가에 깊이 관심을 가졌다. 그러다 보니 연역적인 방법을 통해 논증적이고 명제적인 설교를 할 수밖에 없었다. 연역적인 방법은 무엇을 전할 것인가에 효율적인 형태이고, 그것을 통해 설교자가 말하려는 내용을 설명하고 증명해 나갈 수 있기 때문이다. 그 결과 설교는 지루함과 권태감을 불러일으키게 되었고, 지루함과 권태감은 설교에 무관심하게 만들고, 그것을 하찮은 것으로 생각하게 하며, 청중을 믿음의 세계와 하나님의 말씀에 대해 정면으로 대항하고 거부하는 자들이 되게 만들었다.[265]

말씀의 배턴 터치(Baton touch)

이미지 설교는 이러한 문제를 해결할 수 있는 요소들을 가지고 있다. 이미지 설교 방법론에서 청중은 단순히 수동적으로 설교를 듣고 사라지는 존재가 아니라 말씀의 배턴을 쥐고 달려가야 하는 다음 주자이다. 말씀 배턴을 쥐고 달리는 첫 번째 주자 즉, 시작 주자는 설교자이다. 한 주간 하나님께서 주신 말씀을 묵상하고 해석하면서 준비한 말씀이라는 배턴을 쥐고 달리는 첫 번째 주자이다. 그가 달리는 목적은 자신의 손에 들린 말씀이라는 배턴을 다음 주자인 청중에게 전달하는 것이다. 그래서 설교라는 시간을 통해 말씀의 배턴 터치가 일어나고, 청중은 그 말씀의 배턴을 쥐고 세상 속으로 달려간다. 그들의 역할은 수동적으로 말씀을 받아 그 말씀 배턴을 잃어버리는 자들이 아닌 다른 누군가에게 하나님의 말씀을 전달하는 다음 주자가 되는 것이다. 첫 번째 주자인 설교자는 말씀을 준비하고 해석하여 무사히 말씀 배턴으로 전달하는 이들이라면, 다음 주자인 청중은 자신이 받은 말씀 배턴을 한 주간 세상 속에서 누군가에게 전달하기 위해 말씀을 기억하고, 적용하고, 그 말씀이 자신의 삶을 주도하도록 하고, 말씀대로 변하는 삶을 살아가는 자들이다. 설교자가 지배적인 위치에 있는 것이 아니고, 청중이라고 수동적으로 서 있는 존재도 아니다. 설교자도 자신의 역할을 감당하고 청중도 자신의 역할을 감당하는 것이다. 이미지 설교는 청중이 말씀 배턴을 세상 속에서 잃어버리지 않도록 만들어 주고, 그 말씀 배턴을 붙잡고 세상으로 달려갈 수 있도록 도와준다.

이미지 설교의 언어와 형태

이미지 설교의 언어는 전통적인 설교의 언어와 다르다. 이미지 설교의 언어는 기본적으로 이야기로 구성되고, 이미지를 통해 메타포와 상상력이 설교 가운데 드러난다. 이미지 설교는 그림 언어처럼 이미지를 통해 설교의 성경적인 개념을 전달한다. 커뮤니케이션 학자인 피에르 바빈Pierre Babin의 말처럼 "보여주는 언어 매체야말로 현대 사회의 문화에서 가장 적절한 새로운 언어"가 된다.[266] 그래서 이미지와 스토리, 그리고 메타포와 같은 상상력이 담긴 언어를 통해 하나님의 말씀이 가장 효과적으로 전해진다.[267]

그리고 이미지 설교는 효과적인 형태를 취한다. 연역적으로 구성되기도 하지만, 단순히 처음에 주제가 나오고 그 주제를 설명하고 증명하는 방식으로 끝나지 않고, 흥미와 관심이 증가될 수 있도록 설교가 점층적으로 구성되어 점점 더 집중하도록 만든다. 이미지가 설교를 주도하게 됨으로 인해 이미지에 대한 인식의 흐름에 따라 설교도 구성되기 때문에 설교를 받아들이고 기억하는 것이 자연스럽다. 논리적이지만 지루하지 않고, 조직적이지만 의식의 흐름과 충돌하지 않는다. 마치 화살이 날아가는 하나의 궤적처럼 자연스럽고 부드럽게 설교의 목적이 전달된다. 들려지는 설교를 위해 이미지 설교 방법론의 필요성이 제기된다.

2. 예수님의 이미지 설교

예수님께서도 자신에게 주어진 삼 년이라는 사역 기간 동안 하나님 나라의 메시지를 전달하시기 위해 이미지를 사용하셨고, 특별히 자신이 사랑하시는 제자들과 특별한 사람들에게 이미지 설교라는 방법을 사용하셨다. 예수님께서 사용하신 이미지 언어와 설교는 좌뇌 중심의 사고에서 우뇌 중심으로, 그리고 의사 전달적인 언어를 들려지는 언어로 바꾸는 중요한 역할을 하였다.

예수님께서는 설교를 하실 때 늘 청중에게 관심을 가지셨다. 청중이 찾아오는 것을 기다리시기보다는 그들이 있는 곳을 찾아가셨고, 사람들이 모여 있는 회당이나 거리에서 예수님은 늘 말씀하셨다. 예수님은 쉽고 단순한 설교 방식과 사람들이 이해할 수 있는 언어를 사용하셨다.

하나의 메시지를 전달하기 위해서는 반드시 전달자, 메시지, 전달 매체, 전달 대상이 필요하다.[268] 하나의 메시지는 전달자에 의해 전달 매체 혹은 방법으로 전달 대상에게 전달되는 것이다. 중요한 것은 전달 매체이다. 아무리 좋은 메시지도 전달 매체의 문제로 대상에게 제대로 전달되지 못하는 일들이 일어나기 때문이다. 예수님께서는 자기 자신을 메시지를 전달하는 전달 매체로 삼으셨다. 제자들의 발을 손수 씻기심으로 자신이 한 것처럼 제자들도 그렇게 하라는 섬김의 메시지를 제자들에게 남기시기도 하셨고, 하나님의 사랑을 세상에 전달하시기 위해 자기 자신이 죄인의 상징인 십자가를 지시고 십자가 위에서 죽으셨다. 이유는 한 가지이다. 하나님의 사랑을 자기 자신을 통해 전달 대상인 세상에 보여주시기 위함이다. 설교자 자신이 가장 강력하고 중요한 전달 매체라고 볼 때, 예수님께서는 바로 그러한 효과적이고 강력한 전달자이셨다. 자신의 삶으로 자신이 전할 메시지를 전달하셨기 때문이다.

예수님은 자기 자신이 가장 효율적으로 중요한 메시지의 전달 매체가 되셨지만 세상의 방법을 무시하지는 않으셨다. 언제나 자신의 삶으로만 메시지를 전달하실 수는 없기에 세상의 언어와 이미지를 통해 하나님의 말씀을 전달하셨다. 예수님께서 사용하신 이미지 설교는 다음과 같은 네 가지 방법을 통해서 나타났다.

비유

마태복음 13:34 "예수께서 이 모든 것을 무리에게 비유로 말씀하시고 비유가 아니면 아무 것도 말씀하지 아니하셨으니"라는 말씀처럼 예수님은 청중의 이해를 돕기 위해 비유라는 방법을 자주 사용하셨다.[269] 예수님은 마태복음 13장에서 천국에 대한 설교를 하시면서 이 하나의 주제를 지루하게 나열하거나 논리적으로 설교하지 않으셨다. 하나의 주제이지만 일곱 가지 비유를 통해 예수께서는 그 하나님 나라가 어떤 곳인지, 또 어떤 자가 들어가게 되는지를 차근차근 설명하셨다. 예수님의 설교는 늘 청중의 눈높이나 이해도와 관계가 있다는 것을 알 수 있다.

때로는 비유가 어려워서 깨닫지 못하는 자에게 그것을 풀어서 설명해 주시기도 하고, 때로는 감추어야 할 메시지를 비유에 담아 전하시기도 했다. 비유를 통해 의미를 이해한 자들은 비유를 통해 메시지를 오랫동안 기억하거나, 당시는 숨겨졌던 비유의 의미를 예수님의 부활 이후에 깨닫기도 했다. 그렇게 깨우친 메시지는 청중에게 절대 잊지 못하는 중요한 메시지로 남게 된다.

예수님께서 비유를 통해 말씀하신 이유는 메시지의 효과적인 전달 때문이다. 이것은 주님의 말씀에 귀를 기울이는 사람에게만 국한한 것이 아니라, 전혀 주님의 말씀에 동의하지 않고 깨닫지 못하는 바리새인들이나 종교지도자들에게도 주어졌다. 누가복음 15장에 나오는 세 가지 비유 즉, 잃어버린 양, 잃어버린 드라크마, 잃어버린 아들 비유의 목적은 그 당시 큰 아들과 같은 종교 지도자들에게 깨달음의 메시지를 주시기 위함이었고, 그들이 비유를 듣고 자신들을 향한 말씀이라는 것을 깨닫게 하시기 위함이었다. 예수님의 비유를 통한 이미지 설교는 들으려고 하는 자들이나 듣지 않으려고 귀를 막는 자들 모두에게 효과적인 커뮤니케이션 수단으로 작용했다.

대화

예수님의 두 번째 이미지 설교는 사람들과의 대화를 통해 나타난다. 대화에는 늘 질문이 등장하고, 예수님은 요한복음 3장에 나오는 니고데모와의 대화에서도 질문으로 대화를 이끌어 가신다. 질문과 대화라는 방식은 대화 당사자나 청중이 대화에 적극적으로 참여하게 하며, 마음의 문을 여는 기능을 한다. 대화라는 것은 지극히 사적일수도 있고, 사소한 것으로 여겨져 지나칠 수도 있다. 하지만 주님께서는 대화를 통해서도 메시지를 전달하시기 위해 이미지 설교를 하신다. 대표적인 예가 요한복음 4장에 나오는 사마리아 수가성 여인에 대한 이야기이다. 예수님께서 인생의 고뇌를 가지고 우물가로 나온 한 여인에게 '물'이라는 이미지를 통해 영생에 대해 설명하시고, 그 여인의 영적인 고민과 인생의 문제에 대해 접근하신다. 그리고 여인이 스스로 예수님이 메시아라는 것을 발견하고 마을로 들어가서 예수님을 전하는 증인이 되게 하셨다. 처음에는 예수님에 대한 오해도 있었다. 유대인이 어떻게 이방인에게 물을 달라고 하느냐며 자신의 분노를 드러내거나, 예수님을 선지자라고 오해하기도 했다.

그러나 예수님의 이미지 설교를 통해 여인은 예수님이 메시아이시라는 것을 알게 된다. 그리고 확신 가운데 자신과 다른 사람들을 가로막고 있던 보이지 않는 장벽을 뚫고 마을로 내려가서 메시아이신 예수님을 증거한다. 앞서 다룬 '비유'가 좀 더 일반적인 대중이나 제자 그룹에게 사용된 전달 방식이었다면, '대화'는 사적이고 개인적인 예수님의 설교였다. 이를 통해 더 직접적이고 강력한 결과가 도출되었다.

에고 에이미

예수님의 이미지 설교는 요한복음에 나오는 에고 에이미εγω ειμι를 통해 자신을 계시하는 것으로 나타난다. 하나님의 아들이신 예수님에 대해 정확한 인식을 가지지 못한 자들에게 예수님께서 좀 더 오래 기억할 수 있고 상상력을 자극할 수 있는 이미지 언어로 자신을 소개하신다. 요한복음 6장에서는 '생명의 떡'으로, 8장에서는 '세상의 빛'으로, 10장에서는 '양의 문'과 '선한 목자'로, 11장에서는 '부활이요 생명'으로, 14장에서는 '길이요 진리요 생명'으로 자신을 드러내신다. 그것을 통해 사람들은 예수님이 어떤 분이신지, 또 어떤 일을 하시는 분인지에 대한 명확한 이해와 메시지를 얻게 된다.

예수님은 메시아로 오신 자신을 드러내시기 위해 이미지 언어로 자신을 계시하셨다. 그 이미지들은 유대인들의 일상적인 삶과 밀접하게 연결되어 있었고, 그들은 일상 속에서 그러한 이미지 언어들을 대하거나 볼 때 이 땅에 오신 예수님을 떠올릴 수 있었다.

실제적인 이미지 언어

예수님께서는 사람들이 일상에서 보고, 듣고, 사용하는 여러 가지 도구들을 이미지화하셔서 말씀의 도구로 사용하셨다. 놀라운 것은, 예수님께서 그 도구들을 사용하셔서 말씀하시면 새로운 이미지 언어가 기존의 이미지 언어를 교체하는 일이 일어나게 되었다는 것이다. 예수님께서 율법을 파괴하러 오신 것이 아니라 율법을 완성하기 위해 오셨다는 말씀처럼 불완전하고 세속적인 이미지로 가득한 사람들에게 새로운 이미지를 공급하시기 위해 오신 것이다. 겨자씨, 그물, 누룩, 무화과, 백합화, 빛, 소금 등 평범한 단어들이 예수님께서 사용하시자 새로운 이미지 언어가 되어 사람들의 삶에 도전과 새로운 인생의 지표가 되었다.

신약 성경은 수많은 이미지로 가득 차 있고 예수님께서는 그러한 이미지 언어로 하나님 나라의 복음을 전하셨다. 예수님께서는 세상의 이미지와 언어로 하나님의 복음을 전하셨지만 우리가 잊지 말아야 할 것은, 예수님 자신이 세상을 향한 하나님의 이미지이셨다는 것이다. 하나님의 메시지를 전하기 위해 자기 자신이 전달 매체가 되어 하나님의 메시지를 전하신 것이다.

3. 바울의 이미지 설교

사도행전을 보면 바울의 대표적인 두 설교가 등장한다. 하나는 사도행전 13장에 나오는 안디옥에서의 설교와 사도행전 17장의 아덴에서의 설교이다. 다른 설교도 사도행전에 기록되어 있지만 그것들은 주로 바울의 회심 경험을 중심으로 한 간증 설교이기에, 여기서는 바울의 설교를 이 두 본문에 제한하여 살펴보고자 한다.

바울의 안디옥 설교

먼저 사도행전 13장의 안디옥에서의 설교는 안식일에 회당에서 한 설교이다. 이 설교의 내용은 다윗의 후손으로 오신 예수를 힘입어 우리가 죄사함을 받았고, 그를 믿는 자는 의롭다 하심을 얻는다는 내용이다. 이 이야기를 하기 위해 바울은 이미 사람들이 잘 알고 있는 두 사람의 이미지를 사용한다. 하나의 이미지는 사람들이 모두 알고 있고 좋아하는 '다윗'이라는 이미지이고, 다른 하나는 가장 최근 사람들의 관심이 집중되었던 '세례침례 요한'이라는 이미지이다.

바울이 이 두 이미지를 가지고 어떻게 자신이 전달하고자 하는 메시지를 전달하는지 보라. 사도행전 13:22에서 바울은 다윗을 하나님께서 왕으로 세우시고, 그분의 마음에 맞는 사람으로 그분의 뜻을 다 이룰 사람으로 묘사한다. 이어서 하나님이 약속하신 대로 다윗의 후손에서 이스라엘을 위하여 구주를 세우셨는데, 바로 그분이 예수라고 설명한다. 다윗과 예수를 자연스럽게 연결하면서 그분을 다윗의 후손이자 하나님의 뜻을 이룰 사람으로 설명한다. 이스라엘을 위한 구주가 세워졌다는 것이다. 또한 35절 이하에서는 다윗을 뛰어넘는 자로 설명하고 있다.

〈사도행전 13:35-39〉

35 또 다른 시편에 일렀으되 주의 거룩한 자로 썩음을 당하지 않게 하시리라 하셨느니라

36 다윗은 당시에 하나님의 뜻을 따라 섬기다가 잠들어 그 조상들과 함께 묻혀 썩음을 당하였으되

37 하나님께서 살리신 이는 썩음을 당하지 아니하였나니

38 그러므로 형제들아 너희가 알 것은 이 사람을 힘입어 죄 사함을 너희에게 전하는 이것이며

39 또 모세의 율법으로 너희가 의롭다 하심을 얻지 못하던 모든

일에도 이 사람을 힘입어 믿는 자마다 의롭다 하심을 얻는 이 것이라

바울은 먼저 시편의 말씀을 통해 주의 거룩한 자로 썩음을 당하지 않게 하시리라는 말씀을 인용한다. 다윗은 주의 거룩한 자임에도 죽어 썩음을 당하였으나 하나님께서 살리신 자는 시편의 말씀처럼 썩음을 당하지 아니하였는데, 예수님이 바로 '그 사람'이라고 설명한다. 그래서 그를 힘입어 우리가 죄사함을 얻게 되고, 모세의 율법으로 의롭다 하심을 얻지 못하던 우리가 예수를 힘입어 의롭다 하심을 얻는다고 설교한다. 예수라는 사람이 다윗을 능가하는 분이라는 것을 설교를 통해 설명하려고 하는 것이다. 바울은 탁월한 이미지 설교가이다. 예수가 다윗의 후손이고 다윗처럼 그가 세움을 받았다는 것을 말하고, 나중에는 그를 뛰어넘는, 다윗이 하지 못한 일을 하신 분이라는 것을 말하고 있다. 이를 통해 사람들의 마음 속에는 다윗이라는 이미지와 함께 예수가 기억되고, 다윗의 후손이지만 다윗보다 위대한 메시아가 바로 예수라는 것을 기억하게 된다.

또 한 가지 바울이 사용한 '세례침례 요한'이라는 이미지는 당시 요단강 주변에 살았던 사람들에게는 친숙한 내용이었을 것이다. 세례침례 요한이 베푸는 세례침례, 청빈하고 깨끗한 삶, 그가 던진 독설로 인해 사람들은 그를 좋아했고 존경했을 것이다. 그랬기에 바울은 자신의 설교에서 가장 최근 이슈인 세례침례 요한의 이야기를 이미지로 사용하고 있다.

그는 세례침례 요한과 예수의 관계를 설명하면서, 세례침례 요한은 예수가 오시기 전에 먼저 회개의 세례침례를 전파한 사람이라고 소개한다. 사람들이 그렇게 따르고 존경하는 세례침례 요한이, 자신이 그리스도가 아니라 뒤에 오시는 이가 계시며, 자신은 그 발의 신발 끈을 풀기도 감당하지 못할 것이라 했던 말을 소개하면서행 13:25, 그분이 바로 예수님이시라는 것을 말하고 있다. 바울은 다윗이라는 이미지를 사용할 때와 비슷하게 연결점을 먼저 언급하고, 예수가 다윗을, 그리고 세례침례 요한을 뛰어넘는 분이라는 사실을 설명하고 있다.

바울의 아덴 설교

두 번째, 사도행전 17장에 나오는 아덴에서의 설교는 전혀 구약적인 성경 배경을 가지지 않은 자들을 향한 설교이다. 바울의 설교의 시작은 "알지 못하는 신에게 라고 새긴 단"에 대한 언급이었다. 당시 아덴 사람들은 수많은 신들을 섬기고 있었고, 혹시라도 제사에서 제외된 신이 노여워할까 알지 못하는 신을 섬기고 있었던 것이다. 바울의 설교는 바로 그들이 알지 못하고 위하는 그 신을 알게 해 주겠다는 것에서 시작했고, 그것은 아마도 사람들의 관심과 이목을 끌기에 충분했을 것이다. 알지 못하는 신들을 위한 제단이라는 이미지는 종교심이 많은 아덴 사람들에게는 누구나 알고 있고, 누구나 가지고 있는 두려움이기도 했다. 그리고 바울은 그 알지 못하는 신을 설명하면서 살아 계신 하나님을 다섯 가지로 설명한다. 첫째, 하나님은 천지 만물을 지으신 창조주시다24절. 둘째, 하

하나님은 생명을 주시는 분이시다25절. 셋째, 모든 민족을 다스리시는 분이시다26절. 넷째, 하나님은 사람들의 아버지가 되신다28-29절. 다섯째, 하나님은 세상의 심판주이시다31절. 그리고 그는 31절에서 하나님께서 정하신 아들 예수를 통해 공의로 천하를 심판하시고 그를 죽은 자 가운데 살리신 예수의 부활 사건을 소개한다.

바울의 이 설교에 대해 32절 말씀처럼 조롱하는 자들도 있었지만 다시 듣겠다는 사람들도 있었고, 놀랍게도 바울의 설교를 듣고 몇 사람은 예수를 믿게 되었다. 아레오바고 관리인 디오누시오와 다마리라는 여자를 비롯한 몇 사람들이다. 그의 설교는 그들이 이미 알고 있는 이미지로 시작했지만 깊이가 있었고 회중의 성향을 제대로 간파한 것이었다.

예를 들어 사도행전 17:28에 사용한 "우리가 그를 힘입어 살며 기동하며 존재하느니라"는 B.C. 600년경 크레타 섬 출신의 시인인 에피메니데스Epimenides의 작품 「크레티카」Cretica에서 인용한 것이다.[270] 또한 28절 후반부에 언급된 "우리가 그의 소생이라"는 인용은 B.C. 315-240년경 길리기아 출신의 스토아 학파에 속한 시인인 아라토스Aratus의 작품 「Phainomena 5」에서 인용한 것이다.[271] 여기에 등장하는 '그'는 하나님이 아니라 당시 아덴 사람들이 섬기던 제우스 신이지만, 바울은 그 신을 하나님으로 바꾸어 자신의 메시지를 이어가고 있다. 바울은 당시 아덴 사람들이 읽고 있던 문학 작품에 대한 이해도 가지고 있었고, 그들의 성향도 분석하고 있었기에 눈높이에 맞는 메시지를 전할 수 있었다.

바울은 당시에 이미지 설교를 구현하려고 의도하지는 않았을 것이다. 그는 사람들의 눈높이에 맞는 설교를 하려고 노력했고, 시대에 맞는 전달 방법을 사용했다. 적어도 그는 청중을 의식했고, 그의 설교 메시지는 청중을 고려하고 있다는 것을 알 수 있다. 그의 설교는 청중에게 들려지는 설교였고, 그 결과 수많은 회심자들이 생겨났다. 이것이 바울 설교의 탁월함이다. 청중을 고려하여 그들에게 들려지는 설교, 그것이 바울의 설교이다.

설교와 이미지 설교

CHAPTER 6.

" 이미지 설교의 핵심 원리 "

이미지 설교는 신설교학 설교 방법론이 가지는 청중 중심 전달의 장점을 가지고 있으면서 강해 설교의 해석의 기본적인 틀을 따른다. 그것이 가능한 일일까? 결론부터 말하자면, 가능하다. 이미지 설교는 본문 속에 숨어 있는 보물을 찾아 청중이 원하는 모양으로 가공하여 전달하는 설교 방식이기 때문이다.

본문이 이끄는 설교

이미지 설교는 먼저 본문 속에서 보물을 찾는, 본문이 이끄는 설교를 지향한다. 본문을 깊이 있게 묵상하면서 성경 저자가 말하려는 의도를 찾고, 그것을 오늘날의 언어와 커뮤니케이션 형식으로 설교하는 방식을 취한다. 그래서 철저하게 성경의 권위를 인정하고, 본문 중심의 설교를 하고, 가능하면 본문을 벗어나지 않고 본문이 말하는 성경 저자의 의도를 찾아 오늘날의 언어로 전달하는 것이 이미지 설교가 추구하는 방향이다.

강해 설교는 본문이 이끄는 것이어야 한다. 강해exposition라는 단어는 엑스포지티오expositio라는 라틴어에서 나왔다. 그것은 "무엇인가로부터 어떤 것을 가려내어 다른 것들 앞에 구별하여 놓은 것"이다.[272] 그러므로 성경을 강해한다는 것은 본문에서 말씀을 가려내어 청중 앞에 구별하여 놓은 것을 의미한다. 설교의 시작은 반드시 본문이어야 한다는 것이다. 데이비드 알렌David L. Allen의 말처럼 "설교자의 목적은 설교의 모든 기술적 탁월함과 능력을 통하여 본문이 드러나도록 하는 것"이다.[273] 그리고 본문text이라는 단어는 '조립하다, 짜다'는 라틴어 단어에서 유래한다. 그래서 본문이란 짜여진 산물 즉, 작문composition처럼 구조화된 의미를 나타낸다.[274] 스텐저Werner Stenger는 말한다. "본문이란 적어도 스스로 구분되면서 특정한 효과를 나타내기 위한 응집력 있고 조직화된 언어의 표현이다."[275] 다시 말해 본문은 스스로 의미를 가지고 하나의 연결된 본문 안에서 자신이 말하려고 하는 내용을 함축적으로 숨기고 있다. 그래서 해석과 설명이 필요하다.

1. 개념화

선이해와 해석학적 나선

해석학적 용어 가운데 '선先이해'라는 말이 있다. 선이해란 "현실에 대한 혹은 현실의 어떤 면에 대한 이해와 인식에 있어서 기존에 자신이 가지고 있던 것을 끌어들이는 것"이다.[276] 따라서 선이해는 이해의 출발선이라고 볼 수 있다. 그러나 이러한 선이해는 어떤 주제에 접근하기 전에 이미 우리에게 편견 혹은 선입견을 가져다 줄 수 있다. 어느 누구도 자신의 선이해를 내려놓고 중립적으로 본문을 바라보기 어렵다. 선이해를 통해 본문에 대한 더 나은 해석이 가능하기도 하지만, 반대로 선이해 때문에 본문을 왜곡하거나 본문 해석에 잘못된 영향을 미칠 수도 있다.

일반적으로 사람들은 선이해로부터 본문을 해석해 나가지만 그 과정 중에 선이해와 체계들을 바꾸고 수정해 나가게 되는데, 이것을 '해석학적 나선'이라고 부른다. 해석자의 선이해가 본문과의 상호작용 가운데 변화를 가져오게 되는 것이다.[277] 본문에 대한 석의의 과정을 통하거나 성령께서 우리가 본문 속에서 보지 못하는 부분을 보게 하심으로 기존의 우리의 선이해가 변하여 새로운 해석으로 나갈 수 있게 된다.

성경적인 강해 설교를 하기 위해 설교자들은 성경 저자가 말하고자 하는 의도와 성경 기록 당시의 독자들에게 주고자 했던 메시지의 목적에 대한 해석학적 나선을 일으켜야 한다. 이것이 설교 본문에 대한 '개념화'이다. 설교자 자신이 원하는 의도와 목적이 아닌 성경 저자가 말하고자 하는 의도와 목적으로 해석의 방향이 전환되는 것이다.

중심 명제(핵심 아이디어)

성경 저자가 말하는 의도와 목적으로 본문의 내용을 하나로 정리하는 것을 '중심 명제' 혹은 '핵심 아이디어'라고 부른다. 그레디 데이비스Grady H. Davis는 「설교의 작성」이라는 책에서 "잘 준비된 설교는 하나의 핵심적인 사상의 구현이요 발전이며 완전한 진술이다"라고 말한다.[278] 알렌 스팁스Alan M. Stibbs도 "설교자는 본문을 강해할 때 단 하나의 지배적인 테마와 관련하여 발전시켜야 한다"고 주장한다. 도널드 밀러Donald G. Miller도 "어떠한 설교이든 한 가지 중심 아이디어를 가져야만 하고, 설교의 대지나 소지들은 하나의 큰 사상을 구성하는 부분들이 되어야 한다"고 주장한다.[279] 즉 중심 명제는 설교의 심장이고, 원동력이며, 설교를 위한 빅 아이디어이다.[280]

로빈슨은 강해 설교를 "성경 본문의 배경에 관련하여 역사적, 문법적, 문자적, 신학적으로 연구하여 발굴하고 알아낸 성경적 개념 즉, 하나님의 생각을 전달하는 것"이라고 정의했고, 강해 설교는 반드시 성경적인 개념을 전달하는 것이라고 보았다. 그래서 설교란 하나의 단순하고도 모두를 포괄하는 성경적 개념을 구현하는 것인데, 그는 이것을 메인 아이디어main idea라고 부른다. 이러한 아이디어의 동의어는 '개념'concept인데, 이 개념은 '인지하다'라는 동사에서 나왔다. 분리되어 있던 사물들이 하나의 통일을 이룰 때 전에 인식하지 못했던 어떤 아이디어가 떠오르는 것이다. 이것이 개념을 찾는 이유이다.[281]

중심 명제(핵심 아이디어) 찾는 방법

로빈슨이 말하는 핵심 아이디어는 두 가지 기본 요소로 구성되는데, 하나는 주요소주제이고 다른 하나는 보충 요소보어이다. 주요소란 "내가 무엇을 말하려 하는가?"에 대한 완전한 대답이다. 그러나 주요소만으로는 불완전하므로 보충 요소가 필요하다. 보충 요소란 "내가 말하고자 하는 바에 대해서 내가 어떤 대답을 가지고 있는가?"이다. 이 둘의 결합이 아이디어를 완전하게 만들고 하나의 개념을 형성하게 한다. 하나의 아이디어가 탄생하기 위해서는 보충 요소가 명확한 주요소에 결합되어야 한다. 이것이 한 문장으로 진술되고, 본문의 모든 부분이 이 사상과 관계를 가져야 한다. 로빈슨은 본문을 "주요소와 보충 요소로 정확하게 설명할 수 없다면 그 본문을 설교자가 제대로 이해하지 못한 것"이라고 말한다.[282]

리차드도 중심 명제를 "단락으로 나누어진 성경의 주된 그리고 지배적인 주제라고 말하고, 그 주제를 중심으로 본문이 얽혀 있는 것"이라고 말한다. 그가 말하는 중심 명제도 로빈슨과 유사하게 본문의 주제와 본문의 술어로 구성된다. 본문의 주제란 "본문의 저자가 무엇에 대해 말하는가?"이고, 본문의 술어는 "본문의 저자가 본문의 주제에 대해 무엇이라고 말하는가?"이다.[283] 리차드가 말하는 중심 명제는, 본문의 내용을 요약 정리해서 하나의 주제를 찾아내고 그 주제에 대해 본문이 어떻게 서술하고 있는가를 적어가는 것이다. 리차드가 말하는 중심 명제를 표로 정리하면 다음과 같다.

〈표 2〉 라메쉬 리차드(Ramesh Richard)의 중심 명제 개념

주제	+	술어(1)
		술어(2)
		술어(3)

리차드는 중심 명제를 찾기 위한 네 단계를 제시한다. 첫째, 본문의 단락을 내용별로 요약해 본다. 둘째, 각 단락별로 묶을 수 있는 하나의 주제를 찾는다. 셋째, 그 주제는 반드시 본문 전체와 연결되어야 한다. 넷째, 주제를 찾았으면 그 주제를 설명할 수 있는 술어를 찾아야 한다.[284]

하나의 본문에서 성경적인 개념을 찾아 개념화를 이루기 위해서는 전체를 관통하고 성경 저자가 의도하는 하나의 주제를 찾아야 한다. 그리고 그 주제를 설명하고 보충하는 술어들을 찾아내야 한다. 중심 주제를 찾고, 그 중심 주제와 본문의 내용을 설명하는 술어와 자연스럽게 연결하면 좋은 설교가 만들어지게 된다.

이미지 설교와 성경적 개념(중심 명제)

이미지 설교는 이러한 성경적 개념에서 출발한다. 성경적인 개념은 마치 활시위를 당기는 궁사의 화살과 같다. 궁사는 자신의 모든 것을 화살 한 발에 담아 활시위를 당긴다. 설교자가 청중의 마음이라는 과녁을 향해 화살을 발사하는 것이다. 화살이 부실하면 목적지까지 날아갈 수 없다. 또한 화살은 하나의 구성품이 아니라 촉, 살대, 깃, 오늬의 연합체이다. 화살촉은 뼈, 돌, 청동, 철, 나무

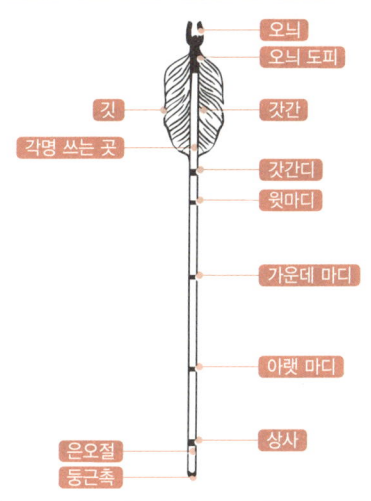

CHAPTER 6 _ 이미지 설교의 핵심 원리   177

로 만들고, 살대는 주로 대나무로, 깃은 꿩과 같은 새의 깃털을 사용하여 만든다. 오늬는 화살의 뒷부분인데 싸리나무로 만들고 홈이 파여져 있다.[285] 이 네 가지가 제대로 결합되지 않은채 활시위를 떠난다면 당연히 궁사가 원하는 결과를 얻을 수 없다. 설교에서도 마찬가지로 '성경적 개념'은 활시위에 놓인 화살처럼 날카롭고 튼튼하고 잘 다듬어져야 한다.

2. 궤적화

설교자가 성경 본문에서 성경적 개념을 발견했다면 그 다음에 해야 하는 작업은 궤적화이다. 때로는 이미지화를 먼저 하고 궤적화를 진행하기도 하지만, 일반적으로는 궤적화가 먼저 일어나고 이미지화가 일어난다. 설교의 중심 주제와 술어대지까지 아우르는 이미지를 찾기 위해서이다. 메시지의 궤적화는 메시지의 통일성과 구조적 논리성과 관련된다. 크래독은 "설교자가 설교를 잘 준비했다면 가장 분명한 증거는 메시지의 통일성에서 나타난다"고 주장했다. 설교의 통일성이 없이는 설교의 움직임이 분명하게 드러나지 못한다. 크래독은 계속해서 설명한다. "설교 전달에 있어 설교의 주제를 한 가지로 제한하는 것 즉, 통일성을 유지하는 것은 설교 메시지에 첫째, 상상력을 가져오게 하고, 둘째, 강력하고 효과적으로 설교를 전개하는 데 도움이 되고, 셋째, 청중의 흥미를 유발하고 의미를 부여하게 한다."[286] 설교가 통일성을 가진다는 것은 설교자의 상상력이 자극되어 창의적이고 깊이 있는 설교가 시작될 수 있고, 청중에게 들려지는 설교가 된다는 것을 말한다.

사도행전에 나오는 사도 바울의 설교에 대해 연구한 도날드 수누키안Donald R. Sunukjian은 "바울의 설교 메시지도 하나의 단순한 아이디어나 사상을 중심으로 움직인다. 그래서 각 설교는 전체를 함축하는 하나의 단순한 문장으로 구체화된다."고 주장한다.[287]

또한 설교가 궤적화되기 위해서는 성경적 개념 즉, 중심 명제를 중심으로 한 논리적 구성이 필요하다. 그래서 로빈슨은 이것이 무슨 뜻인가를 의미하는 '설명'과 그것이 사실인가를 나타내는 '증명,' 그리고 그것이 나와 무슨 상관이 있는가를 보여주는 '적용'으로 설교가 구성되어야 한다고 주장한다.[288] 리차드도 논리적인 구성을 "S.A.V.E. a Point!"로 구성해야 한다고 말한다. S.A.V.E.란 "State요지를 주장하라 + Anchor요지를 본문과 연결시켜라 + Validate요지를 증명하라 + Explain요지를 설명하라 + Apply요지를 적용하라이다."[289] 자세히 보면 큰 틀에서 설명과 증명, 그리고 적용이라는 차원에서 로빈슨과 리차드의 결론은 같다. 물론 리차드는 각 대지를 설명함에 있어 S.A.V.E.방식을 사용하여 하나하나 대지를 풀어가기를 원한다.

중요한 것은 하나의 성경적 개념을 전개해 가는 과정에서 논리적 구성이 필요하다는 점이다. 증명, 설명, 적용이라는 방법을 통해 뼈대를 세워나가는 것도 나쁘지 않다. 그러나 각 대지별로 이런 구성을 하게 되면 성경적 개념을 드러내는데 방해가 될 수 있다. 메시지의 궤적화를 위해 통일성과 논리적 구성을 해야 하지만 대지가 드러나지 않기 위해서는 새로운 방식이 필요하다. 성경적 강해 설교 안에서 이미지 설교는 하나의 성경적 개념만을 청중의 마음의 과녁으로 날려보내야 한다. 이미지 설교는 하나의 메시지가 설교 전체를 이끌어 가는 것이기에 설교 안에서 성경적 개념 이외에 다른 어떠한 것도 설교의 메인 흐름을 주도하게 해서는 안 된다.

① 화살과 궤적

궁수가 화살을 쏠 때 그 화살은 바람의 영향으로 조금씩 흔들리기는 하지만 화살은 반드시 하나의 궤적인 포물선을 그리며 과녁을 향해 날아간다. 쏘는 사람의 힘에 따라 그 포물선의 굴곡은 달라질 수 있다.

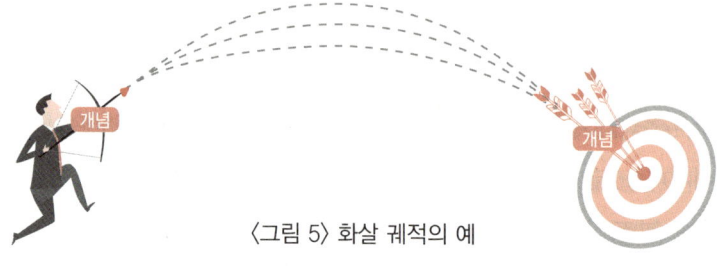

〈그림 5〉 화살 궤적의 예

분명한 것은 궁수의 손을 떠난 하나의 화살은 반드시 하나의 궤적을 그리며 날아간다는 것이다. 설교도 마찬가지이다. 설교자의 손을 떠난 설교에서 반드시 하나의 개념만 청중에게 전달되어야 한다.

전통적인 삼대지 설교에 익숙한 이들은 당장 대지points를 어떻게 구성해야 하는지 질문하게 된다. 대지 없이 성경적 개념만 설교하라는 말은 아니다. 필요에 따라 대지를 사용할 수 있다. 그러나 대지 설교와 성경적 강해 설교 안에서의 이미지 설교의 차이점은 '대지가 하는 역할'에 있다. 대지 설교에서는 대지가 청중의 가슴으로 날아간다. 그 화살이 세 개이기도 하지만, 두 개 혹은 네 개일 수도 있다. 그러나 성경적 강해 설교 안에서 이미지 설교의 대지는 절대 과녁으로 날아가면 안 된다. 이미지 설교에서 대지는 성경적 개념이라는 화살이 날아가는 길에 있는 '궤적'에 불과하다. 대지는 성경적 개념이 청중의 마음의 과녁에 꽂히기 위해 설명하고, 주장하고, 논증하기 위한 용도로 쓰이는 것이다. 따라서 설교가 끝나고 나면 대지는 사라지고 성경적 개념인 중심 명제가 남아야 한다.

비행쇼를 하는 비행기가 붉고 파란 연기를 뿜으며 하늘을 날아간다. 그 연기는 그 비행기가 지나가고 있는 길을 보여주는 궤적에 불과하다. 비행기가 지나가고 나면 사라진다. 대지도 마찬가지이다. 성경적 개념을 명확하게 설명하고, 논증하고, 적용하기 위해 대지가 필요하다. 그러나 마지막에 대지는 사라지고 성경적 개념 즉, 중심 명제만 남아야 한다. 그러나 중심 명제를 떠올리면 자연스럽게 중심 명제를 설명한 대지의 내용도 기억나는 것이 이미지 설교이다. 이것이 이미지 설교가 다른 설교 방법론과 구별되는 중요한 요소 중 하나이다.

② **하나의 궤적을 그리는 방법**

히브리서 11:8, 17-19의 본문을 가지고 설교를 한다고 가정해 보자. 본문의 내용은 아브라함의 믿음이고 설교의 제목을 "믿음의 이동"이라고 생각해 보자.

8 믿음으로 아브라함은 부르심을 받았을 때에 순종하여 장래의

유업으로 받을 땅에 나아갈새 갈 바를 알지 못하고 나아갔으며
17 아브라함은 시험을 받을 때에 믿음으로 이삭을 드렸으니 그는 약속들을 받은 자로되 그 외아들을 드렸느니라
18 그에게 이미 말씀하시기를 네 자손이라 칭할 자는 이삭으로 말미암으리라 하셨으니
19 그가 하나님이 능히 이삭을 죽은 자 가운데서 다시 살리실 줄로 생각한지라 비유컨대 그를 죽은 자 가운데서 도로 받은 것이니라

일반적으로 대지 설교에서는 "첫째, 부르심에 따라 우리의 믿음이 이동해야 한다. 둘째, 시험 가운데서도 우리의 믿음이 하나님께로 이동해야 한다. 셋째, 말씀을 통해 우리의 믿음이 이동해야 한다."로 대지를 구분할 수 있다. 그런데 같은 제목으로 메시지의 궤적화를 통해 본문을 정리한다면 이렇게 대지를 바꿀 수 있다. "첫째, 믿음의 이동은 우리의 삶의 자리 즉, 공간에서 일어나야 한다. 갈대아 우르와 같이 우리가 지금 서 있는 곳, 즉 우리가 서 있고 싶은 곳에서 하나님께서 부르시는 곳으로 우리의 자리를 이동해야 한다. 둘째, 믿음의 이동은 내가 집중하는 대상에서도 일어나야 한다. 아브라함에게 집중 대상은 백 살에 얻은 아들 이삭이었다. 그러나 하나님께서 아브라함에게 집중하기 원하셨던 것은 '아브라함의 아들로서의 이삭'이 아니라 '하나님의 약속으로써의 이삭'이었다. 그래서 아브라함이 아들 이삭에게 집중할 때 그의 믿음이 하나님에게서 멀어졌지만, 하나님의 약속인 이삭에게 집중했을 때 아들

을 드리는 결단을 할 수 있었다. 셋째, 믿음의 이동은 삶의 문제에서도 나타나야 한다. 이삭을 제물로 바친다는 것은 아브라함에게 죽음과 같은 문제였다. 그런데 그의 믿음이 이삭의 죽음이라는 문제에서 19절 말씀처럼 하나님께서 주실 부활로 옮겨지게 되자 하나님의 은혜를 경험하게 된 것이다.

믿음의 이동의 문제는 아브라함의 삶에 중요한 문제였다. 문제의 시작은 그의 믿음이 하나님에게서 자식인 이삭에게로 이동하면서 발생하였다. 이미 아브라함의 삶의 자리인 '공간' 차원에서 믿음의 이동은 잘 나타났다. 말씀에 순종함으로 갈대아 우르에서 가나안으로 옮겼다. 그러나 가나안에서 이삭이 태어나면서 그의 집중 대상이 하나님에게서 이삭으로 옮겨졌다. 그래서 하나님께서는 아브라함의 믿음의 집중력이 이삭에게서 하나님께로, 아들에서 하나님의 약속으로 옮겨지기를 원하셨다. 그래서 이삭의 죽음이라는 문제를 그에게 던지신 것이다. 죽음은 절망이고 낙망이었지만 문제 가운데서 그의 믿음이 죽음이 아닌 하나님께서 주실 부활로 옮겨지게 된다. 그리고 그는 하나님의 기적을 경험하게 된다. 믿음의 이동의 문제는 자기 자신에게서 하나님께로의 이동의 문제라고 말할 수 있다. 하나님께서 원하시는 것은 '자기 자신을 믿는 믿음'에서 '하나님을 믿는 믿음'으로 이동하는 것이었다. 그래서 하나님께서는 "네가 이제야 하나님을 경외하는 줄을 아노라"창 22:12라고 말씀하신 것이다.

대지 설교에서는 대지가 설교를 끌고 가기 때문에 대지만 보이지만 이미지 설교에서는 대지가 보이지 않는다. 설교의 성경적 개념인 '믿음의 이동'만 강조하여 보이게 만든다. 이를 위해 각 대지를 하나의 중심 주제로 다시 정리하고 결론짓는 요약이 필요하다. 각 대지가 남아 있으면 사람들은 하나의 개념으로 생각을 정리하지 않는다. 그래서 이미지 설교에서는 대지를 사용해서 설교를 하더라도 반드시 마지막에는 그 대지를 묶는 하나의 결론을 도출해 내고, 그 결론을 하나의 개념으로 연결해서 중심 명제를 완성한다. 이 설교에서는 "나 중심에서 하나님 중심으로 믿음의 이동이 일어나야 한다"가 설교의 중심 명제가 된다. 이 한 문장의 중심 명제를 기억해 낼 때 아브라함의 나 중심적인 삶의 자리와 나 중심적인 집중 대상, 그리고 나 중심적인 인생의 죽음과 같은 문제에서 하나님 중심의 자리, 대상, 문제로 이동이 일어나게 된다.

　이미지 설교는 한 가지의 개념만 설교한다. 그래서 설교를 통해 하나의 메시지만 기억하게 만든다. 사용한 대지는 성경적 개념을 설명하고 증명하고 적용하기 위한 용도로만 사용한다. 남는 것은 오직 성경적 개념이어야 한다. 그리고 그 성경적 개념을 떠올리면 설교자가 말하고자 하는 설교 내용도 생각나게 된다. 대지가 기억이 나지 않아도 상관없다. 나 자신에게서 이제 하나님께서 우리의 믿음이 이동되어야 한다는 메시지만 남으면 된다. 왜냐하면 그것이 설교자가 전하고자 하는 메시지이기 때문이다.

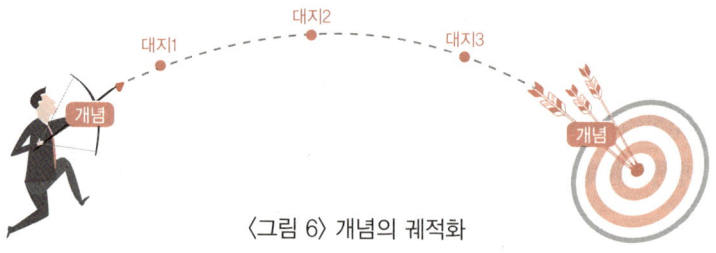

〈그림 6〉 개념의 궤적화

3. 이미지화

본문에서 하나의 성경적 개념을 찾았다면, 이제 해야 하는 작업은 그 성경적 개념을 이미지화하는 것이다. 폴 스캇 윌슨Paul Scott Wilson은 본문 전개에 있어 "하나의 지배적인 이미지를 사용할 것을 권면한다. '하나의 지배적인 이미지'란 설교 안에서 반복하고 초점을 두는 이미지를 말한다. 그 이미지가 설교의 마지막 부분에서 그것이 설교의 주제와 어떻게 결합되는가를 청중은 경험하게 된다. 그래서 청중은 하나님에 대해 깊이 있게 생각하게 된다."라고 말한다.[290]

레너드 스윗은 "상상력은 이미지를 만드는 능력"이라고 주장한다.[291] 이러한 이미지를 만드는 상상력은 두 가지로 구분할 수 있는데 "하나는 흩어진 개념들을 모으는 통합의 역할과 다른 하나는 모아진 개념으로부터 통합적인 이미지를 형성하는 것"이다. 그래서 청중은 하나의 주된 이미지를 통해 지금까지 전혀 경험이 없던 일이나 단편적인 과거의 경험의 통합을 경험하게 된다. 그리고 설교자는 설교를 통해 자신이 가진 이미지를 공유하게 되고, 청중의 분산된 개념들을 하나의 이미지로 모아줄 수 있다.[292]

로버트슨 맥킬킨Robertson McQuilkin도 "우리의 설교를 듣는 청중과 접촉점을 얻기 위해 메시지를 현대적 언어와 사상의 형태로 바꾸어야 한다"고 주장한다. 그는 설교자의 임무를 청중의 마음과 정신 세계 안으로 들어가서 그들이 이해할 수 있는 개념과 언어로 소통하는 것이라고 보았다.[293]

이미지는 흩어진 개념을 하나의 이미지 안에서 모이게 만들고,

설교의 주제와 결합하여 청중에게 하나님을 경험하게 만들고, 청중의 생각과 마음과 소통하는 통로가 된다. 그래서 이미지 설교는 성경적인 개념 즉, 중심 명제를 이미지화한다. 성경적인 개념을 하나의 이미지로 모아서 성경 저자가 말하려는 의도도 놓치지 않고, 청중과 소통할 수 있는 이미지 언어를 통해 메시지 전달이라는 설교 커뮤니케이션의 핵심도 간과하지 않는다.

이미지와 성경적 개념

지금까지 신설교학에서 말하는 이미지 언어와 상상력, 메타포는 본문의 성경적 개념에서 출발하지 않았다. 로우리는 이야기를 전개해 가는 과정에서 이미지 언어와 메타포를 사용하기를 원했고, 이미지 언어를 강조했던 버트릭도 성경적 개념이 아닌 각 장면움직임의 끝에 이미지를 가미하여 장면을 기억하게 하는 용도로 사용했다. 주제를 이미지화해서 설교하는 설교자도 있지만, 자신들의 상상력에 기반하여 성경 주제를 이미지화한 것이 대다수다. 그러나 이미지 설교는 본문에서 나온 성경적 개념 즉, 저자가 당시 독자들에게 전달하고자 하는 중심 명제를 이미지화하여 설교를 전개한다.

이미지 설교는 김운용의 말처럼 "사람들이 기존에 가지고 있던 이미지를 새로운 이미지로 대체하거나 혹은 새로운 이미지를 만드는 작업"이다.[294] 사람들이 기존에 가지고 있던 이미지를 설교를 통해 새로운 이미지로 바꾸는 것이다. 그 시작이 바로 성경적 개념이다. 설교자가 주장하는 메시지가 아닌 성령께서 성경의 저자를 통해 말씀하시는 성경적 개념에서 말씀이 출발하기에 이러한 이미지 설교는 권위를 가지게 되고, 전달에 있어서도 강력한 힘을 가진다.

이러한 이미지 설교의 장점은 설교 이미지를 기억하게 되면 그 이미지를 통해 본문의 성경적 개념이 흘러나오게 되고, 하나님의 말씀을 삶 속에서 기억하여 적용할 수 있게 된다는 것이다. 오늘날 설교의 문제는 들려지지 않는다는 것이고, 들려진다 할지라도 기억되지 못한다는 것이다. 그러나 이미지 설교는 성경적 개념을 이미지화해서 들려지는 설교를 지향하고, 따라서 기억되는 설교가 되기 때문에 청중의 실제 삶에 영향을 미칠 수 있다.

채플에 따르면 "오늘날 설교를 듣는 청중은 1년에 단지 50시간 정도의 설교를 듣지만 텔레비전을 시청하는 시간은 무려 2,000시간에 육박하게 된다. 그래서 이들에게 더 이상 새로운 이미지가 무의미하다고 느껴질 수도 있다."[295] 그러나 그들이 이미 습득한 이미지를 하나님 말씀을 담은 새로운 이미지로 교체해 줄 수만 있다면 우리는 설교를 통해 사람들을 변화시킬 중요한 기회를 얻는 것이다.

어떤 설교자들은 더 이상 설교로는 사람들을 변화시킬 수 없다고 단정짓는 말을 하기도 한다. 그러나 리차드가 말하고 있는 것처럼 "설교는 경건한 삶을 추구할 수 있도록 지성을 깨우치며, 가슴에 호소하여 삶을 변화시킬 목적을 가져야 한다."[296] 설교는 청중의 지·정·의의 변화라는 과녁을 향해 화살을 날리는 것이다. 궁사가 절대 과녁을 맞추지 못할 것이라는 두려움과 의심을 가지고 있다면 그에게는 굳이 화살을 쏘아야 할 이유가 없다. 설교는 사람들의 인식과 생각을 변화시켜 실제 삶의 변화를 이끌어 내야 한다. 성경 저자가 말하려고 하는 성경적 개념을 청중에게 전달해야 한다. 그러므로 화살이 잘 날아가도록 깃을 달듯이 성경적 개념도 이미지로 바꾸어서 청중에게 잘 날아가도록 해야 한다.

4. 체험화

이미지 설교의 마지막 단계는 체험화의 단계로 나가는 것이다. 이미지 설교는 하나님의 말씀의 직접적인 적용을 통해 청중의 사고와 삶에 말씀의 체험화가 일어나게 하는 목적을 가진다. 이때 우리는 '경험'과 '체험'이라는 단어를 구분할 필요가 있다. 경험이란 "어떤 사건을 직접적으로 관찰하거나 행동에 참가함으로써 얻어진 결과로써의 기술, 지식, 실천 등으로 개인의 삶을 형성하는 의식적인 사실"을 말한다.297 즉 "경험이 인식적 의미 즉, 무엇인가에 대해 안다는 의미로 쓰인다면, 체험은 개별 인간에 있어서 지적知的인 것만이 아니라 정의적情意的 요소도 포함한 의식 활동 전체의 상태를 가리키는 극히 주관적인 의미를 가지는 말"이다.298 이미지 설교를 통해 이루고자 하는 경험적 체험은 하나님의 말씀에 대한 지·정·의적인 반응으로 의식과 행동의 변화를 이끌어 내는 것이다. 리차드도 강해 설교의 정의에서 밝혔듯이 강해 설교는 "경건한 삶을 추구할 수 있도록 지성을 깨우치며 가슴에 호소하여 삶을 변화시킬 목적을 가져야 한다."299 설교는 말씀에 대한 경험적 체험으로 지·정·의의 변화가 일어나는 현장이 되어야 한다.

말씀의 기·적·주·변

경험적 체험이 일어나기 위해서는 먼저 말씀이 '기억'되어야 한다. 그 말씀이 삶의 순간순간에서 '적용'되고 우리의 삶을 '주도'해야 한다. 그러면 삶의 '변화'로 이어지는 말씀의 '기·적·주·변' 즉, '기억되고, 적용되고, 주도하여, 삶에 변화가 일어나는' 경험적 체험이 일어난다. 즉 성경적 강해 설교는 단순한 경험과 체험이 아닌 삶의 변화를 목적으로 하는 것이다.

전통적 강해 설교에는 말씀에 대한 분명한 해석과 권위적인 전달은 있었지만 삶의 변화가 일어나지 않는 아쉬움이 있었다. 이런 배경에서 1970년대에 신설교학이 등장하여 설교를 통한 말씀의 경험을 가져와야 한다는 것을 강조하였다.[300] 그동안 전통적인 설교는 명제적, 연역적, 논리적, 선포적, 권위적, 그리고 수직적 메시지 전달과 지적인 측면에 집중하였다. 그러나 신설교학의 등장은 설교에서 정보 전달과 함께 청중에 대한 인식과 그들의 삶에서 '말씀의 경험'이 중요하다는 것을 일깨웠다. 이들이 말하는 경험이란 "인간의 의식 속에서 말씀을 깨닫게 되는 것"인데, 이는 지적으로 깨달을 수도 있지만 감정적으로도 느낄 수 있고, 또한 하나님의 아름다움을 말씀을 통해 알아가는 것을 말한다.[301] 특히 귀납적 설교를 주창하는 크래독은 설교에서 '복음의 경험'을 강조한다. "청중의 경험은 모든 설교의 처음이자 마지막이다."[302] 여기에는 설교의 목적이 청중으로 하여금 복음의 경험을 하게 하기 위한 것이라 말하고 있는 것으로 느껴질 만큼 복음의 경험이 강조되고 있다. 그러나 그는 지나친 청중의 참여와 경험을 강조한 나머지 설교자가 마땅히 제공해야 할 적용의 영역과 말씀의 결론을 내리는 것조차 청중에게 맡겨버리는 오류를 범하고 말았다.

설교의 결론을 내려라

로우리는 "설교자들이 흔히 저지르는 실수가 바로 결과들에 관해 지나치게 많은 말을 내놓는 것이다"라고 말했다.[303] 바우만도 "설교에 어울리는 분명한 결론을 맺으려고 하는 것은 그 이야기의 본래적 힘을 망쳐버리고 만다"고 주장한다.[304] 크래독도 "청중이 설교자와 함께 여행을 하면서 본문을 풀어가는 과정에 제대로 동참했다면 설교자가 의도한 대로 굳이 결론을 주지 않아도 같은 결론을 스스로 내릴 수 있을 것이다"라고 말했다.[305] 이들의 주장은 청중이 설교에 참여하고 말씀을 경험하게 한다는 면에서 충분히 납득이 가는 것들이지만, 여기에는 설교가 '선포된 말씀에 대한 적용'이라는 전제를 상실했다는 안타까움이 있다. 청중이 결론을 마음대로 내린다면 그 설교는 성경 저자가 의도한 본문의 목적과 설교자가 전달하려는 설교의 목적을 상실할 수 있다. 로빈슨도 설교의 결론은 "설교자가 끝내는 말이어야 하고, 설교를 듣는 청중도 설교자의 결론을 듣고 이제 틀림없이 설교가 끝났구나 하는 종료 의식을 가질 수 있도록 해야 한다. 이때의 목사는 마치 판결을 내려주도록 요구하는 변호사 역할을 하게 된다. 그래서 결론은 간접적으로나 직접적으로, 결론에 해당되는 '그래서 나와 무슨 상관이 있다는 거야?'라는 질문에 답변을 해주는 것이어야 한다."고 주장한다.[306] 캠벨의 말처럼 신설교학은 "체험에 대한 강조가 결국 체험없이는 결코 하나님을 인정하지 않는 신학적 상대주의를 초래하게 만들었고, 신앙을 개인의 영역에만 국한시키는 결과를 초래하고 말았다."[307] 더 나아가 말씀에 대한 체험이 반드시 삶의 변화로 이어진다고 볼 수는 없다. 로빈슨의 말대로 "본문의 의미만 풀이한 채 청중의 변화를 향하지 않는 설교는 설교의 목적에서 벗어난 것"이라고 볼 수밖에 없다.[308]

이미지 설교에서 말하는 '체험화'는 신설교학에서 말하는 '복음의 경험'에서 아이디어를 얻었지만, 단순한 말씀의 경험적 체험이 아닌 삶의 변화로까지 이어지는 말씀의 '기·적·주·변'을 지향한다.

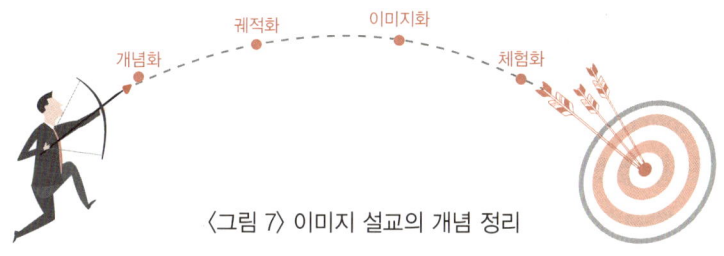

〈그림 7〉 이미지 설교의 개념 정리

5. 제목과 이미지 설교

드루 에릭 휘트먼Drew Eric Whitman은 「달리하라 튀게하라: 지갑을 열게 하는 광고마케팅 불변의 법칙」Cashvertising에서, 통신 판매의 대가 홀드먼 줄리어스의 책에 대해 소개하면서 제목만 바꾼 책들에 대한 독자들의 반응을 보여준다. 「10시」Ten O'Clock 라는 제목일 때는 2천 부가 팔렸다. 똑같은 내용의 책을 제목만 「예술의 의미」What Art Should Mean to You로 바꾸었을 때 9천 부가 나갔다. 「황금빛 머리

칼 *Fleece of Gold*은 5천 부가 팔렸으나, 「금발의 애인을 찾아서 *Quest for a Blonde Mistress*로 제목을 바꾸니 5만 부가 팔렸다. 「논쟁술 *Art of Controversy*일 때는 한 권도 팔리지 않았던 책이 「합리적 논쟁의 수단 *How to Argue Logically*으로 바꾸자 3만 부가 팔렸다. 「카사노바와 그의 사랑 *Casanova and His Loves*일 때는 8천 부가 팔렸던 책이 「카사노바, 역사상 가장 위대한 연인 *Casanova, History's Greatest Lover*으로 바꾸자 2만 2천 부가 팔렸다. 「잠언 *Apothegemes*일 때는 2천 부 팔린 책이 「인생의 수수께끼에 관한 진실 *Truth About the Riddle of Life* 로 바꾸자 9천 부가 팔렸다. 저자는 제목을 통해 사람들의 심리를 건드림으로 구매 욕구를 자극할 수 있다고 말한다.[309]

설교 제목도 사람들의 심리적인 욕구를 건드려야 한다. 설교자들은 사람들에게 어떤 물건을 판매하기 위해 존재하는 사람은 아니지만 청중의 관심과 호기심을 자극하고 말씀을 기억하게 하기 위해 그러한 수고를 감당해야 한다. 이런 맥락에서 장두만은 설교 제목의 중요성을 말하는데, 설교 제목은 "첫째, 참신하고 독창적이어야 하고, 둘째, 설교 내용과 적합해야 하고, 셋째, 간결해야 하며, 넷째, 광범위한 제목보다 범위가 좁은 것이 좋다"고 주장한다.[310]

이미지 설교에서 제목은 설교의 승패를 가늠하는 중요한 역할을 한다. 그렇기 때문에 너무 평범한 제목이나 너무 쉽게 설교의 내용이 노출되는 제목들을 피해야 한다. 이미지 설교는 동사형보다는 명사형의 제목을 선호한다. 동사형의 제목에서는 이미 어떤 설교를 할지 드러나지만 명사형의 제목은 뒤에 어떤 동사가 붙느냐에 따라 설교 내용이 달라질 수 있다. 또한 명사형의 제목은 설교의 내용에 대한 추측을 가능하게는 만들지만 설교자의 의도를 쉽게 간파당하지 않을수 있는 장점이 있다.

이미지 설교 제목의 원리

이미지 설교에서 제목은 두 가지 핵심을 가져야 하는데, 하나는 제목에 설교의 중심 주제를 담는 것이다. 중심 주제는 설교의 핵심 메시지를 의미하고 청중이 기억해야 할 말씀이다. 지금까지 많은 설교들은 그 안에 중심 주제가 너무 깊게 숨겨져 있거나 설교자가 명확하게 말해주지 않아 설교가 끝난 이후에도 청중이 설교의 중심 주제가 무엇인지 파악하지 못했다. 기억할 수 없는 설교는 적용될 수 없고, 적용되지 못하는 설교는 청중의 삶을 변화시킬 수 없다. 그래서 이미지 설교는 설교 제목에 설교 이미지 즉, 설교의 중심 주제를 담은 이미지 언어를 전면에 내세운다.

설교의 중심 주제를 보이게 내어 놓았다고 설교의 전체가 노출되는 것은 아니다. 설교의 중심 술어가 아직 설교 속에 숨어 있기 때문이다. 그리고 실제로 설교 제목을 보고 설교 내용을 매칭하는 것은 이미지 설교에서 그렇게 쉽지 않다. 이미지 설교는 대지 설교처럼 단순한 구조로 구성되지 않기 때문이다.

다른 하나는, 이미지 설교에서 제목은 설교를 한 문장으로 만드는 시작이 되어야 한다는 점이다. 설교가 끝난 후 청중의 머릿속에 설교가 기억되기 위해서는 설교가 적어도 한 문장의 명제로 기억되어야 한다. 이미지 설교에서 설교 제목은 중심 주제가 되고, 그 주제를 보충하는 술어는 설교의 핵심 내용이 된다. 그래서 이미지 설교는 제목만 기억하면 제목과 연결된 술어를 유추해 내고 설교를 한 문장으로 정리할 수 있게 한다.

빌립보서 3:5-12의 본문에 "명함의 뒷면"이라는 설교 제목을 잡았다고 가정하자. 이 설교 제목을 보고 청중은 설교자가 어떤 설교를 할 것인지 유추하기 어렵다. 사람들은 기본적으로 명함의 앞면에 대한 이미지만 가지고 있기 때문이다. 이 설교는 역발상을 보여 준다. 일반적으로 명함의 앞면은 자신을 드러내고, 과시하고, 보여 주기 위해 채워 나간다. 그러나 명함의 뒷면은 일반적으로 비어 있거나 영문으로 채운다. 마이크 모리슨Mike Morrison은 "명함의 앞면은 일반적으로 소유와 욕구를 드러내는 부분을 기록한다면 명함의 뒷면은 의미와 가치를 담아야 한다"고 말한다.[311] 설교자도 사람들이 지금 집중하지 않거나 생각하지 못하는 인생의 명함의 뒷면에 대해 소개할 수 있다.

이를 적용한 설교를 한문장으로 정리하면 '명함의 뒷면은 나를 드러내기 위해서가 아닌 그리스도를 드러내기 위해 채워 나가야 한다'가 될 수 있다. 더 세부적인 내용이 있겠지만 설교자가 청중에게 기억하기 원하는 메시지는 이처럼 단순하다. '인생의 명함의 뒷면을 그리스도를 위해 채우라'는 것이다.

그러나 어떤 설교는 제목 자체가 중심 주제와 술어의 의미까지 모두 담고 있기도 하다. 신명기 31:19-26을 중심으로 설교할 때 제목을 "하나님의 버킷 리스트"로 잡았다고 가정하자. 버킷 리스트bucket list라는 단어는 우리에게 익숙하고, 한 번 들으면 기억에 남는다. 사람들은 살아가면서 한두 가지 버킷 리스트를 가지며 살아가기 때문이다. "하나님의 버킷 리스트"라는 제목에는 무언으로 전달하는 메시지가 있다. '하나님께서 나에게 원하시는 버킷 리스트가 있구나'라는 것이다. 설교자는 '내가 원하는, 나를 위한 버킷 리스트 말고 이제는 하나님께서 원하시는 버킷 리스트를 만들고 그것을 이루어가는 삶이 되어야 한다'고 전한다. 이것이 설교의 한 문장이다. 이렇게 이미지 설교에서 제목은 설교를 보여주면서도 설교에 대한 궁금증을 가지게 만든다. 그리고 제목을 통해 설교 메시지를 다시 끌어당기는 효과도 가져온다.

CHAPTER 7.

"강해 설교의 틀 안에서의
이미지 설교"

1단계: 설교의 착상

　이미지 설교는 강해 설교의 틀 안에 있어야 한다. 이미지 설교는 강해 설교와 상관없는 새로운 설교 방법론이 아니기 때문이다. 이미지 설교는 강해 설교이어야 하고, 강해 설교가 보이는 부족함을 채우는 역할을 감당해야 한다. 그래서 이미지 설교 방법론은 강해 설교가 가지는 기본적인 본문 연구 방법론을 따라간다. 설교의 착상은 본문을 연구하는 과정에서 생겨나게 된다. 알렌은 자신이 20년 넘게 설교학 개론 과목에서 가르쳤던 설교 준비를 위한 방법론을 소개하는데, 거기에서 본문 연구에 대한 기본적인 지침들을 제시한다.

⟨ 본문이 이끄는 설교 준비의 12단계⟩ [312]

① 넓고 큰 부분에서 세밀한 부분으로 나아가라. 단락에서 문장으로, 절과 구로, 그리고 단어로 나가라. 설교 본문은 적어도 하나 이상의 단락으로 시작하라. 단락이 결정되고 나면 원어와 다른 번역본으로 읽으라. 그러는 가운데 단락의 장르를 결정하고, 단락이 앞뒤 단락과 어떻게 연결되는지 분석하라.

② 단락과 함께 문장들과 절들을 분석해 나가라. 동사와 분사 그리고 부정사와 같은 부분들을 확인하라. 모든 동사를 분석하여 동사의 쓰임을 확인하라. 독립절과 종속절을 구별하고 문법적 관계를 파악하라. 그것들이 어떻게 문장에서 연결되며 그 문장에서 말하고자 하는 핵심적인 내용이 무엇인지 파악하라.

③ 각 단락 안의 중심구들을 분석하고 전치사구를 확인하라.

④ 본문 안에서 중심적인 역할을 하는 단어들을 연구하라. 반복되고 있는지, 강조되고 있는지, 혹은 대조적으로 쓰이는 단어는 없는지 확인하라.

⑤ 다양한 번역본들을 비교하여 다른 번역본에서는 본문을 어떻게 말하고 있는지 확인하라.

⑥ 주석의 도움을 받으라.

⑦ 각 단락을 다이어그램이나 자신만의 방식으로 정리하라. 가능하면 한 눈에 파악할 수 있는 방법을 사용하는 것이 좋다.

⑧ 이러한 자료들로 주해적 아웃라인을 구성하라.

⑨ 주해적 아웃라인을 가지고 설교를 위한 아웃라인을 만들어

보라.
⑩ 이 설교에 적합한 설명, 예화, 그리고 적용을 찾아보라.
⑪ 설교를 위한 서론과 결론을 준비하라.
⑫ 어떻게 전달하는 것이 효과적인지 생각하고 전달 방식을 결정하라.

알렌은 강해 설교의 틀 안에서 본문을 선택하고, 선택된 본문을 분석하고 해석하는 연구 방법을 소개하고 있다. 그러나 이것만으로는 충분하지 않다. 강해 설교는 성경적 개념을 찾는 것이다. 성경적 개념은 단순히 본문을 분석하고 본문의 의미를 파악한다고 알 수 있는 것이 아니다. 성경 저자가 동시대 독자들에게 말하고자 하는 것을 발견해야 제대로 성경적 개념을 찾았다고 말할 수 있다.

2단계: 성경 저자의 의도 파악

대지 설교가 본문의 의미를 파악하는 설교라면, 강해 설교는 본문의 의미를 넘어 성경 저자의 의도를 파악하여 본문을 해석하는 것이다. 그런데 성경 저자의 의도를 본문 속에서 파악하는 것이 쉽지 않다. 본문 연구를 하는 것도 성경 저자의 의도를 파악하기 위한 것이기는 하나, 그 둘이 연결되지 못하는 경우도 많이 있다. 본문 연구가 완벽하여 본문의 의미를 완벽하게 해석해 내었어도, 본문을 기록한 성경 저자가 동시대 독자들에게 말하려는 의미를 파악하지 못했다면 제대로 된 성경적 개념을 파악하지 못한 것이다. 그러므로 성경 저자의 의도를 파악하는 방법을 찾아야 한다.

① 성경의 목적 안에서 본문을 읽기

성경 저자의 의도를 파악하는 가장 우선적인 방법은 성경의 저술 목적을 통해 본문을 바라보는 것이다. 예를 들어 역대기는 이스라엘 백성이 포로에서 돌아온 이후 새롭게 형성된 이스라엘 공동체에게 전하는 메시지를 담고 있다. 역대기 저자는 과거에 '어떤' 사건이 발생했는가보다 과거의 그 사건이 '왜' 발생했는지에 질문에 초점을 맞추었고, 그 대답을 신학적인 관점에서 설명하려고 했다. 그것은 사건의 원인이 하나님과 그분께 드리는 제사, 그 제사를 드리는 사람들의 태도와 자세에 달려 있음을 말하는 것이다. 즉 역대기 저자는 귀환한 자들이 제사장과 레위인의 지도를 받으면서 성전에 계신 하나님을 바르게 예배하고 의지한다면 하나님께서 예전처럼 다시 복을 주시고 번영할 것이라는 메시지를 주려고 이 성경을 기록한 것이다.[313]

박유미는 열왕기와 역대기의 저작 시기와 목적을 가지고 이 두 서신의 저작 목적의 차이를 밝힌다. 열왕기는 이스라엘이 바벨론으로 끌려간 후 바벨론에서 기록된 서신이고 "왜 선택된 하나님의 백성이 멸망했는가?"에 대한 이유를 찾는 책이다. 역대기는 포로에서 돌아온 이스라엘 백성이 제2성전을 지은 후에 "우리는 여전히 하나님의 백성인가?"라고 사람들이 가지는 질문에, 그들이 여전히 하나님의 백성이며, 성전을 중심으로 하나님의 언약을 이어가야 한다는 것을 말해주는 책이다.[314] 따라서 역대기상을 보면 성전의 일을 감당하는 레위의 가계와 자손에 대한 족보가 6장 전체에 걸쳐 길게 서술되고 있고, 성전 건축을 계획하고 준비한 다윗에 대한 이야기가 11장부터 29장 끝까지 이어진다. 사울에 대한 서술이 9장에만 기록된 것을 보아도 성경 저자가 무엇을 말하려고 하는지 알 수 있다. 역대기의 어느 한 부분을 설교하려면 저자가 말하고자 하는 전체적인 생각과 관점을 먼저 파악해야 한다. 그래야 본문에서 저자의 의도를 읽어낼 수 있다.

예를 들어 역대기상 21장의 경우, 오르난의 타작 마당 이야기를 단순히 전염병이 멈춘 은혜의 자리로만 읽어서는 안 되고, 그 자리가 솔로몬을 통해 성전을 세울 자리라는 것을 보여주기 위해 성경 저자가 기록하고 있다는 것을 보아야 한다. 더 중요한 것은 오르난의 타작 마당은 죽음과 죄악의 자리였는데, 하나님께 제사를 드림으로 그 자리에서 전염병이 완전히 멈추고대상 21:22, 하나님께서 번제단에 불로 응답하시는대상 21:26 자리가 되었다. 성경 저자가 이 본문을 통해 말하려는 것은 '성전의 의미'이다. 죽음과 죄악의 자리에 서 있던 우리가 하나님께 나가 제사를 드리고 은혜를 구했더니 그분께서 우리의 문제를 해결하시고 불로 응답하신 자리가 바로 그곳 성전인 것이다. 이것은 당시 독자들에게 성전을 중심으로 다시 살아가야 함을 전하는 메시지였고, 오늘을 살아가는 우리에게도 성전을 중심으로 하나님의 은혜와 긍휼을 구해야 함을 말하는 것이다.

이렇듯 성경 저자의 성경 기록 목적을 머릿속에 인지하고 본문을 읽어 나갈 때 단순히 본문을 볼 때와는 다른 말씀의 조명을 얻을 수 있다.

② 본문에서 저자가 남겨 놓은 힌트 발견하기

성경 본문 속에서는 굳이 본문의 각 단어를 분석하지 않더라도 성경 저자가 남겨 놓은 단서들이 드러날 때가 있다. 그런데 본문을 주의 깊게 읽지 않는 설교자는 그러한 성경 저자의 힌트나 결론을 무시하고 자신이 원하는 결론 혹은 자신이 바라본 본문의 의미를 설교할 때가 있다. 강해 설교에서는 성경 저자의 의도가 우선되어야 한다. 마태복음 20장에 나오는 '포도원 품꾼 비유'를 살펴보자. 1절에서 성경 저자는 이 비유가 천국 비유라는 것을 먼저 밝히고 있다. 설교는 천국에 대한 것이어야 한다. 그런데 저자는 친절하게 결론까지 소개하고 있다. 16절에서 "이와 같이 나중된 자로서 먼저 되고 먼저 된 자로서 나중되리라"고 말하고 있다. 이것이 성경 저자가 본문을 통해 말하려는 의도이다. 그러나 많은 설교자들이 저자가 준 단어와 상관없이 본문의 내용을 가지고 설교하려고 한다.

문제는 이 본문이 천국 설교인데, 그것을 나중된 자가 먼저 된다는 것의 의미와 연결하는 것이 쉽지 않다는 점이다. 늦게 믿어도 천국에 먼저 들어간다는 의미인지, 나중된 자가 천국에서 더 큰 상급을 받는다는 의미인지 저자가 준 힌트만으로는 정확하게 이해하기가 쉽지 않기 때문에 그것을 깊이 있게 묵상해야 한다. 본문에서 저자는 주인에 대해 자주 언급한다. 그는 이른 아침에 품꾼들을 모으기 위해 나갔고 20:1, 품꾼들과 품삯을 약속하고 포도원에 들여보내고 20:2, 제삼시에도, 제육시와 제구시에도, 그리고 제십일시에도 그렇게 하는 주인의 모습을 그리고 있다. 제십일시에 장터에서 만난 사람이 품꾼으로 써 주는 이가 없다고 하자 주인은 그를 불쌍히 여겨 포도원으로 인도한다20:7. 그리고 원망하는 자에게 그들과 주인이 했던 약속을 다시 확인해 준다20:13. 주인은 늦게 온 사람에게 한 데나리온을 주는 것은 자신의 뜻이라고 말한다20:14. 그리고 한 번 더 강조한다. "내 것을 가지고 내 뜻대로 할 것이 아니냐"20:15. 저자는 천국이 주인의 수고와 주권으로 주어지는 것이라는 것을 말하고자 했다. 그래서 16절 말씀처럼 나중 된 자가 먼저 되고 먼저 된 자가 나중되는 것도 주인의 주권이라는 것을 보여주는 것이다.

본문에서 저자가 남겨두었던 힌트를 찾아 그것을 생각하고 묵상하다 보면 저자가 이 본문을 통해 말하고자 하는 의도를 파악할 수 있다.

③ 앞뒤 문맥 혹은 앞뒤 장을 통해 저자의 의도 발견하기

주어진 본문을 아무리 읽어도 저자의 의도를 파악하기 어려울 때가 있다. 그럴 때는 앞뒤 장이나 문맥을 통해 저자가 무엇을 말하려고 하는지 보아야 한다. 마태복음 19장에 나오는 부자 청년의 이야기와 그 다음에 나오는 베드로의 이야기를 설교 본문마 19:16-30으로 잡았다고 가정을 하자. 본문의 의미대로라면 설교의 방향은 소유와 재물에 대한 부분으로 갈 것이다. 눈썰미가 좋은 설교자라면 부자 청년의 이야기와 베드로의 이야기의 교차점이 있는 '따름'이라는 주제를 찾기내기도 할 것이다. 21절에서 주님이 "나를 따르라"고 하셨고, 베드로도 27절에서 "우리가 모든 것을 버리고 주를 따랐다"고 고백하기 때문이다. 이 본문은 정말 재물 혹은 제자도

즉, 주님을 따름에 대한 말씀일까? 많이 벗어나지는 않았지만 성경 저자가 독자들에게 준 힌트를 무시하고 본문 의미를 찾으려고 했기에 조금 빗나간 해석이 되고 만 것이다.

부자 청년과의 대화는 '영생'에 대한 것이었다. 16절에서 부자 청년이 질문한다. "선생님이여 내가 무슨 선한 일을 하여야 영생을 얻으리이까." 부자 청년의 고민은 영생에 대한 것이었고, 그는 선한 일을 하는 것이 영생으로 들어가는 방법이라고 생각했다. 주님께서는 그 선한 일에 대한 것은 계명에 기록되어 있으니 계명을 지키면 된다고 말씀하신다. 그러나 주님께서 부자 청년에게 주시고자 하는 핵심은 17절에 나와 있다. "선한 이는 오직 한 분이시니라." 즉 영생은 우리가 선한 어떤 일을 해서 얻는 것이 아니라 선한 이 이신 하나님께서 주시는 것이라고 말씀하시는 것이다. 그분의 말씀이 있는 계명을 지키는 것이 생명에 들어가는 방법이라고 알려주신다. 그러자 이 부자 청년이 오해를 한다. 자신은 계명을 잘 지켜왔는데 아직도 부족한 것이 있느냐고 주님께 묻는다. 자신은 구원을 받을 만한 행동을 해 왔다는 것을 강조하고, 구원받을 의를 가지고 있다고 주장한다. 그러나 주님께서는 그것으로 부족하다고 말씀하신다. 그리고 21절에서 온전함을 말씀하시면서 구원받을 온전함을 가지려면 "소유를 팔아 가난한 자들에게 주라. 그리하면 하늘에서 보화가 네게 있으리라. 그리고 와서 나를 따르라"고 말씀하신다. 그러나 주님께서는 구원의 조건으로 가난한 자에게 자신의 전 재산을 주라고 말씀하는 것이 아니다. 영생의 조건으로 율법이나 선행을 말씀하신 적이 없기 때문이다. 그러나 무엇인가 결론이 내려지지 않은 상황에서 성경 저자는 22절 부자 청년의 결론을 보여준다. "그 청년이 재물이 많으므로 이 말씀을 듣고 근심하며 가니라." 부자 청년의 이야기는 아직 분명한 결론으로 마무리가 되지 못한 느낌을 준다.

이어서 저자는 주님께서 제자들에게 말씀하시는 내용을 설명한다. 23-24절에서 "부자는 천국에 들어가기가 어려우니라 … 낙타가 바늘귀로 들어가는 것이 부자가 하나님의 나라에 들어가는 것보다 쉬우니라"라며 하나님 나라에 대한 주제로 다시 사람들의 관심을 이끌어 온다. 그러자 제자들도 부자 청년에 대한 주님의 말씀과 자신들을 향한 말씀을 듣고 누가 구원을 받을수 있느냐며 불만을 터뜨린다. 26절에서 주님께서 말씀하신다. "사람으로는 할 수 없으나 하나님으로서는 다 하실 수 있느니라." 이것이 성경 저자가 말하려는 의도이다. 이것을 말하려고 지금까지 부자 청년과 제자들의 이야기를 한 것이다.

베드로가 대화를 이어받아 질문한다. "우리가 모든 것을 버리고 주를 따랐사온대 그런즉 우리가 무엇을 얻으리이까."27절 다시 베드로가 주님의 말씀의 의도를 제대로 파악하지 못하고 부자 청년처럼 다른 이야기를 한다. 주님께서는 인자가 영광의 보좌에 앉을 때 너희도 상급이 있고28절, 이 땅에서도 여러 배의 상급이 있고29절, 영생을 상속하게 된다고29절 친절하게 말씀해 주신다. 그러나 결론은 "먼저 된 자로서 나중 되고 나중 된 자로서 먼저 될 자가 많으니라"30절였다. 즉, 영생, 천국에 대한 말씀이다. 행한 대로 주어지는 결론이 아니라 먼저 된 자를 나중되게 하시는 분, 나중 된 자를 먼저 되게 하시는 분이 계신다는 것을 말하는 것이다.

자세히 보면 마태복음 19장 결론의 말씀이 20장 서두에 나오는 결론과 동일하다는 것을 발견할 수 있다. 마태복음 19장과 20장에는 동일한 내용을 강조하기 위한 저자의 의도가 있음을 보게 된다. 19장에서 성경 저자는 천국에 대한 하나님의 '주권'에 대해 말하고 있다. 자신의 소유를 버리는 것도 위대한 결단이고 자신의 모든 것을 버리고 주님을 따른 것도 위대한 삶의 모습이지만, 영생 곧 천국은 하나님의 손에 있다는 것이다. 그래서 마태복음 19장에서 선한 이는 하나님 한 분이시며17절, 사람으로는 할 수 없지만 하나님으로서는 하실 수 있고26절, 먼저 된 자가 나중 되고, 나중 된 자가 되는 것은 하나님의 주권에 있다고 말한다30절. 그것을 20장에서 한 번 더 강조함으로 천국은 하나님의 주권적인 영역이지 우리의 행위나 노력으로 주어지는 것이 아니라는 것을 강조하고 있다.

한 단락에서 저자의 의도를 찾기 힘들 때는 앞뒤 단락을 읽어 보고, 한 장에서 성경 저자의 의도를 제대로 파악하기 힘들 때 인접한 앞뒤 장들을 읽어 보면 저자의 의도가 이해될 때가 있다. 설교자는 늘 본문의 의미와 성경 저자의 의도를 발견하기 위해 마음이 열려 있어야 한다.

④ 본문의 내용을 '왜'로 물으면서 저자의 의도 발견하기

저자의 의도를 발견하는 또 하나의 방법은 늘 '왜'라는 의문을 가지면서 본문을 바라보는 것이다. 어떤 단어가 반복될 때는 거기에 저자가 강조하거나 나타내고자 하는 의도가 있게 마련이다. 무엇

인가 대조하고 비교할 때도 거기에는 저자의 의도가 나타난다. 그런데 설교자의 관심사가 있는 부분이나 선이해로 본문을 바라보게 되면 설교자가 강조하거나 숨겨 놓은 의도를 파악하지 못하고 놓치게 될 수 있다.

히브리서 8:1-6을 본문으로 설교한다고 생각해 보자. 이 본문에서는 예수님과 율법을 따라 예물을 드리는 제사장을 비교하고 있다. 히브리서는 로마에 살고 있는 히브리파 유대인들을 향한 편지인데, 핍박과 어려움으로 인해 다시 유대교로 돌아가려는 자들을 권면하기 위한 저작 의도를 담고 있다.[315] 그래서 저자는 히브리서 8:6에서 아론 계열의 제사장과 대제사장으로 오신 예수님을 세 가지 부분에서 비교하고 있다. "그러나 이제 그는 더 아름다운 직분을 얻으셨으니 그는 더 좋은 약속으로 세우신 더 좋은 언약의 중보자시라." 더 아름다운 직분, 더 좋은 약속, 더 좋은 언약의 중보자. 이러한 비교를 통해 저자가 강조하고자 하는 것은, 그들이 다시 유대교로 돌아가지 않아야 할 이유가 바로 더 나은 직분과 약속, 그리고 더 나은 언약의 중보자이신 예수님께 있다는 것이다. 설교의 방향은 이러한 부분에 집중되어야 한다. 그러므로 설교자는 끊임없이 본문을 향해 물어야 한다. 성경 저자가 이 본문을 통해 무엇을 독자들에게 말하려고 하는가? 이것이 성경적 개념, 중심 명제가 된다.

3단계: 실제 중심 명제 찾기

본문의 심장인 중심 명제를 찾기 위해서는 첫째, 본문을 내용별로 구분하고 그 단락에 맞는 주제를 요약해 본다. 예를 들어 1-3

절, 4-6절, 그리고 7-10절까지로 단락을 구분하고 거기에 적합한 주제를 찾는다. 둘째, 각 단락의 주제들을 묶을 수 있는 하나의 공통적인 주제를 찾아야 한다. 이것이 중심 명제가 된다. 그러나 중심 명제가 되기 위해서는 그것이 각 단락의 주제를 통합하고 성경 저자의 의도를 보이는 것이어야 한다. 셋째, 그러고 나면 공통 주제로 다시 각 단락들을 보고 그 공통 주제와 각 단락이 연결이 되는지 확인한다. 넷째, 마지막으로 그 공통 주제와 어울리는 술어를 찾는다.[316] 이러한 단계들이 중심 명제를 찾는 과정의 전부라고 할 수는 없지만 가장 기본적인 단계는 될 수 있다.

　이렇게 중심 명제를 찾고 나면 중심 명제는 항상 완성된 형태를 추구해야 했다. 완성된 문장이 아니면 명제가 될 수 없다고 사람들은 생각했기 때문이다.[317] 로빈슨은 "논점들이 구나 낱말로 열거되어 있을 때 그들은 불완전하고 애매하고 또한 부분적인 진술들은 기름칠한 축구공처럼 사상을 우리의 마음에 빗겨가게 만든다"고 생각했다.[318] 그의 중심 명제의 형태는 늘 주요소와 보충 요소의 결합을 원칙으로 한다.[319] 리차드도 동일하게 중심 명제는 주제와 술어의 결합이라고 정의하면서, 주제는 "저자가 본문에서 무엇에 대해 말하고 있는가?"이며, 술어는 "저자가 본문의 주제에 대해서 무엇이라고 말하고 있는가?"라고 설명했다.[320] 그리고 로빈슨은 주해적인 아이디어exegetical idea와, 그것을 오늘날의 청중에게 연결시킬 수 있는 설교적 아이디어homiletical idea로 전환할 것을 요청한다.[321]

　일부 학자들은 로빈슨의 의견을 좀 더 세분하기도 한다. 그래서 주해적인 아이디어 다음에 신학적인 아이디어로, 그리고 설교적인 아이디어로 나아가기를 제안한다. 주해적 아이디어는 원저자가 의도했던 본래적 의미를 찾는 것이다. 표기는 그때, 거기서, 그들에게 말씀하신 의미가 무엇인가를 찾는 것이다. 그래서 성경이 쓰였을 때의 역사적 배경에 근거하여 본문의 말 즉, 성경 인물의 이름과 과거형으로 중심 명제를 기록한다. 신학적인 아이디어는 언제나, 어디서나, 누구에게나 적용되는 보편적인 의미를 말한다. 그래서 일반형과 현재형으로 기록한다. 그리고 설교적 아이디어는 설교적 해석으로 오늘날의 상황을 반영하는 것으로써 지금, 여기서, 이들에게 하시는 말씀으로 새롭게 해석된다.[322] 매튜슨 Steven D. Mathewson은 창세기 22:1-19의 말씀을 가지고 주해적, 신학적, 그리고 설교적 아이디어의 예를 보여준다.[323]

① **주해적 아이디어**: 아브라함은 그의 아들 이삭을 희생 제물로 바쳐야 하는 상황에 직면해서도 하나님에 대한 순종을 최우선으로 두었다.
② **신학적 아이디어**: 하나님께 예배 드리는 신실한 성도는 설령 값비싼 희생이 요구되더라도 하나님에 대한 순종을 최우선으로 둔다.
③ **설교적 아이디어**: 자녀를 위해서 여러분이 할 수 있는 최선의 것은 자녀가 아니라 하나님을 섬기는 것이다.

그는 이 중심 명제를 가지고 설교의 개요를 작성한다. 첫째, 아브라함은 하나님을 섬기는 것을 최우선으로 삼았다 3-10절. 둘째, 하나님께서 아브라함에게 개입하셔서 그의 순종을 인정하셨다 11-14절. 셋째, 하나님께서는 아브라함에 대한 축복과 약속을 재확인하셨다 15-

19절. 넷째, 자녀가 아니라 하나님을 섬기기 위해서는 모든 것을 공급하시는 분은 바로 하나님이시라는 확신이 필요하다8, 14절.

오랫동안 주해적, 신학적, 그리고 설교적 아이디어까지 거쳐서 설교가 완성되었음에도 위의 설교는 식상하고 일반적인 설교의 형태가 될 수 있다. 현대적 감각을 가진 설교라고 볼 수 없다. 중심 명제를 완전한 명제로 만들어야 한다는 강박감이 강해 설교를 지루하고, 식상하고, 현대적인 감각을 상실하게 만들었기 때문이다.

그런 의미에서 리차드도 중심 명제를 현대 감각에 맞게 변환할 것을 제안한다.[324] 그는 술어를 그대로 사용하더라도 주제 부분은 현대 감각에 맞게 바꾸어 사용하기를 추천하기도 했다. 매튜슨도 "설교자들이 어떻게 하면 중심 사상이 청중의 심령에 착 달라붙을 수 있는지를 생각해 보아야 한다. 즉, 중심 사상을 창조적이고 현대적인 방식으로 제시할 수 있는 방법에 관하여 고민해야 한다."고 말했다.[325] 이들도 연구자와 비슷한 고민을 했지만 적절한 대안을 찾지 못했던 것 같다.

필자가 제안하는 중심 명제를 창조적이고 현대적으로 바꾸는 방법은 중심 명제를 이미지로 바꾸는 것이다. 여기에 강해 설교가 현대적이고 창의적인 설교가 될 수 있느냐 그렇지 않느냐가 달려 있다.

4단계: 이미지 숨바꼭질

중심 명제를 찾았으면 이제 중심 명제를 이미지 언어로 바꾸는 작업을 해야 한다. 중심 명제를 이미지로 바꾸는 작업은 그렇게 간단하지 않다. 성경 저자가 말하려는 의도를 훼손하지 않으면서 동시대 청중의 눈높이에 맞는 이미지를 찾아야 하기 때문이다. 조금만 이미지와 중심 명제가 어긋나면 중심 명제가 흔들리고 설교의 방향은 빗나가고 만다. 설교의 중심 명제를 이미지로 바꾸는 작업은 숨바꼭질과 유사하다. 이미지는 늘 숨어 있기 때문에 설교자는 이미지를 찾기 위해 열심히 뛰어다녀야 적합한 이미지를 만나게 되고, 그래야 설교가 끝이 나게 된다.

이미지는 기본적으로 설교자의 '경험'과 '관찰'에서 출발한다. 경험은 설교자의 머릿속에 이미 들어가 있는 수많은 이미지의 창고에 저장되어 있다. 그리고 최근 관찰한 어떤 것들이 설교자의 기억 속에 저장된다. 성경 본문을 연구하면서 발견한 중심 명제에 맞는 적합한 이미지를 자신의 경험과 관찰의 저장고에서 가져오는 것은 결코 쉬운 작업이 아니다. 조금만 빗나가면 설교가 끼워 맞춘 듯한 느낌을 내고, 중심 명제와 이미지가 따로 놀아 설교의 방향성까지 잃게 되기 때문이다. 따라서 적합한 이미지를 찾기 위해서는 술래가 사람들을 찾기 위해 뛰어다니는 것처럼 이미지에 대한 깊은 고민과 연구, 그리고 많은 시간을 투자해야 한다. 중심 명제를 대신할 이미지를 찾아 사용하기 전에는 다음과 같은 주의가 필요하다.

먼저 사용하고자 하는 이미지 단어의 뒷면을 살펴야 한다. 앞서 언급한 바와 같이 '무지개'라는 단어는 성경에서 하나님의 약속을 의미하는 것이고, 하늘에 떠 있는 무지개를 본다는 것은 사람들에게 기쁨과 장관으로 인식되어 왔다. 그러나 최근 다양한 색깔을 받아들인다는 의미에서 동성애자들을 상징하는 이미지로 무지개가 사용되면서 그 의미가 변질되었다. 무지개라는 이미지를 사용할 수 없는 것은 아니지만 사용함에 있어서는 주의가 요구된다. 설교자는 하나님 약속의 의미로 설교하겠지만 청중에게 '무지개 = 동성애'라는 이미지가 각인되어 있으면 그것으로 인해 설교가 들리지 않을 수 있다.

둘째, 부정적인 이미지를 조심해야 한다. 설교를 하면서 심판이나 징벌과 같은 하나님의 메시지를 전달하는 과정 가운데 그러한 부정적인 의미를 가진 이미지들을 사용할 수 있다. 그러나 부정적인 이미지가 사람들의 인식 가운데 더 큰 부정적 이미지를 만들어 낼 수 있다면 사용에 주의를 기울여야 한다. 마태복음 27장에 나오는 가롯 유다의 자살 사건을 다룰 때 '자살 방정식'이나 '자살 공식'과 같은 이미지는 피해야 한다. 자살 방정식은 가롯 유다가 자살할 수밖에 없었던 상황을 일반화하면서 전달하려고 하는 내용이 될 수는 있지만, 청중이 그것을 자살을 위한 공식처럼 받아들이는 부작용이 생길 수 있다. 그 이미지는 당장은 아니더라도 힘들고 어려운 순간이 찾아올 때 하나님의 말씀을 기억해내는 대신 죽기 위한 방법으로 떠오를 수 있기 때문이다. 따라서 긍정적이고 희망적인 설교 이미지를 사용하는 것이 더 낫다.

셋째, 이미지의 의미가 불분명한 것도 조심해야 한다. 설교자가 사용하려는 이미지의 의미는 A인데 사람들이 이해하고 있는 의미는 B인 경우가 있다. 이것은 설교자가 이미지에 대한 분석을 부족하게 했거나 그 이미지에 대한 정의가 분명하지 않아 사람들이 자기 방식대로 이해했기 때문일 수 있다. 설교를 통해 이미지의 의미를 분명하게 전달할 수도 있겠지만, 설교자가 기존 이미지를 새로운 것으로 전환해 내지 못한다면 청중은 큰 혼란을 경험할 수 있다. 그래서 설교자는 늘 설교 이미지에 대한 사전적 정의와 용례에 대한 철저한 분석과 확인을 해야 한다.

마지막으로, 본문의 내용이나 성경의 중심 주제를 즉각적으로 떠올리지 못하는 이미지는 피해야 한다. 한때 전국 대학가와 골목 전봇대에 부착되며 혜성같이 등장했던 문구가 있었다. "선영아, 사랑해"이다. 이 카피는 전국에 있는 선영이라는 이름을 가진 사람들과 그것을 보는 여인들의 가슴을 설레게 만들었던 광고 카피였다. 그런데 이 카피가 기억되었음에 반해 그 광고 내용을 기억하는 사람들은 많지 않다. 이 카피는 한 여성 포털 사이트를 소개하는 광고였다.[326] 전광판이나 차량에 붙어 있는 유인물을 통해 광고 카피를 기억시키는 데 성공했지만, 이 카피가 어떤 광고를 위한 카피였는가를 기억하게 만드는 데에는 실패했다. 마찬가지이다. 성경 본문을 나타내는 설교 이미지는 탁월하고, 새롭고, 신선해서 청중이 기억을 한다 해도 그 이미지를 통해 말하고자 하는 설교의 내용을 기억하지 못한다면 그 이미지는 실패한 것이다. 이미지 설교의 목적은 설교의 중심 주제를 기억하고 이미지를 통해 하나님의 말씀을 끌어당기기 위한 것이다.

5단계: 포인트 트위스트

본문이 말하는 중심 주제를 이미지로 바꾸었다면 이제 해야 할 일은 대지 즉, 포인트를 트위스트twist하는 것이다. 트위스트라는 말은 '휘다, 구부리다'는 뜻을 가지고 있다.[327] 일반적인 혹은 성경적인 언어로 된 대지point를 이미지 언어나 기억하기 쉬운 언어로 구부리는전환 작업이다. 강해 설교에서는 중심 명제가 설교 전체를 이끌어 가기에 대지를 돋보이게 할 목적이 없다고 생각할 수도 있다. 그러나 대지의 목적이 중심 주제를 서술하기 위한 것이라는 전제 아래 그 목적에 맞게 대지의 서술을 바꾸는 것이다. 주의할 점은, 트위스트가 어떤 물건을 구부리고 휘게 하는 의미도 가지지만 '왜곡'이라는 의미도 지닌다는 것이다.

어떤 단어나 의미를 트위스트하다 보면 생각지 못한 왜곡이 일어날 수 있다는 것을 잊지 말아야 한다. 그러므로 트위스트한 대지가 성경 저자가 말하려는 의미가 맞는지 먼저 확인하고, 그 트위스트한 단어가 중심 주제를 설명하고 증명하는데 도움이 되는지 확인해야 한다. 대지를 트위스트할 때 주의할 또 하나는, 대지가 너무 넘치거나 모자라지 않아야 한다는 점이다. 대지가 중심 주제를 나타내는 이미지 언어보다 강렬하면 청중은 설교의 메인 이미지를 잊고 강렬한 대지만 기억하게 된다. 또한 대지가 전체 이미지와 관련성이 약하면 사람들이 이미지를 떠올려도 대지를 끌어낼 수 없다. 감자 줄기를 열심히 당겨도 감자알이 딸려 오지 않는 것과 같다. 그러므로 대지는 반드시 중심 주제를 나타내는 이미지와 연결되어야 하고, 그것과의 관련성에 중점을 두어야 한다.

십자가의 사칙 연산(엡 2:14-19)

에베소서 2:14-19을 본문으로 "십자가의 사칙 연산"이라는 제목의 설교를 한다고 가정하자. 본문에서 설교자는 예수님께서 십자가를 통해 우리에게 행하신 일들을 소개하려고 한다. 대지로 발견할 수 있는 것은 첫째, 십자가로 둘을 하나로 만드신 것14절, 둘째, 십자가로 원수된 것을 소멸하게 하신 것16절, 셋째, 십자가로 먼 데 있는 자들과 가까이 있는 자들에게 평안을 전하신 것17절, 넷째, 십자가로 우리의 신분이 하나님의 백성이요 하나님의 권속이 된 것이다19절. 이 네 가지를 아무리 잘 설명해도 사람들이 이 대지들을 기억하기는 쉽지 않다. 이럴 때 설교자는 대지를 트위스트 할 필요가 있다. 전달할 메시지를 분명하게 하고 기억하기 쉽게 하기 위함이다. 또한 나중에라도 설교 이미지를 떠올릴 때 전달하려던 대지의 메시지가 떠오르게 하기 위함이다.

설교 제목을 사칙 연산이라고 잡았기에 사칙 연산과 관련된 더하기, 빼기, 곱하기, 나누기의 형태로 대지를 트위스트해 본다. 첫 번째 대지는 십자가가 만드는 더하기+이다. 십자가는 하나님과 우리를 하나로 연결하기 위한 도구이다. 둘을 하나로 만드시는 사건이다. 그래서 십자가는 죄인 된 우리가 하나님께 나아갈 수 있는 길이고, 우리의 삶이 하나님과 연결되고 하나되는 기회가 된다. 두 번째 대지는 십자가가 만드는 빼기-이다. 십자가는 우리가 가진 원수 된 것 즉, 중간에 막힌 담을 소멸하는 도구이다. 주님께서 십자가 위에서 죽으심으로 하나님과 원수된 우리의 모든 죄를 사해 주셨다. 제거해 주신 것이다. 세 번째 대지는 십자가가 만드는 곱하기×이다. 주님의 십자가는 먼 데 있는 자들과 가까운 데 있는 모든 자들에게 평안을 전하였다. 주님의 십자가는 지역, 인종, 시대, 민족을 넘어 모든 사람들을 구원할 수 있게 만든 구원의 곱하기가 된다. 마지막 대지는 십자가가 만드는 나누기이다. 19절 말씀처럼 주님의 십자가는 우리를 이제 더 이상 외인이요 나그네가 아닌 성도들과 동일한 시민, 하나님의 권속으로 만들었다. 주님께서 지신 십자가가 이제 우리의 삶을 B.C.와 A.D.로 나누어 버린 것이다. 이제 우리는 그리스도 밖에 있는 자도 아니요, 약속의 언약에 대해 외인도 아니요, 하나님이 없는 자도 아닌, 거룩하게 구별된 성도요 하나님의 가족이 되는 특권을 받은 자가 되었다. 더 나아가 20절 말씀처럼 사도들과 선지자들의 터 위에 세우심을 입은 사도성을 계승한 자들이고 21절에서처럼 주 안에서 성전이 되었는데, 그 성전은 성령 안에서 하나님이 거하실 처소가 된다. 이것이 바로 주님의 십자가가 우리에게 선물로 나누어 주신 나누기이다.

대지가 많아 조금 복잡하지만 대지들이 중심 주제를 훼손하지 않는다. 청중이 기억해야 하는 중심 주제는 '십자가'이고, 그 십자가의 의미를 설명하기 위해 사칙 연산이라는 이미지 언어를 사용하게 된 것이다. 결국 사칙 연산이라는 이미지를 통해 더하기로 하나님과 하나됨이, 빼기를 통해 우리의 죄가 소멸됨이, 곱하기를 통해 더 많은 사람들에게 구원의 복음을 곱해야 하는 우리의 사명에 대한 부분이, 그리고 나누기를 통해 십자가 이전과 이후의 삶이 나누어져 새로운 신분과 삶에서 말씀을 기억해 낼 수 있게 된다. 이것이 대지를 트위스트하는 이유이다.

6단계: 숨겨진 메시지 찾기

이 단계에서 대지 설교와 이미지 설교의 차이가 분명히 구별된다. 대지 설교는 주제와 연결된 대지들을 열거하고 설교를 끝내 버리지만 이미지 설교는 여기서 한 단계를 더 거친다. 그것은 서너 개의 대지를 중심 주제와 연결하기 위해 다시 하나의 개념으로 요약하는 것이다. 숨겨진 메시지를 마련하는 것이다. 이미지 설교에서 대지의 역할은 중심 주제가 가는 길의 궤적이다. 대지가 자신의 색깔을 너무 강하게 드러내면 중심 주제의 의미를 희석시킬 가능성이 높다. 따라서 각 대지가 가지는 내용들을 하나로 요약하는 숨겨진 메시지를 준비한다. 이 숨겨진 메시지와 중심 주제를 연결하면 설교는 한 문장으로 정리된다. 대지들을 하나의 요약 개념으로 모으지 않아도 전체적인 중심 주제를 드러내는 데 문제가 없는 경우에는 이 과정을 생략할 수 있다. 그러나 일반적인 대지 설교에서는 대지에서 주제로 초점을 옮기기 위해 대지를 다시 하나로 요약하는 작업이 필요하다.

축복의 수도꼭지를 열라 (에베소서 6:1-3)

> 1 자녀들아 주 안에서 너희 부모에게 순종하라 이것이 옳으니라
> 2 네 아버지와 어머니를 공경하라 이것은 약속이 있는 첫 계명이니
> 3 이로써 네가 잘되고 땅에서 장수하리라

'부모를 공경하라'는 메시지가 담겨 있는 에베소서 6:1-3을 본문으로 설교를 한다고 가정하자. 설교 제목을 "리스펙트"respect로 잡았고, 부모를 공경하는 것이 어떤 것인가를 '3R'로 설교하려고 한

다. 부모를 공경하는 것은 첫째, 'ready,' 즉 부모님께 순종할 준비가 되어야 한다. 어떤 말씀을 하시든지 1절 말씀처럼 부모님께 순종해야 한다. 이것이 옳기 때문이다. 둘째, 'reaction'을 해야 한다. 2절 말씀처럼 부모를 공경하는 것이 약속 있는 첫 계명이고, 구약 십계명을 통해 주신 약속 있는 사람을 향한 첫계명이다. 구약의 말씀에 순종함으로 반응하면 하나님께서 복을 주시겠다고 약속하셨다. 부모님을 공경하는 것도 부모님의 말씀에 반응하는 것이고 그것은 땅에서 잘 되고 복 받는 방법이다. 셋째, 'read,' 즉 부모님의 마음을 읽어드리는 것이다. 봉양奉養과 양지量知라는 말이 있는데 봉양이 받들어 모시는 것이라면, 양지는 헤아려 아는 것이다. 본문도 부모님의 마음을 헤아려 알면 하나님께서도 우리가 원하는 것을 헤아려 주시겠다고 말씀하신다. 3절 말씀처럼 "잘 되고 땅에서 장수"하는 복을 주신다는 것이다. 즉 부모님을 공경하기 위해 순종할 준비를 하고ready, 말씀에 대한 리액션reaction과 그리고 부모님의 마음을 읽어read 드리는 것이 필요하다는 메시지로 설교의 내용을 요약할 수 있다.

 그러나 이미지 설교는 이러한 삼대지 설교를 하나의 내용으로 요약하게 되는데, 그것을 숨겨진 메시지를 찾는 작업이라고 부른다. 그냥 볼 때는 보이지 않지만 묵상하고 생각하다 보면 그 뒤에 숨은 메시지가 드러난다. 설교 메시지로 자녀들은 부모님을 공경하기 위해 순종할 준비를 하고, 부모님의 말씀에 대한 리액션을 하고, 부모님의 마음을 읽어 드리는 것이 필요하다는 내용을 소개했다. 그런데 이 부분을 자세히 묵상하다 보면 부모님을 공경하는 것이 부모님을 위한 것이 아니라는 것을 알게 된다. 부모 공경은 부모를 위한 것이기도 하지만 자식들을 위한 하나님의 선물 보따리인 것이다. 하나님께서 부모 공경을 통해 자식들에게 복을 주시려고 하신다. 여기에는 '부모님은 하나님께서 자식들을 위해 주시는 축복의 통로' 혹은 '부모님은 자식들을 위한 하나님의 수도관'이라는 숨겨진 메시지가 있다. 부모 공경이 부모를 위한 말씀이기는 하지만, 조금만 다르게 보면 부모 공경은 자식들을 위한 말씀이라는 것을 알게 된다. 자식이 부모를 공경하는 것은 당연하고 마땅한 것이지만, 성경은 부모 공경을 통해 받는 복을 소개함으로써 결국 부모는 자식들을 위한 영적 수도관이고 효도는 축복의 수도꼭지를 여는 행동이라는 것을 말한다.

조금 전에 이 설교는 세 개의 대지가 있는 설교였고, 삼대지 설교 가운데서도 영어 단어 초성 'r'로 운율을 맞추듯이 'respect'라는 제목의 설교에 ready, reaction, read로 연결되는 깔끔한 형태였다. 그러나 부모를 공경하는 것이 무엇인가를 설명하는 교훈적인 설교로 끝내지 않고 설교자가 준비한 숨은 메시지 즉, 설교의 목적을 전하는 순간 이 설교는 귀납적으로 변했고, 단순히 교훈적이고 명령적인 설교가 아닌 원리적이고 중요한 이슈를 전달하는 설교로 바뀌었다.

이 메시지로 인해 제목도 다음과 같이 바뀌게 된다. "축복의 수도꼭지를 열라." 자식들은 하나님께서 자신들을 위해 준비하신 수도관이신 부모를 통해 세상에서 하나님의 복을 누리는 자들이다. 부모 공경을 통해 축복의 수도꼭지가 열리는 것이다. 그래서 자녀들은 부모를 공경하기 위해 순종할 준비가 되어야 하고ready, 부모님의 말씀에 반응하고reaction, 부모님의 마음을 헤아려야 한다read. 설교는 이 한 문장으로 말할 수 있다. "하나님의 복을 얻기 위해 축복의 수도꼭지를 열어라." 그 방법이 바로 부모 공경이고respect, 그 방법은 순종할 준비ready, 부모님의 말씀에 반응reaction, 부모님의 마음을 헤아리는 것이다read. 대지의 내용을 잊어도 된다. 대신 한 가지만 기억하면 된다. "하나님의 복을 얻기 위해 부모 공경이라는 수도꼭지를 열어라."

7단계: 이미지 설교의 구조

이미지 설교는 전통적인 설교처럼 서너 개의 대지를 가지고 설교를 해야 한다는 고정된 하나의 틀을 가지지 않는다. 대신 성경 본문이나 장르에 따라 언제든지 변형이 가능한 설교이다. 어떤 경우에는 대지를 트위스트해서 하나의 논리적이고 기억하기 쉬운 흐름을 가지기도 하고, 신설교학에서 강조하는 것처럼 움직임과 플롯에 따라 설교가 진행되기도 한다. 연속 주해식 설교처럼 성경 본문의 흐름에 따라 자연스럽게 대지 없이 본문을 설명하다 마지막에 중심 명제를 설명하기도 한다. 그러나 이미지 설교의 일관된 하나의 구조는, 반드시 중심 명제가 설교 전체를 이끌어간다는 점이다. 어떤 형태나 모양을 가져도 강해 설교가 지향하는 성경적 개념이 이끌어가는 설교가 된다.

이미지 설교는 전반적으로 글쓰기의 일반적인 흐름인 서론–본론–결론의 구조를 지닌다. 서론은 전체 설교를 관통하는 성경 개념을 설명하는 설교 이미지에 대한 개인 경험이나 그것을 소개하는 간단한 예들로 시작할 수 있다. 그리고 그 이미지의 정의나 그 이미지가 오늘 우리에게 중요한 이유를 설명한다. 가능하다면 이 부분에서 그 이미지에 대한 사람들의 고정 관념을 깨뜨려 주어야 한다. 문제를 제기하는 것이다.

본론으로 넘어가면 앞서 서론에서 제기한 문제와 연결되는 본문 안의 문제를 제시한다. 그리고 문제에 연결된 개념으로 설교의 중심 주제 즉, 성경적 개념을 소개한다. 이어서 문제에 대한 해결책이나 본문이 그 주제에 대해 말하는 것을 중심으로 설교를 전개해 나간다. 필요하다면 대지를 제시하고 포인트 트위스트도 한다. 어찌되었든 내용은 반드시 성경적 개념을 담은 이미지와 일치해야 한다.

결론에서는 본론의 메시지에서 말한 내용을 다시 하나로 요약하는 숨겨진 메시지를 제시한다. 이를 처음에 말하려 한 성경적 개념의 이미지와 연결하여 설교 말씀을 한 문장으로 기억할 수 있도록 만들어 준다. 제목을 기억하면 하나의 메시지가 기억나고, 그 이미지를 생각하고 떠올리면 설교 전체 메시지가 기억나게 하는 것이 바로 이미지 설교가 추구하는 방식이다.

이미지 설교는 일반적으로 본론부터 구성하고 서론과 본론으로 나가는 구조를 가지지만, 명확한 중심 주제와 이미지가 나왔으면 서론부터 차근차근 풀어갈 수도 있다. 본론부터 작성했더라도 서론을 작성하다 보면 전체적인 내용 일치와 흐름을 위해 다시 본론의 내용을 수정해야 하기 때문이다.

정리하면 이미지 설교는,
① 먼저 본문의 연구를 통해 성경적 개념 즉 중심 명제를 찾는다.
② 본문에서 중심 명제를 중심으로 전달할 내용을 본문 안에서 찾는다.
③ 성경적 개념과 본문에서 전달한 내용을 담을 수 있는 이미지 언어를 찾는다.
④ 이미지 언어를 찾았으면 대지를 트위스트해서 전체 성경 이미지와 하나가 되도록 변환한다.
⑤ 서론을 준비하면서 이미지에 대한 경험과 이미지에 대한 개념을 정리한다.
⑥ 그 이미지에 대한 사람들의 고정 관념을 찾아 평형을 깨뜨리는 방법을 찾는다.
⑦ 다시 본론의 내용을 서론에 맞게 조금씩 수정한다.
⑧ 결론을 작성하기 위해 본론의 내용을 다시 하나의 개념으로 정리하는 숨겨진 메시지를 찾는다.
⑨ 설교를 적용 중심으로 정리한다. 청중의 입장에서 이 설교 후 어떤 삶을 결단해야 할지 정리한다.
⑩ 결론을 기억하기 쉽게 한 문장으로 만들어 정리하고, 그 문장에서 전체 설교를 간단하게 요약한다.

다양한 설교의 형태

설교의 중심 사상 전개를 위해서는 설교 형태가 필요하다. 크게 연역적인지 귀납적인지로 구분할 수 있다. 연역적 방식이란 "이미

나와 있는 결론으로부터 시작하여 구체적인 사례로 나가는 것"이다. 따라서 해답이 먼저 나오고, 나머지는 이를 "잘게 부수어 나가는 방식"이다.[328] 설교 아이디어는 서론의 일부로 완전히 진술된다. 본론에서는 아이디어를 분해·분석하고, 결론에서는 아이디어를 다시 반복한다. 설명이나 증명, 그리고 적용으로 아이디어를 풀어낸다.[329] 설교가 연역적인 형태를 가지게 되면 설교가 선명해지는 장점이 있지만, 설교가 긴장감을 상실하고 지루해진다는 단점도 있다. 반면 귀납적 방식은 "구체적인 사례에서 시작하여 결론이나 전체에 도달하는" 것이다.[330] 따라서 설교 끝부분에 전체적인 결론과 완전한 아이디어가 나타난다. 이 방식에 따르면 서론에서는 설교의 첫 번째 논지만 다룬다. 이어 앞의 논지와 연결된 새로운 논지들이 전개된다. 그리고 결론에 이르러 설교의 완전한 아이디어가 제시된다. 귀납적 방식은 청중에게 발견의 즐거움을 주며, 긴장감과 집중력을 가지게 만든다.[331]

귀납적 방식과 연역적 방식을 혼용한 귀납–연역 방식도 가능하다. 아이디어는 설교의 중간쯤 등장하고, 그때부터 설교자는 연역적으로 설교의 아이디어를 증명하거나 설명해 나가는 것이다.[332]

토마스 롱은 「증언으로서의 설교」에서 이외의 다양한 설교의 형태를 제시하기도 한다.[333]

① If this ... then this, and thus this.

"만약 이것이 ... 한다면, 이것도 ... 하고 그리고 이것도 ... 한다." 이러한 방식은 논리적인 설교의 기초 위에 세워지는데, 설교의 핵심은 마지막에 제시된다. 각 주장들은 하나의 고리를 이루어 마지막을 향해 나간다. 상당히 자극적이고 교육적인 설교에 적합한 형태이다. 예를 들어 로마서 5:3-4의 말씀, "우리가 환난 중에도 즐거워하나니 이는 환난은 인내를, 인내는 연단을, 연단은 소망을 이루는 줄 앎이로다." 여기서 핵심 메시지는 소망이다. 환난 중에서도 우리가 즐거워하면 결국 소망을 얻게 된다는 메시지다.

② This is true ... in this way ...
and also in this way ... and in this other way too.

"이것은 이 방식에서 ... 그리고 이 방식에서도 역시 ... 그리고 역시 다른 방식에서도 역시 사실이다." 중심이 되는 주장을 제시하고 설교의 다양한 작은 면들이 보이도록 전개하는 설교 형태이다. 그래서 생스터Sangste는 이 설교의 형태를 "보석의 작은 면과 같은 설교"라고 칭한다.[334] 중심 주장들이 각기 다른 방식으로 다양한 청중에게 영향을 끼칠 수 있는 설교의 형태이다. 예를 들어 마태복음 18장의 "천국에서 큰 자"라는 본문은 한 어린 아이를 세우시고 어린 아이 같은 자가, 어린 아이와 같이 자기를 낮추는 사람이, 그리고 역시 어린 아이 약한 자 하나를 영접하는 자가 천국에서 큰 자가 된다는 형태이다.

③ This is the problem ... this is the response of the Gospel ... these are the implications.

"이것이 문제이며 ... 이것이 복음이 그것에 대해 제시해 주고 있는 해답이고, 이것들은 적용이다." 여기에는 '문제와 해결'이라는 형식이 사용되는데, 인간들이 가지는 딜레마를 탐구하는 것으로 시작하여 그것에 대한 응답으로 설교의 주장을 제시한다. 공감이 많이 일어나는 설교의 형태이다. 예를 들어 로마서 5장을 보면, 아담 한 사람 때문에 죄가 세상에 들어왔다. 그러나 한 사람 예수 그리스도로 인해 은혜가 넘쳤다. 예수를 통해 우리가 영생을 얻는다는 적용이 있다. 예수 그리스도께서 순종하심으로 많은 사람이 의인이 된 것처럼 우리의 순종으로 우리도 하나님의 의를 얻게 된다.

④ This is the promise of the gospel ...
here is how we may live out that promise.

"이것은 복음의 약속이며 ... 여기 그 약속을 따라서 어떻게 살아야 할지에 대해서 이렇게 말씀한다." 이 설교 형태는 사람들이 가지는 특별한 딜레마에서 설교를 시작하기보다 본문의 요구 사항들을 제시하는 것으로 설교를 시작하고 탐구하게 한다. 이 형태를 '직설적-명령적 설교 형태'라고 부르기도 한다. 이 형식에는 주로 윤리적인 적용이 있다. 예를 들어 로마서 8:1의 말씀은 "예수 안에 있는 자들에게는 결코 정죄함이 없다"는 약속의 말씀이다. 그러면 어떻게 살아야 하는가? '육신을 따르지 않고 영을 따라 살아야 한다. 육신의 생각을 따르지 말고 영의 생각을 따라야 한다. 왜냐하면 영의 생각은 생명과 평안이기 때문이다.'라는 적용이 따르는 것이다.

⑤ This is the historical situation in the text ... these are the meanings for us now.

"이것은 본문의 역사적 상황이며 … 이것들이 오늘날 우리에게 의미하는 것이다." 이 형태에서는 본문의 정황들이 제시된다. 그리고 그 본문의 말씀이 오늘날에 의미하는 바가 무엇인지 설명한다. 이 형식은 신설교학의 폴 스캇 윌슨이 주장하는 「네 페이지 설교」와 유사하다. 네 페이지 설교는 총 네 페이지로 구성되는데, 첫 페이지는 성경 속에 있는 문제, 두 번째 페이지는 우리의 세계 속에 있는 문제, 세 번째 페이지는 성경 속에 있는 하나님의 은혜, 그리고 네 번째 페이지는 우리의 세계 속에 있는 하나님의 은혜를 제시한다.[335]

⑥ Not this ... or this ... or this ... or this ... but this.

"이것도 아니고 … 혹은 이것도 아니며 … 그리고 이것도 아니며 … 이것이다" 혹은 "이것도 그렇고, 이것도 그렇다"로 사용 가능하다. 이 형식의 설교는 보통 질문을 던지면서 시작된다. 예를 들어 "나더러 주여 주여 하는 자마다 다 천국에 들어갈 것이 아니요"라는 말씀에 질문을 던지면서 수수께끼와 같은 요소에 답을 찾아가게 만드는 것이다. 예를 들어 열왕기상 19장에서 엘리야에게 나타나신 하나님을 보면, 지진 가운데 계시지 않지만 불과 세미한 음성 가운데 임하셨다. 그러면 왜 하나님께서 지진과 불이 아닌 세미한 음성 가운데 나타나셨는지를 질문함으로 그 답을 찾아가는 형태로 설교가 진행된다.

⑦ Here is a prevailing view … but here is the claim of the gospel.

"여기에서 중심되는 개념은 이것이다 … 그러나 복음이 요구하는 것은 이것이다." 반증설교라고 불리는 설교 형태이다. 다시 말해 '지배적인 문화들이 말하는 것은 이런 것들인데, 복음은 더 우리에게 풍요롭고 새로운 것들을 공급한다'는 식으로 말하는 것이다. 이 설교의 형태는 청중으로 하여금 새로운 방식으로 무엇인가를 볼 수 있도록 한다. 산상 수훈을 예로 들어 보자. 즉, 간음하지 말라 하였다는 것을 너희가 들었다고 말한다. 그런데 나는 말한다. 음욕을 품고 여자를 보는 자마다 마음에 이미 간음하였다마 5:27-28 이런 식으로 새로운 결론을 전달하는 형태이다.

⑧ This … but what about this? well, then this … yes, but what about this? and so on.

"이것은 … 어떠며, 또 이것은 어떨까? 그럼 이것은 … 그래, 그러나 이것은 어떤가? … 그리고 등." 독백적인 형식을 통해 대화체로 꾸며지는 설교 형태이다. 이 설교는 각 단계마다 질문하고 확인하는 방식으로 구성된다. 대화체로 구성되고 복음을 제시하거나 누군가에게 논리적으로 하나씩 증명해 나갈 때 사용 가능한 방식이다.

⑨ 여기 이야기가 있습니다.

실제로 이야기체의 설교들이 이러한 형태로 구성된다. 성경 이야기를 각색하여 이야기하거나 오늘날에 맞게 이야기하기도 하고, 어떤 이야기를 듣고 그 이야기가 주는 의미와 내용, 제시하는 것을 전하기도 한다. 그리고 성경 본문의 이야기 가운데 아직 풀리지 않은 문제에 대해 답을 제시하는 방법으로 진행된다.

⑩ 여기 편지가 있습니다.

설교가 일반적인 편지 서식의 형태를 가진다. 개인적인 연설이나 분위기를 자아내는데 효과적이고 복음의 열정을 드러내는데 효과적인 방식이다.

⑪ This ... or that ... both this and that.

"이것은? ... 혹은 저것은? 이것과 저것 모두." 이 형태는 역설적이거나 혹은 양면성을 가진 설교의 주장들을 제시하는데 효과적일 수 있다. 예를 들어 '예수님은 인간이시다. 예수님은 하나님이시다.' '예수님은 종이시면서 주인이시다.'

이상과 같이 다양한 형태의 설교의 형태를 소개했는데, 이미지 설교는 전통적인 강해 설교의 한 형태이기에 연역적인 설교의 형태를 취한다고 볼 수 있다. 그러나 자세히 들여다보면 연역적인 설교라고 볼 수는 없다. 중심 명제가 설교의 서론이나 본론의 시작에서 등장하기에 연역적이라고 볼 수 있지만, 그것만으로 이 설교를 연역적이라고 보기 어렵다. 중심 주제는 앞부분에 나왔지만 설교에서 말하는 메시지는 설교의 끝에 가야 전체적으로 이해할 수 있기 때문이다. 그렇기 때문에 귀납적 형태라고 볼 수도 있다. 어떤 경우에는 귀납-연역의 행태로 긴 서론의 마지막 부분에서 중심 주제가 나오고 그 주제를 중심으로 설교 뒷부분이 구성되기도 한다. 이미지 설교는 성경적 개념을 이미지로 전환하여 설교를 진행하는 경향이 있기에 서론이 다른 설교 형식보다 긴 편이다. 설교의 서론 부분이 전체 설교 분량의 1/2을 차지하기도 한다. 대지 중심의 설교가 아닌 명제 중심의 설교이기에 그 부분을 강조하고 부각시키다 보면 길어질 수밖에 없다. 이 형태의 후반부는 결국 그러한 내용에 대한 실천적인 적용으로 이어지게 된다. 그렇기에 이 형태는 귀납-연역의 형태를 취하게 된다. 이미지 설교는 어떤 하나의 고정된 형태를 가지지 않는다. 본문에 따라 자유롭게 그 형태를 바꿀 수 있는 설교 방식이다.

CHAPTER 8.

주제 설교의 틀 안에서의 이미지 설교

1. 주제 설교에서 주제 강해 설교로

모든 설교는 언제나 강해 설교의 틀 안에 있어야 한다. 그래서 성경 본문을 통해 찾아낸 중심 명제를 통해 적용으로 나가야 한다. 그러나 설교 현장에서는 원칙대로만 설교할 수 없는 변수가 발생하기 마련이다. 국가나 교회의 중요한 이슈에 관해, 명절 혹은 절기에, 때로는 설교자의 입장에서 꼭 전달하고 싶은 메시지가 있을 수 있다. 이러한 설교는 본문이 아니라 청중 혹은 사건에서 출발하기에 분류상 주제 설교에 더 가깝다고 할 수 있다. 주제 설교는 이미 정의한 바와 같이 설교자가 일정한 주제를 정하고, 그 주제에 따라 설교를 진행하는 형태이다. 설교자에게 주제를 선정할 권한이 주어지고, 설교를 이끌어가는 방식 또한 설교자의 권한이다.[336]

그러나 주제 설교의 가장 큰 문제는 본문 중심의 설교가 아닌 주제 중심의 설교이기에 본문을 소홀히 할 수 있다는 것이다. 주제를 풀어나가기 위해 본문을 사용하지만 설교자 자신의 말을 합리화시키기 위한 도구로 본문을 사용할 위험성이 있다.[337] 그리고 성경보다 성경 외 자료에 더 많은 비중을 할애하게 된다.[338] 다시 말해 주제 설교는 비非성경적인 설교가 될 가능성이 높고, 본문이 하나님 말씀의 전달이 아닌 설교자 개인의 의도와 목적을 합리화하기 위한 수단이 될 가능성 있다.[339] 그러나 장두만이 말하는 것처럼 주제 설교가 주제 강해 설교가 될 수 있다면 주제 설교도 현대 사회에서 설교 메시지를 전달하는데 중요한 역할을 감당할 수 있다. 주제 강해 설교란 설교자가 청중의 필요와 현실적인 부분을 고려해서 주제를 선택할지라도, 선택한 본문에 대한 충분한 해석과 연구가 된 설교를 의미한다.[340] 정장복도 주제 설교가 바른 설교의 면모를 갖추기 위하여 주제를 제어할 수 있는 본문과의 연관성을 제안한다.[341]

주제 강해 설교는 청중의 삶의 자리에서 시작한다는 점이 다를 뿐 본문 중심, 개념 중심, 적용 중심이라는 점에서 강해 설교와 다를 바가 없다. 존 스토트의 말처럼 "모든 진정한 기독교 설교는 강해 설교이다."[342] 릿핀Duane A. Litfin도 "엄밀한 의미에 있어서 강해 설교가 아닌 것은 전혀 설교가 아니다"라고 말한다.[343] 그러므로 주제 강해 설교도 강해 설교의 한 부분이라고 가정한다면 이 형태의 설교를 통해 이미지 설교를 전개해 나갈 수 있다.

2. 주제 강해 설교에서 이미지 설교로

그런 의미에서 주제 강해 설교 안에서 이미지 설교는 강해 설교의 구조를 가지면서 조금 더 청중 중심 설교로 나갈 수 있다. 실제로 주제 설교의 틀 안에서 이미지 설교는 더 풍부한 상상력과 강력한 이미지 언어를 사용할 수 있다. 주제 강해 이미지 설교는 청중의 삶의 자리에서 출발하는 이미지에서 시작한다. 주제 설교가 청중의 삶의 자리인 어떤 하나의 주제에서 시작한다면, 주제 강해 이미지 설교는 설교자가 전달하고자 하는 주제를 담은 이미지에서 시작한다.

1단계: 이미지(주제) 찾기

설교자가 청중의 삶의 자리에서 발견한 이미지는 사회의 이슈가 되는 어떤 사건이나 신조어가 될 수 있고, 화제성 있는 텔레비전 프로그램이나 광고 카피도 가능하다. 과학 기술 용어나 자연 법칙, 그리고 베스트 셀러 책 제목에서도 이미지를 가져올 수 있다. 그 외에도 영화 제목이나 세상에 널려 있는 여러 가지 이미지에서 설교를 시작할 수 있다. 그것들을 있는 그대로 가져올 수도 있지만, 아이디어를 빌려 설교에 맞게 변형하는 것도 가능하다.

① 텔레비전: 드라마, 예능 프로그램 제목, 노래 제목, TV 광고

존재의 품격엡 2:9-10. 드라마 '황후의 품격'에서, 믿음의 남우 주연상행 20:17-24, 쇼를 하라행 16:22-32, 광고 카피, 노바디수 24:14-28, 노래 제목, 히든 싱어고전 10:23-11:1, TV 프로그램, 정글의 법칙요 5:1-15, TV 프로그램, 내 귀에 캔

민 14:19-30, 노래 제목, 런닝맨민 16:43-50, TV 프로그램, 믿음의 달인창 22:7-14, TV 프로그램, 애굽 스타일과 광야 스타일민 11:4-9, 노래 제목, 해를 품은 달 빌 2:5-11, TV 프로그램

② 영화 제목

극한 인생창 6:9-22, 영화 '극한 직업', BC 방의 선물엡 2:11-19, 영화 '7번 방의 선물', 미녀와 야수엡 2:1-8, 영화 제목, 향기와 향수고후 2:14-16, 영화 '향수', 로스트마 1:21-23, 드라마 제목, 천국 국가대표마 10:1-10, 영화 '국가대표', 미션 임파서블단 6:10-28, 영화 제목, 트랜스포머막 3:13-15, 영화 제목, 킹스 스피치민 14:19-30, 영화 제목

③ 신문이나 잡지

수저 대물림삼상 2:12-18, 플랜 Z시대사 40:1-5, 센서 혁명마 11:28-30, 팬클럽 교회요 6:60-69, 주를 위한 신스틸러막 1:1-8, 영적 사막화사 35:1-10, 하프타임왕상 19:4-8, 15-18, 블라인드 스팟마 26:31-35

④ 베스트셀러 책 제목

티핑포인트눅 5:1-11, 명함의 뒤편빌 3:5-9, 프롤로그삿 3:1-6, 판도라의 상자롬 5:12-21, 은혜 호흡딤후 2:1-4, 현재 완료형 쿠션창 39:19-23, 미운 오리 새끼의 꿈사 43:1-7, 아웃라이어행 2:43-47, Better than Good전 5:10-20, 협상의 법칙창 21:22-34, 정글의 법칙요 5:1-15, 더 시크릿고후 5:15, 부자 자격증창 26:1-22, 목적이 이끌어 가는 삶마 6:31-33

⑤ 신조어/전문 용어

미친 존재감막 4:30-32, 콜샌드위치교회행 13:1-12, 스펙과 스토리빌 3:4-12, 티쿤 올람왕상 18:1-40, 야드바심신 8:11-20, 오프라인 이웃닷컴눅 10:25-37, 아웃라이어행 2:43-47, 스위트스팟창 26:12-25, 레알왕하 7:3-10

⑥ 생활 단어

순종 기말고사삼상 15:1-16, 언어 패션쇼엡 4:25-32, 시계추 인생잠 26:13-16, 하나님의 잔소리신 8:11-20, 삭개오의 이력서눅 19:1-10, 하나님의 깔대기창 41:33-43, 패키지 관광막 10:46-52, 영적 상상 임신행 9:3-9, 20-22

⑦ 음악 관련 용어

립싱크 신앙마 7:15-23, 하나님의 리듬 감각창 1:31-2:3, 복음 변주곡 롬 1:16-17, 세 박자 인생창 5:1-5; 21-24, 내 인생의 절대음딤후 3:15-17, 쉼표 사용법막 6:30-33, 크레셴도 인생삼상 5:10-25

⑧ 과학 용어/기술 용어

취약점 이론고후 12:7-11, 썩은 사과의 법칙수 7:10-18, 차별화 포인트 삼상 17:39-52, 루돌프 이펙트마 9:9-13, 알고리즘 튜닝요 3:1-15, 하나님의 와이파이눅 1:26-38, 치킨 게임삼하 2:12-17, 공존의 법칙마 13:24-30, 나비 효과엡 4:22-24, 낙인 효과눅 19:1-10, 나비형 인간고후 1:6-9, 멀티태스킹과 집중눅 10:38-42, 아웃포커싱요 1:23-31

⑨ 속담 및 사자성어

동상이몽마 22:34-40, 줄탁동시요 11:37-44, 공휴일궤창 13:1-13, 득어망전신 31:1-13, 노래지희잠 23:15-25, 토사구팽삼하 3:22-30, 팔자대로 살지 마라마 20:29-34, 원숭이 엉덩이는 빨개마 26:69-75, 빨가면 사과창 2:1-17, 사과는 맛있어눅 4:1-13, 맛있는 건 바나나창 37:1-11, 바나나는 길어눅 21:1-4, 긴 것은 기차출 12:29-42

⑩ 스포츠 관련 단어

영구 결번왕하 23:19-25, 원팀비전롬 6:3-11, 하나님의 레드카드민 13:32-14:10, 예수님의 터치다운요 1:14-18, 페이스메이커수 14:6-15

2단계: 본문의 선택

이와 같은 방식으로 청중의 삶의 자리와 연결된 이미지를 찾고 난 후에 해야 하는 것은 그 이미지주제와 연결할 본문의 선택이다. 일반적으로 설교자는 어떤 이미지를 떠올리면서 거기에 맞는 본문 서너 개 정도를 생각하게 된다. 그때 설교자는 본문을 깊이 있게 묵상하면서 그 본문이 말하려는 의미와 전달하려는 이미지의 일치성을 확인해야 한다. 어느 한 부분이 맞더라도 다른 부분이 맞지 않는다면 온전히 맞는 본문을 만나기까지 본문을 찾는 작업을 계속해야 한다. 결국 시작은 설교자가 청중에게 전할 주제 혹은 이미지로 인해 시작되지만, 본문이 선택되고 나면 그때는 본문의 소리에 이미지가 따라가야 한다. 이미지와 연결되는 본문을 선택한다는 것은, 이미지를 생각할 때 떠오르는 내용이 본문을 생각할 때 떠오르는 내용과 일치되어야 한다는 것을 뜻한다. 그래야 이미지를 끌어당길 때 본문의 내용과 말씀이 끌려 나올 수 있기 때문이다. 또한 설교를 준비하면서 전혀 예상하지 못한 메시지가 본문을 통해 주어지게 될 때 설교자는 자신의 생각을 고수하는 것이 아니라 본문에 설교메시지를 맡겨야 한다.

정리하면 주제 강해 설교는,
① 청중의 삶의 자리, 삶의 문제에서 시작된다.
② 설교자가 말하려는 이미지를 찾는다.
③ 설교 주제와 이미지에 맞는 설교 본문을 선택한다.
④ 모든 설교의 메시지는 반드시 본문 안에서 나와야 한다.

본문을 선택한 이후에는 주도권이 설교자에서 본문으로 넘어가야 한다. 본문 선택 후 이미지와 본문의 내용이 충돌할 때 설교자는 본문을 따라가야 한다.

'이기는 습관'이라는 주제의 본문 선택하기

예를 들어 설교자가 「이기는 습관」이라는 책을 읽었다고 하자. 책의 내용에 도전이 되었고 또한 청중의 삶의 자리에도 이러한 이기는 습관이 생겼으면 좋겠다는 마음으로 설교를 준비하려고 한다. 그러면 설교자는 전쟁과 관련된 성경 본문을 찾을 것이다. 선택 가능한 본문으로는 첫째, 사무엘상 17장의 '다윗과 골리앗'의 이야기, 둘째, 역대하 20장의 '여호사밧의 전쟁,' 그리고 셋째, 출애굽기 17장의 '아말렉과 모세의 전쟁' 이야기가 있다. 다른 본문들도 있을 수 있다. 이제 설교자는 이 세 본문 가운데 어떤 본문을 선택할지 고민하게 된다. 이 본문들 모두 승리에 대한 내용을 담고 있다. 그러나 설교자가 전달하고자 하는 이미지는 '이기는 습관'이다. 한 번 이기는 것을 우리는 습관이라고 말하지 않기에, 반복적으로 이기는 내용이 나오거나 반복적으로 이기는 방법이 나오는 본문을 선택해야 한다. 그래야 본문의 이미지와 본문이 일치하기 때문이다. 역대하 20장의 여호사밧의 전쟁이나 사무엘상 17장의 다윗의 전쟁은 지속적인 승리에 대한 기사가 아니기에 본문 선택에서 제외한다. 그러나 남은 출애굽기 17장의 아말렉과의 전쟁에는 모세가 어떻게 습관적으로 전쟁에서 이기는지 보여주는 내용이 나와 있다. 여러 본문 가운데 가장 주제 및 이미지와 적합한 본문이다.

구체적으로 왜 이 본문이 선택되어야 하는가는 출애굽기 17:11, "모세가 손을 들면 이스라엘이 이기고 손을 내리면 아말렉이 이기더니"에서 발견된다. 손을 들면 이기고 내리면 지는 하나의 습관이 본문 속에 등장하고 있다. 본문은 손을 드는 것이 승리의 공식임을 말하고 있다. 설교자가 말하려는 이미지와 본문이 연결되고 있음을 확인할 수 있다. 적합한 본문을 마련하기는 하였지만 아직 설교는 시작도 하지 못했다. 본문 속에서 이기는 습관과 관련된 설교 소재를 찾아야 한다. 본문이 무엇을 말하려고 하는지 찾아야 한다. 이때부터 설교의 주도권은 설교자가 아닌 성경 본문이 되어야 한다. 설교자의 생각과 본문 사이에 마찰이 일어날 때 설교자는 자신의 생각을 과감하게 포기할 수 있어야 한다. 그리고 본문이 말하려는 내용과 이미지를 잘 연결하여 자연스러운 설교 전개가 이루어져야 한다. 억지로 끼어 맞춘 느낌이 생기지 않도록 주의해야 한다.

3단계: 설교 메시지 준비

본문을 선택했으면 이제 강해 설교의 원리에 따라 설교 메시지를 준비한다. 이미 설교 주제와 이미지를 찾았기에 이어서 중심 주제와 이미지에 맞는 설교 메시지를 찾아야 한다. 여기서부터는 강해 설교에서 설교 메시지를 찾는 부분과 크게 다르지 않다. 그러나 이미지 설교에서는 본문의 주제뿐 아니라 이미지 주제와도 설교 메시지가 연결되어야 한다. 예를 들어 출애굽기 17:8-16까지의 본문을 가지고 "이기는 습관"이라는 제목으로 설교를 한다면 먼저 본문을 분석해야 한다. 본문은 이스라엘 백성들이 출애굽한 이후 첫 번째 공식적으로 싸우는 전쟁이다. 홍해 앞에서 애굽과의 전쟁은 하나님의 전쟁이었고, 이스라엘은 아무것도 한 것이 없었다. 그러나 이 본문에서는 아말렉의 공격 앞에 모세가 여호수아를 불러 싸울 것을 명령한다. 이스라엘의 힘으로는 싸워서 이길수 없는 전쟁이었지만, 하나님께서는 이스라엘이 직접 하나님의 은혜를 쟁취하기를 원하셨다. 이 전쟁은 앞으로 가야 하는 출애굽 여정에 중요한 이정표의 역할을 하는 전쟁이다. 이스라엘 백성들도 앞으로 가야 하는 광야에서 적들과 싸워야 하고, 하나님의 이름으로 싸워서 이기는 습관이 필요했기 때문이다. 아직까지 이스라엘은 어떻게 이기는 줄 알지 못했기에 하나님께서 이스라엘 백성에게 어떻게 앞으로 다가오는 수많은 전쟁에서 이길 수 있는지 하나의 공식을 보여주신 것이다. 분명한 것은 이스라엘이 스스로 자신의 문제를 위해 싸워야 한다는 점이고, 하나님께서 그러한 가운데 어떤 역할을 하시는가를 성경 저자는 보여주려고 한다. 11절 말씀처럼 모세가 손을 들면 이스라엘이 이기고 손을 내리면 아말렉이 이기는 승리의 공식은 전쟁에서 우리의 역할과 하나님의 역할에 대한 분명한 구분이 있음을 보여준다. 여기까지가 설교를 위한 기본적인 준비 과정이다.

이제 설교자는 이러한 기본적인 이해를 갖고 다양한 방법으로 설교를 전개할 수 있다. 첫째, 우리는 이기는 습관을 삶 속에서 찾아야 한다. 그런데 이기는 습관 즉, 승리 공식은 그냥 얻는 것이 아니다. 패배도 해 보고 실패도 해 보면서 승리 공식을 알아가고 찾아가는 것이다. 이스라엘은 승리 공식을 찾기 전까지 많은 시간 동안 지는 경험을 반복했을 것이다. 그러나 패배의 경험은 꼭 나쁜 것만은 아니라 이기는 습관을 위해 우리가 반드시 투자해야 할 삶의 시간이 된다. 그 가운데 승리의 공식을 발견하고 나면 더 이상 지지 않을 수 있다. 그러므로 이기려고 하기 전에 먼저 우리가 세상에서 직면하는 패배 속에서 승리 공식을 찾아가야 한다. 인생에서 만나는 실패의 자리는 하나님의 승리 공식을 찾아가는 자리이기에 실패로 인해 절망하고 낙망해서는 안 된다. 둘째, 이기는 습관을 얻기 위해서는 보이지 않는 적과 싸워야 한다. 12절에 보면 모세의 팔이 피곤했다. 승리 공식을 발견한다 해도 우리에게는 삶에 찾아오는 피곤함과 같은 보이지 않는 내부의 적이 있다. 손을 들어야 이기는 것을 알지만 하루 종일 손을 들고 있을 수 없다. 이것이 우리의 한계이다. 그래서 우리는 끊임없이 이기는 습관을 위해 자신과의 싸움을 시작해야 한다. 위대한 능력자 모세라고 피곤을 못 느껴 손을 내리지 않는 것이 아니다. 답을 안다고 늘 이기는 것이 아니다. 자신과의 싸움에서 이겨야 이기는 습관을 만들어갈 수 있다. 셋째, 함께 싸울 수 있는 믿음의 동역자들이 필요하다. 12절에서 모세가 피곤해하자 돌을 가져다가 앉게 하는 사람이 생겨났다. 아론과 훌이 모세의 손이 내려오지 않도록 함께 붙들어 주었다. 여호수아와 이스라엘 군대는 칼날로 해가 지도록 적과 싸웠다. 그들은 함께 이기는 습관을 만들었고 전쟁에서 이기게 되었다. 우리의 삶에도 승리의 공식을 만들어가는 동역자들이 필요하다. 혼자서는 불가능하다. 동역자가 필요하고 그들과 함께 이기는 습관을 만들어야 한다.

설교자는 이기는 습관에 대해 설교했다. 이기는 습관을 찾아야 하고, 이기는 습관을 유지하기 위해 보이지 않는 적인 자신과의 싸움을 해야 하고, 함께 싸울 수 있는 동역자들을 찾아야 한다. 이것은 이스라엘 백성의 출애굽 여정에 중요한 하나의 원리가 된다. 이제 그들 앞에 있는 싸움에서 끊임없이 싸워야 할 자들은 이스라엘 백성 자신들이다. 두렵고 떨리지만 하나님의 승리 공식 즉, 언약을 붙들고 달려가면 하나님께서 승리를 주신다는 것을 알게 되었다. 설교자가 청중에게 전달하려는 메시지는 하나이다. '이기는 습관을 가지라'는 것이다. 다른 내용은 다 잊어도 상관없다. 이기는 습관을 가지고 우리에게 주신 길을 걸어가야 한다. 힘든 일이 오거나 생각지 못한 싸움이 찾아올 때마다 아말렉과의 전투에서 얻은 이기는 습관을 기억하며 응용하여 싸워야 한다. 이기기 위해 자기 자신과 싸우고 동역자들과 함께 팀을 이루어 싸우면서 걸어가야 한다.

그러므로 주제 설교의 틀 안에서 이미지 설교는 주제 혹은 주제를 담고 있는 이미지에서 시작되지만, 설교의 내용은 강해 설교와 전혀 다를 바가 없다. 설교자의 역할은 주제 선정과 이미지 선택, 그리고 본문 선택까지이고, 이후로는 설교 본문이 이끄는 대로 순종하며 설교를 준비해 나가야 한다. 이것이 주제 설교 안에서의 이미지 설교 방법론이다.

CHAPTER 9.

"이미지 설교의 스펙트럼
(설교 원리)"

스펙트럼이란 빛을 프리즘에 통과시켰을 때 나타나는 여러가지 색상을 의미한다. 설교도 하나님의 말씀이라는 프리즘과 청중이라는 프리즘에 통과시켰을 때 다양한 색깔이 나타낸다. 성경 본문이 가지는 다양한 문학 양식과 내용은 읽는 자들에게 다양한 색깔로 보이게 되고, 말씀 앞에 서는 청중도 동일한 말씀을 듣지만 각자 다른 색깔의 옷을 덧입게 된다. 이미지 설교의 원리도 마찬가지이다. 다양한 장르의 본문을 설교할 때 한 가지 방법이나 원리로 설교를 하는 것은 불가능하다. 그래서 이미지 설교의 원리는 스펙트럼 방식이다. 형식이나 틀을 제한하지 않는다. 대신 강해 설교의 기본 원리에 근거하여 발견한 성경적 개념으로 이미지 설교는 다양한 색깔의 스펙트럼을 구현하게 된다. 특별히 이미지를 찾고 결합하는 방식에 따라 다음과 같은 다섯 가지 이미지 설교의 원리가 도출된다.

1. 성경 이미지 설교

이미지를 찾는 가장 쉬운 방법은 성경 안에 나오는 이미지를 활용하는 것이다. 김지찬은 "이미지는 우리를 동참시키기 위해서 사용하는 성경 저자의 가장 강력한 도구 가운데 하나"라고 보았다.[344] 성경 저자가 사용한 이미지를 통해 설교자는 성경 저자가 전달하려는 의미를 재발견할 수 있다. 그러나 지금까지 성경에 나오는 이미지들은 성경 저자가 말하려는 중심 주제와 연결되어 설교를 주도적으로 이끌어가기보다는 대지의 한 부분으로 사용되거나 무시되는 경우가 많았다. 그러나 성경 저자가 말하려고 하는 중심 주제와 연결할 수만 있다면 그 이미지들은 아주 강력한 힘을 가지게 된다. 성경 이미지는 저자가 자신의 생각을 표현하기 위해 사용한 것이기에 성경 저자의 의도와 본문의 목적을 잘 드러낼 수 있기 때문이다.

우리가 아는 것처럼 이미지는 단순하지 않고 다양한 의미를 담고 있다. 성경 저자가 어떤 이미지를 가진 단어를 사용할 때 그것을 단순한 의미로 사용하기도 했겠지만, 자신의 마음과 생각을 함축적으로 그 단어에 담아두었을 수도 있다. 그래서 성경 저자가 사용한 이미지를 통해 본문을 재조명하고 이미지 설교를 할 필요가 생기게 된다.

'휘파람'이라는 성경 속 이미지

스가랴 10:8-12에는 '휘파람'이라는 이미지가 등장한다. 그냥 흘릴 수도 있지만 휘파람이라는 단어를 통해 본문을 재조명해 보면 그것이 단순하게 스치고 지나가는 단어가 아니라는 것을 알게 된다. 이 단어는 하나님과 이스라엘 간의 관계를 나타내는 중요한 도구로 사용할 수 있고, 본문의 중심 주제라고 보기에도 전혀 손색이 없는 것이기 때문이다.

설교자는 이 본문과 이미지를 그대로 사용하여 "하나님의 휘파람"이라는 제목의 설교를 할 수 있다. 이미 설명한 것처럼 이미지 설교에서 이미지는 중심 명제와 함께 설교 전체를 이끌어 가는 중요한 역할을 한다. 그래서 '하나님의 휘파람'이라는 이미지는 설교 제목이면서도 설교 전체를 이끌어가는 중심 주제가 된다.

스가랴서는 바벨론 포로에서 돌아온 이스라엘 백성이 성전을 재건하는 과정에서 발생한 문제로 인해 공사가 멈추고 하나님과의 관계마저 단절된 이스라엘의 자화상을 보여준다. 이때 하나님의 휘파람 소리가 그들의 귀에 들려온다. 8절은 이렇게 기록한다. "내가 그들을 향하여 휘파람을 불어." 휘파람은 목자들이 양떼를 이끌 때 양과 주고받는 신호이다. 그러므로 하나님께서 휘파람을 부셨다는 것은 하나님께서 이스라엘의 목자가 되시겠다는 것을 나타내고, 관계 회복을 보여주는 것이 된다.

설교자가 휘파람을 통해 '하나님과의 관계 회복'이라는 중심 주제를 발견한 것으로 이미지의 용도가 폐기된 것이 아니라, 휘파람이라는 이미지를 중심으로 본문을 다시 재조명할 수 있다. 하나님께서는 휘파람을 통해 모으시고8절, 돌아오게 하시고9절, 돌아오게 하신다10절. 즉, 이스라엘은 목자가 부는 휘파람의 신호를 듣고 다시 목자이신 하나님께로 돌아가야 한다. 하나님의 휘파람의 의미는 자기 백성을 향한 신호이다. 어떤 자리에 있든지 돌아오라고 하나님께서 휘파람을 부시는 것이다.

또한 휘파람은 목자이신 하나님께서 이스라엘과 지금 함께 계신다는 또 하나의 표시가 된다. 목자와 양들의 거리가 멀면 휘파람을 크게 불어도 양들은 들을 수 없다. 그러나 목자의 휘파람이 들린다는 것은 그 목자가 양들과 가까운 곳에 있다는 것을 의미한다. 즉 목자이신 하나님께서 양들을 지키신다는 것이며, 양들은 그런 목자를 의지하여 견고하게 서는 것이다. 혼자라는 외로움과 두려움이 밀려올 때 휘파람을 부시며 '내가 너 가까이에 있다. 염려하지 말고 두려워하지 말라.'고 하시는 하나님의 음성을 듣게 되는 것이다.

성경 이미지 설교는 성경 저자가 말하고자 하는 내용과 본문이 강조하는 부분에서 크게 벗어나지 않고 설교할 수 있다는 장점이 있다. 때로는 성경에서 나오는 이미지가 청중에게 너무 익숙하여 식상할 수 있다. 그렇기에 본문에 대한 철저한 분석과 성경 이미지를 중심으로 본문을 연결하는 설교자의 창조적인 능력이 요구된다.

2. 이미지화 설교(Imagification Sermon)

이미지화化 설교는 가장 일반적이고 보편적인 이미지 설교의 한 방법이다. 이미지화라는 것은 말 그대로 이미지가 아니었던 것을 새로운 하나의 이미지로 만들어내는 것을 의미한다. 본문의 중심 주제와 이미지를 합쳐 이미지 언어를 만들어 내는 것이다. 영어에는 명사나 동사에 특정 어미를 붙여 형용사화하는 경우가 있다. 예를 들어 'fame'명성이라는 단어에 '-ous'를 붙이면 'famous'유명한라는 형용사가 된다. 'hide'숨기다라는 동사에 '-ous'를 붙이면 'hideous'흉측한, 끔찍한라는 형용사로 변한다. 명사의 형용사화 혹은 동사의 형용사화가 일어난 것이다. 마찬가지로 어떤 한 주제 단어에 이미지 언어가 붙음으로 그 단어가 이미지화될 수 있다.

'바벨탑'과 '비전'이라는 단어로 만드는 새로운 이미지 언어

예를 들어 창세기 11장의 바벨탑이라는 주제어에 '비전'이라는 이미지를 붙이는 순간 '바벨탑 비전'이라는 새로운 이미지 언어가 탄생하게 된다. 하나님의 비전이 아닌 세속적인 바벨탑 비전을 가지고 살던 자들이 시날 평지에 성읍과 탑을 쌓았고, 결과적으로 분열과 흩어짐, 언어의 혼잡함의 결과를 만들어 내게 되었다. 창세기 12장의 아브라함이 가졌던 하나님의 비전과 비교하면 더 분명하고 확실한 의미 전달이 가능하다.

'형통'과 '방정식'이라는 단어로 만드는 새로운 이미지 언어

창세기 39장의 요셉 이야기에서 '형통'이라는 주제어에 '방정식'이라는 이미지를 붙이는 순간 '형통 방정식'이라는 새로운 이미지 언어가 생성된다. 보디발의 집에서 종살이를 하는 요셉에게 성경은 형통한 자가 되었다고 말한다창 39:2. 또한 감옥에 들어간 죄수 요셉을 하나님께서 그를 범사에 형통하게 하셨다고 기록하고 있다창 39:23. 이것은 세상이 기대하는 형통 방정식과 다른 내용이다. 이 본문은 형통의 진정한 의미를 설명함으로 청중에게 '자리'가 형통이 아니라, 하나님께서 '함께' 하시는 것이 형통임을 알려준다.

'사명'과 '그림자'라는 단어로 만드는 새로운 이미지 언어

에스더 4장에는 에스더의 '사명'이라는 주제가 나오는데, 거기에 '그림자'라는 이미지를 합하게 되면 '그림자 사명'이라는 새로운 이미지 언어가 탄생하게 된다. 에스더는 하나님께서 자기를 왕후의 자리에 올리신 이유가 '유대인의 놓임과 구원'이라는 사명 때문이라는 것을 알지 못했다. 그러다 보니 '왕후의 자리'를 붙들고 지키는 것이 사명이라고 착각을 하게 된다. 바로 이것이 그림자 사명이다. 그림자 사명은 사명과 함께 따라오는 부산물인데 사람들은 자주 어떤 '자리'를 사명이라고 생각하고, 그 자리에서 해야 하는 사명을 놓쳐버린다. 그림자 사명은 하나님이 주시는 사명을 잃어버리고 자신에게 주어진 자리나 어떤 것들을 붙들고 살아가는 자를 향한 새로운 이미지 언어로 사용될 수 있다.

어떤 주제어에 이미지를 나타내는 단어를 가미했을 때 새로운 의미를 가진 이미지 언어가 탄생하게 된다. 특별하지 않은 이미지 단어가 단지 주제어와 결합하여 새롭고 신선한 의미를 전달하는 이미지 언어로 탈바꿈하는 것이 이미지화 설교의 중요한 특징 가운데 하나이다. 그러나 이미지화 설교에서 주의해야 할 것은, 성경이 말하는 분명한 주제어와 이미지 단어의 결합은 반드시 본문의 의미를 반영하는 것이어야 한다는 점이다. 아무리 좋은 이미지를 붙여도 성경 본문 전체의 의미를 담을 수 없다면 설교자는 과감하게 이미지 단어를 버릴 수 있어야 한다. 그래야 성경 저자가 말하려는 의도를 훼손하지 않을 수 있다.

3. 이미지 주도형 설교

이미지 주도형 설교는 이미지화 설교보다 더 이미지가 강조되는 설교의 형태이다. 이미지 주도형 설교는 본문의 중심 주제를 기반으로 한 이미지가 설교 전체를 주도하는 설교인데, 제목부터 창조적이고 새로운 이미지 언어를 사용한다는 특징이 있다. 이미지화 설교처럼 설교 제목에 중심 주제를 포함하지 않고 새로운 이미지 언어가 등장하여 설교 전체를 주도한다.

명함의 뒷면(빌 3:5-12)

예를 들어 빌립보서 3:5-12의 본문을 설교하면서 제목을 "명함의 뒷면"이라고 설교한다면 사람들은 제목에 대한 궁금증을 가지게 된다. 제목만 보아서는 본문의 내용과 연결이 되지 않는다. 그러나 설교를 통해 청중은 그 본문에 대한 새로운 이미지 언어를 가지게 된다. 이것이 이미지 주도형 설교이다.

빌립보서 3장에서 바울은 자신의 신뢰할 만한 육체를 소개한다. 이것은 그리스도를 만나기 전 그가 자랑스럽게 생각하고 사람들에게 자랑하고 싶어하던 것들이다. 그가 타고난 유대인이라는 것을 보여주는 '팔일 만에 할례를 받은 사람,' 사울 왕을 배출한 '베냐민 지파' 출신, 순수 혈통을 가진 '히브리인 중의 히브리인,' '바리새인'이라는 사회적인 신분과 학벌, 이스라엘 공동체를 온전케 하기 위한 열심으로 교회를 박해하고 '율법의 의로는 흠이 없는 자'라는 것이 그의 명함의 앞면을 화려하게 장식하던 것들이었다. 그리스도를 만나기 전까지 자신의 힘이고 자랑이었으며, 사람들에게 내밀던 명함의 앞부분이었다.

그러나 그리스도를 만난 후 바울은 자신이 자랑하고 사람들에게 보여주기 원했던 명함의 앞면을 배설물로 여긴다고 고백한다. 자신에게 유익했던 모든 것들을 다 해로 여겼다고 고백한다3:7. 그 모든 것을 버리고 얻은 것이 '그리스도'라고 고백한다3:8. 그리고는 자기 인생 명함의 뒷부분에는 이제 그분을 위해 자신이 버린 것들과 그분 안에서 발견된 자신의 모습과 은혜, 그리고 그리스도를 본받아 살아가려는 자신의 각오와 결단을 기록한다. 명함의 뒷면에 자기 자신을 자랑하고 보여주기 위한 내용이 아니라 그리스도를 자랑하고 보여주기 위한 것으로 채운다.

이 간단한 메시지는 본문과 함께 오랫동안 기억되는 이미지 언어가 된다. 명함이라는 이미지는 누구나 가지고 있지만 명함의 앞면과 뒷면의 관계에 대해서는 별로 생각하지 않는다. 그런데 명함의 앞면에 대한 설교자의 설교를 들을 때 사람들에게 '아 그렇구나'하는 긍정과 자각이 일어나게 되고, 명함의 뒷면에 어떤 것들이 채워질 것인지 궁금증을 가지게 된다. 이때 전달되는 성경의 메시지가 하나의 새로운 개념으로 마음 속에 자리잡게 된다.

브랜드 브랜딩(Brand Branding)

또 다른 예는 사무엘상 17:41-49의 다윗과 골리앗 이야기를 다루는 본문이다. 이 본문의 설교 제목을 "브랜드 브랜딩"Brand Branding이라고 할 때 청중은 이 설교가 무엇을 말하려고 하는 것인지 알기 어렵다. 이 본문은 본래 다윗의 등장을 보여주기 위한 성경 저자의 의도가 보인다. 어떻게 다윗이 세상에 두각을 나타내고 사울과 만남을 가지게 되었는지, 그리고 어떻게 이스라엘의 왕이 될 수 있었는지를 설명하는 본문이 사무엘상 17장이다. 하나님께서 다윗이라는 새로운 브랜드를 브랜딩하시는 것으로 본문을 이해할 수 있다.

브랜드 브랜딩이란 "소비자에게 상품을 이미지화하기 위해 광고, 홍보 등과 같은 방법을 통해 상품과 회사를 알리는 마케팅의 한 방법"이다.[345] 당시 주도적이던 사울이 블레셋의 골리앗이라는 브랜드에 밀려 아무 능력도 발휘하지 못하고 있을 때 하나님께서 새로운 브랜드인 다윗이라는 브랜드를 런칭하신다.

익숙한 내용이지만 이미지 주도형 설교를 통해 제목 이미지로 본문을 재해석하고, 본문을 제목의 이미지와 연결되게 대지를 트위스트하면서 설교를 재구성했다. 그 결과 뻔한 내용의 본문이지만 새롭고 창조적인 설교로 변신할 수 있었다. 물론 성경 본문의 중심 명제나 저자의 의도를 훼손하면서까지 이미지 주도형 설교를 이끌어서는 안 된다.

이미지 주도형 설교는 제목부터 새롭다. 그리고 제목부터 설교의 전체 내용이 궤적화를 이루어 하나의 이미지로 전체 흐름이 연결되기에 설교의 강조점과 전달하려는 메시지가 분명하다. 그렇기 때문에 설교의 제목을 기억하면 설교의 내용을 유추할수 있고, 기억하고, 적용하고, 주도하여 삶을 변화시키는 설교가 된다.

4. 통(通)이미지 설교

통(通)이미지 설교는 청중이 어떤 한 설교 이미지를 생각할 때 자연스럽게 떠오르는 내용과 연결해서 설교의 메시지를 구성하는 설교 방법론이다. 이미지 주도형 설교와 크게 차이가 나지 않지만 통이미지 설교에서는 이미지가 가지는 강력한 의미가 자연스럽게 본문의 내용과 맞물리기에 이미지를 생각할 때 애쓰지 않아도 설교 메시지가 자연스럽게 기억난다는 장점이 있다. 앞에서 설명한 다른 이미지 설교 방법론에서는 설교 이미지와 메시지의 연결에 조금의 시간이 필요하지만, 통이미지 설교는 이미지 자체에 청중의 인식이 형성되어 있기 때문에 설교 메시지를 기억할 때 유리하다. 그리고 이 통이미지 설교 방법론은 기존의 세상적인 이미지를 새로운 영적 이미지로 바꾸는 효과를 가진다.

썩은 사과의 법칙 (수 7:10-18)

여호수아 7:10-18의 본문을 가지고 "썩은 사과의 법칙"이라는 설교를 한다고 가정하자. 본문은 아간 한 사람의 범죄로 인해 이스라엘 공동체가 아이성 전투에서 패배하는 내용을 담고 있다. 이 본문을 읽으며 사회 현상을 나타내는 개념 중 하나인 '썩은 사과의 법칙'이 기억났다. 하나의 썩은 사과가 전체 사과 박스를 썩게 만든다는 이론이다. 하나의 썩은 사과가 전체 사과 박스를 썩게 만들듯, 한 사람이나 하나의 썩은 부분이 전체 조직을 무너뜨릴 수 있다는 것을 경고하는 메시지이다.[346] 이 법칙은 몇 가지 원칙을 포함한다. "첫째, 썩은 사과는 반드시 손실을 가져온다. 둘째, 썩은 사과는 쉽게 드러나지 않는다. 셋째, 썩은 사과는 절대 회복할 수 없다."[347]

이것은 사회적 개념으로 인지하고 있지 않아도 과일 박스를 구입해 본 사람이라면 누구나 생각할 수 있는 원칙이다. 하나의 썩은 사과가 전체 사과를 썩게 만들고, 제일 바닥에 썩고 있는 사과는 잘 드러나지 않고, 썩은 사과는 절대로 돌이킬 수 없기에 빠른 시간에 도려내야 전체 사과 박스를 살릴 수 있다.

본문에 나오는 아간의 이야기도 비슷한 내용을 가지고 있다. 썩은 사과 같은 아간 한 사람의 범죄로 전체 이스라엘이 실패를 경험한다. 그리고 그 범죄 사실은 제비 뽑기를 통해 강제로 드러나게 되었다. 그의 범죄는 하나님의 말씀에 대한 불순종이었기에 아프지만 공동체에서 도려내야 하고 제거해야 했다. 이렇게 썩은 사과의 법칙이 가지는 이미지와 본문의 내용이 충돌하지 않고 자연스러운 하나의 흐름을 가지게 된다.

〈그림 8〉 통이미지 설교 '썩은 사과의 법칙' 이미지와 설교 내용 비교

설교 이미지	설교 메시지
1. 썩은 사과는 반드시 손실을 가져온다.	1. 아간의 탐욕이 이스라엘을 패배하게 만들었다.
2. 썩은 사과는 쉽게 드러나지 않는다.	2. 아간의 범죄는 쉽게 드러나지 않았다.
3. 썩은 사과는 절대 회복할 수 없다.	3. 이스라엘은 아간이라는 썩은 사과를 도려냈다.

이렇게 설교의 이미지와 설교 메시지가 연결되어 통이미지가 될 때 설교의 전체 메시지는 더 강력하고 효과적으로 전달된다. 이것은 기본 메시지이고 여기서 본문에 대한 분석과 설교 메시지가 나

와야 하지만 청중에게 기억되는 메시지는 '썩은 사과 하나가 전체 공동체를 병들게 만들고, 또한 숨어 있는 썩은 사과와 같은 부분을 스스로 제거해야 한다'는 것이다. 설교에서는 좀 더 심층적인 메시지를 준비할 수 있다. 아간에게 탐욕이라는 썩은 사과가 발생한 이유를 분석하거나 회개하고 스스로 돌이킬 수 있는 기회를 상실한 것이 얼마나 무서운 결과로 이어졌는가를 설명할 수도, 그리고 이스라엘 공동체가 스스로 아간과 그의 가족을 향해 돌을 들어 던짐으로 썩은 사과를 도려내는 모습을 강조하여 공동체의 책임으로 설교를 마무리할 수도 있다. 썩은 사과의 법칙이라는 하나의 이미지 언어가 통으로 본문과 연결되어 청중이 삶의 자리에서 기억해 내게 될 때 자연스럽게 말씀의 적용이 일어나게 된다.

하나님의 포스트잇 (창 21:14-21)

창세기 21:14-21의 본문을 중심으로 "하나님의 포스트잇"이라는 설교를 준비한다고 가정하자. 본문은 하갈과 이스마엘이 아브라함에게서 쫓겨나 브엘세바 광야에서 고통받는 광경에 대한 기록이다. 이스마엘은 하나님께서 주도하시는 구원과 역사의 주요 인물은 아니지만 하나님께서는 실패한 인생, 아니 태어나서는 안 되는 인생을 통해 또 다른 역사의 물줄기를 이끌어 가신다는 것을 보여 준다. 저자는 본문을 창세기 22장과 비교하면서 하나님께서 아브라함과 이삭 대신 숫양을 준비하셔서 이삭을 살리신 것처럼, 목이 말라 죽어가는 하갈과 이스마엘에게 샘물을 준비하셔서 살리시는 내용을 연결한다. 역사는 하나님께서 약속하신 주류인 이삭을 통해 흘러가지만 비주류인 이스마엘도 하나님께서 버리지 않으신다는 점을 보여준다.

이 본문에서 포스트잇post-it이라는 이미지를 사용한 이유는 예전에 설교 예화에서 포스트잇이 어떻게 만들어졌는가에 대한 이야기를 읽은 적이 있기 때문이다. 포스트잇은 1970년 3M이라는 회사의 연구원이었던 스펜서 실버Spencer Silver라는 사람이 강력 접착제를 개발하려다 실수로 만들어진 물질이었다. 표면 상태를 가리지 않고 어디에나 붙는 초강력 접착제를 개발했으나 제 구실을 하지 못했다. 그것은 완전히 실패작으로써 폐기 처분되었고 잊혔다. 그러나 이 연구는 1974년에 같은 연구소 직원이었던 아서 프라이Arthur Fry에 의해 재개되었다. 교회 성가대원이던 그는 그날 부를 찬양을 종이 쪽지나 끈 같은 것들로 책갈피처럼 끼워두곤 했으나 종종 그것들이 사라져서 당황했던 경험이 있었다. 어느 날 그는 직장 동료인 실버가 개발에 실패했던 그 접착제가 기억이 났다. 그리고 그 접착제로 떼었다 붙일 수 있는 종이를 만들면 어떨지 연구하기 시작했다. 연구에 몰입한 지 3년째인 1977년 그는 메모지로도 활용 가능한 '포스트잇'을 출시하게 되었다. 처음에는 제품에 대한 인식 부족으로 시장 판매에 실패했지만 그는 좌절하지 않고 3M사 회장 비서의 이름으로 포춘이 선정한 500대 기업 비서들에게 견본품을 보낸다. 그러자 그것을 써 본 비서들의 주문이 쇄도했고, 1980년에는 미국 전역으로, 1981년에는 캐나다와 유럽 등 전 세계로 판로를 확장하게 된다. 그리고 지금까지 3M의 주력 상품으로 판매되고 있다.[348]

포스트잇의 시작은 자신들이 원했던 강력한 접착제 개발의 실패였다. 그러나 이 실패는 새로운 가치가 되었고, 새로운 브랜드가 되었다. 이런 이야기를 가진 포스트잇과 이스마엘을 연결해 볼 수 있다.

〈그림 9〉 통이미지 설교 '하나님의 포스트잇' 이미지와 설교 내용 비교

설교 이미지	설교 메시지
1. 포스트잇의 의미: 실패	1. 포스트잇 같은 이스마엘(실패한 자)
2. 포스트잇의 역할: 눈에 띄는 메모	2. 하나님의 포스트잇 - 하갈 샘물 발견
3. 포스트잇의 역할: 붙이는 것	3. 하나님의 포스트잇 - 함께하심

포스트잇은 실패에서 성공이라는 이미지 외에도, 다시 붙여서 사용할 수 있고 형광색으로 사람들의 눈에 띄는 것이라는 이미지를 가진다. 비주류의 이스마엘에게 큰 민족을 이루시게 하시겠다는 약속은 그의 인생에 새로운 전환점을 맞이한 포스트잇과 같은 모습이다. 또한 하갈은 아들에게 먹일 물을 찾기 위해 광야를 뛰어다녔지만 하나님께서 눈을 밝히시기 전까지 샘물을 발견할 수 없었다. 하나님께서 형광색 포스트잇을 붙여 놓으신 것처럼 눈을 밝히셔서 샘물을 찾게 하신 것이다. 포스트잇은 함께 있음의 의미도 가진다. 하나님께서 포스트잇처럼 이스마엘과 함께 하시자 광야에서 죽어가던 이스마엘이 광야에서 거주할 만큼 강한 자로 성장한다.

억지로 생각하지 않아도 포스트잇이 이 본문과 연결되는 순간 그것의 의미를 통해 본문의 의미를 기억하게 된다. 이러한 이미지 설교는 평상시에는 말씀과 연결되지 못할 수도 있으나, 절망스러운 현실과 비주류의 삶에 대한 회의가 밀려들 때 한 장의 포스트잇

이 그 하나님의 말씀을 끌어낼 수 있다. 그래서 하나님께서 이스마엘과 같은 자신과 함께하시고, 하갈의 눈을 밝히신 것처럼 지금의 상황 속에서 도우신다는 메시지를 얻을 수도 있게 된다.

이미지 설교에는 바로 이러한 효과가 있다. 평상시에는 잊어버린 것처럼 잘 드러나지 않지만 이미지와 연결된 말씀은 인생의 위기나 결정적인 순간에 하나님께서 사용하시는 통로가 된다. 이미지 설교의 탁월함은 이미지를 끌어당길 때 이와 관련한 성경 말씀이 함께 딸려 온다는 점이다. 특히 통이미지 설교는 이런 면에서 탁월한 효과가 있다. 기억하려고 하지 않아도 이미지에 담긴 의미가 말씀을 자연스럽게 기억나게 만든다.

그러나 통이미지 설교를 할 때 주의해야 할 것들이 있다. 첫째, 연결이 자연스러워야 한다. 전체 이미지와 설교 메시지를 하나로 연결하는 것은 쉬운 작업이 아니다. 본문에 대한 깊은 묵상과 이미지에 대한 깊은 연구가 있어야 한다. 끼어 맞추거나 맞지 않는 이미지 옷에 본문을 연결하는 것은 피해야 한다. 둘째, 통이미지 설교는 전체 설교 메시지의 연결을 전제로 한다. 그러기에 전체 이미지와 설교 메시지가 연결되지 않으면 그 이미지를 버리고 다른 이미지를 찾아야 한다. 옷이 몸을 보호하기 위해 있는 것이지 옷을 위해 몸이 존재하는 것이 아닌 것처럼, 이미지는 본문을 전달하는 도구이지 이미지가 설교의 본질이 되어서는 안 된다.

5. 실물 이미지 설교

마지막으로 이미지 설교 가운데 가장 효과적이고 실제적인 설교는 실물 이미지 설교이다. 실물 이미지 설교는 눈에 보이는 실물 이미지를 통해 설교를 진행하는 방식으로, 강단이나 무대에서 자유롭게 청중과 소통하며 설교하는 방식이다. 매주 사용할 수도 있지만 준비 시간을 고려할 때 어려움이 있어 이따금씩 온 세대가 같이 드리는 예배나 절기 예배 시 사용하면 더욱 효과적인 방법이다.

실물 이미지 설교는 강해 설교의 바탕에서 찾은 중심 주제를 실물 이미지로 전환하여 새롭게 구성하는 설교 방식이다. 청중을 고려하여 진행할 때는 주제 강해 이미지 설교의 형태를 띠기도 한다. 설교 준비와 설교를 이끌어 가는 방식은 앞서 소개한 다른 이미지 설교 방식들과 큰 차이가 없다. 대신 본문에서 말하는 중심 주제를 표현한 실물 이미지를 통해 설교가 진행된다. 이 설교 방법론에서는 설교자의 연기력과 설교를 이끌어가는 플롯이 중요하다. 설교자는 때로는 청중에서 몇 사람을 불러 대화를 통해 설교를 진행하기도 하고, 이야기 설교처럼 드라마 대본을 만들어 설교를 이끌어 가기도 한다. 모노드라마처럼 하나의 실물 이미지를 가지고 청중과 대화를 하면서 설교를 풀어 나갈 수도 있다.

실물 이미지 설교의 장점은 청중과의 소통이다. 딱딱한 강단에 서는 것보다 무대에서 청중의 눈높이에 맞추는 설교를 할 수 있다. 하나의 실물 이미지로 청중과 대화를 하면서 설교를 진행하므로 몰입도와 집중도가 증가하고 설교가 오랫동안 기억에 남게 된다.

레모네이드 인생 (눅 24:13-27)

누가복음 24:13-27을 본문으로 부활절 절기 설교를 한다고 가정하자. 제목은 "레모네이드 인생"이다. 이 설교를 위해 설교자는 무대 위에 레몬, 오렌지, 귤 등 세 가지 과일을 준비한다. 그리고 세 사람을 불러내어 세 과일 가운데 하나씩을 먹이고 포커페이스를 부탁한다. 그리고 청중에게 어떤 사람이 어떤 과일을 먹었는지 맞추게 한다. 레몬을 먹은 사람은 신맛이 아닌 달콤한 귤을 먹은 것처럼 연기하게 하고, 오렌지를 먹은 사람에게는 레몬을 먹은 것처럼 얼굴을 찌푸리며 연기를 하게 한다. 귤을 먹은 사람에게는 레몬의 맛을 표현하게 한다. 레몬은 견디기 어려운 신맛을 낸다. 너무 고통스러워서 사람들은 다시 그것을 맛보고 싶어하지 않는다.

그때 설교자는 자연스럽게 레몬을 손에 들고 레몬에 대한 설명을 한다. 레몬은 인도의 작물이고, 처음 서양 세계에 들어왔을 때 나무에 가시가 많고 독특한 모양과 신맛 때문에 인기가 없어 버려진 과일이었다. 그래서 시장에서는 상품성이 낮은 제품을 레몬에 비유하였고, 레몬은 영어에서는 속어로 '불쾌한 것, 불량품'이라는 의미를 가진다. 싸구려나 불량품, 부패, 그리고 매력 없는 여자를 비유하여 레몬이라고도 한다. 작가 빌 브라이슨Bill Bryson은 과일이 나오는 슬롯머신에서 레몬이 꽝을 의미하기 때문에 레몬이 그런 뜻을 가지게 되었다고 말하기도 한다.

설교자는 인생의 고통스러운 신맛을 경험한 두 사람의 이야기로 시작한다. 이들은 예루살렘에서 엠마오로 걸어가는 사람들이다. 주고받는 대화를 통해 이들이 예수님의 제자라는 것을 가늠할 수 있는데, 이들은 눈이 가려져 예수님과 함께 동행하는데도 주님을 알아보지 못한다. 슬픈 빛을 띠면서 고통스러운 삶을 살아가는데, 그 이유는 그들의 소망이 끊어졌기 때문이다. 그들은 예수가 이스라엘을 속량할 자가 되어주시길 바랐지만 그분은 무기력하게 십자가에서 돌아가셨다. 그래서 그들은 예수님의 죽음 즉, 세상을 속량할 메시아의 죽음으로 소망이 끊어져서 레몬 같은 인생의 신맛을 느끼며 제자가 가야 할 길이 아닌 다른 길을 걸어가고 있다.

설교자는 다시 레몬을 들고 '여기 있는 레몬도 그냥 이대로 두면 영원히 신맛을 내는 존재로 살다가 썩어질 것이다. 그러면 이 레몬은 영원히 꽝인 인생, 불량품의 인생, 신맛을 내는 인생으로 끝이 난다'고 설명한다. 그러면서 미리 준비한 주방장 모자를 쓰고, 앞치마를 두르고, 손에는 칼을 들고 요리사로 변신한다. 그리고 청중 앞에서 레몬을 칼로 자른다. 레몬이 지금과 다른 인생을 살기 위해서는 자신의 몸이 잘리는 고통과 죽음을 경험해야 하는 것을 보여주면서 새로운 삶을 위한 레몬의 변신을 소개한다.

그리고 자른 레몬을 잘 보이는 투명한 유리통에 넣고, 그 위에다가 설탕을 부어 레몬을 덮는다. 그리고 시간이 필요함을 말한다. 그리고 일주일 정도 설탕 무덤에 잠겨 있던 레몬을 보여주면서 거기에 전혀 다른 어떤 것을 넣거나 그것의 상태를 바꾸지 않았음을 말해 준다. 여기에 물과 똑같지만 이산화탄소가 녹아 있는 탄산수를 붓는다. 다시 몇 사람을 불러 내어 신맛을 내던 레몬을 맛보게 한다. 조금 전까지만 해도 신맛을 내던 레몬이었지만 설탕 무덤에 담겨 죽은 레몬은 이제 레모네이드로 변신했다. 그리고 신맛이 아닌 달콤한 맛을 내는 존재로 변했다. 레몬의 맛이 달라진 이유는 자신의 몸이 죽어서 설탕을 몸으로 받아들였기 때문이다. 레몬이 가진 본래의 신맛은 가지고 있으면서도 달콤한 맛을 내는 레모네이드로 변신하게 된 것이다.

사전적 의미로 '에이드'~ade는 "행위, 생성물, 결과, 단 음료"를 가리킨다. 레모네이드는 레몬에 어떤 행위를 행함으로 그것의 맛이 바뀌었음을 의미하는 것이다. 똑같이 레몬의 모습을 가지고 있는데 맛이 달라졌고, 먹은 사람들의 얼굴을 찌푸리고 일그러지게 한 레몬이 레모네이드로 변신하여 먹는 사람들이 기쁨과 감사로 풍성하게 했다.

설교자는 다시 성경으로 넘어가서 성경에 나오는 레몬 같은 인생을 살아가던 두 제자를 상기시킨다. 주님께서는 그들에게 26절에서 "그리스도가 이런 고난을 받고 자기의 영광에 들어가야 할 것이 아니냐"라고 말씀하신 것처럼, 그리스도께서도 그러한 신맛과 같은 고통을 경험해야 자기 영광 즉, 하나님의 영광에 들어갈 수 있다고 말씀하셨다. 지금 우리 인생이 세상이 볼 때는 레몬처럼 꽝같고 강한 신맛이 나는 것이지만, 그 고난과 죽음이라는 과정을 통해 우리는 새로운 삶을 향한 변신을 준비해야 한다. 주님께서 십자가에 죽으심으로 우리 삶에 에이드ade, 즉 어떤 행위를 해 주신 것처럼 우리 삶도 십자가에서 죽음으로, 그리고 주님의 고난을 받아들임으로 레모네이드처럼 새로운 맛을 내도록 변해야 한다. 결국 이 두 사람은 부활의 주님을 만난 후 그분의 부활을 전하는 자로 변하게 되었다. 이것이 바로 레모네이드 인생이다.

실물 이미지 설교는 이런 식으로 전개된다. 예수님의 죽음과 부활을 레몬과 레모네이드로 비유해서 설명했다. 예수님의 죽으심과 부활을 설명하기에 레몬과 레모네이드가 충분하지는 않지만 아이들이나 초신자들의 눈높이에서 이것은 주님의 죽음과 부활을 설명하기에 충분하고, 주님의 죽음과 부활을 하나의 이미지로 담기에도 나쁘지 않다. 중요한 것은 설교자의 머릿속에는 하나의 플롯plot이 전개되어야 한다는 점이다. 시작과 내용의 전개 부분, 그리고 결론까지 하나의 스토리가 구성되어야 한다. 그리고 클라이맥스에서 어떻게 청중에게 복음을 전할 것인가에 대해서도 준비해야 한다.

예를 들어 위의 설교에서 서론은 레몬을 맛본 사람들의 행동을 통해 레몬의 맛이 얼마나 신가를 사람들에게 보여주고, 레몬의 이미지와 연결된 성경에 나오는 두 제자들의 모습에서 같은 모습을 찾아낸다. 본론으로 넘어가서 설교자가 요리사로 변신하면서 새로운 메시지를 전한다는 것을 보여 주고, 레몬을 자르고, 그 위에 설탕을 부어 죽음과 무덤 같은 이미지를 연출한다. 그리고 미리 일주일간 준비한 레몬청을 탄산수와 섞어 레모네이드를 만들어 사람들에게 마시게 하여 달라진 맛을 소개한다. 결론에서는 새로운 맛 즉, 부활을 경험한 제자들의 달라진 삶처럼 우리도 레몬과 같은 인생이 레모네이드로 변화된 삶을 살아야 한다는 메시지로 설교를 마무리한다. 이후 레모네이드를 마실 때 청중은 하나님의 말씀을 떠올리고 거기에 자신의 모습을 투사하는 은혜도 경험할 수 있다. 실물 이미지 설교는 이미지의 집중력이 높아서 가장 오랫동안 기억되는 설교이다.

하나님의 깔대기 (창 41:14-16, 37-43)

이번에는 설교자가 강단에서 할 수 있는 실물 이미지 설교이다. 동선이 설교 강단을 벗어나지 않고도 가능한 설교이다. 이 설교는 창세기 41:14-16, 37-43을 본문으로 한 요셉에 대한 내용이다. 제목은 "하나님의 깔대기"이다. 당연히 요셉의 이야기를 깔대기라는 실물 이미지를 통해 보여주는 설교가 된다. 설교 전개상 본문은 요셉 이야기의 전반을 다룬다.

준비물은 1.5L 페트병, 입구가 조금 넓은 355ml 페트병파워에이드, 그리고 칼이다. 설교자는 서론에서 1.5L 페트병을 보여주면서 청중에게 질문한다. "이 것이 무슨 병bottle이라고 생각하는가?" 사람들의 대답을 통해 사람들이 어떤 존재를 생각할 때 그것에 채워진 것과 그 병에 붙은 상표 즉, 라벨로 그 존재를 생각한다는 점을 상기시켜 준다. 우리가 그것을 콜라병이라고 인식을 하는 것은 그 페트병 안에 콜라가 채워져 있고, 그 병에 '콜라'라는 라벨이 붙어 있기 때문이다.

이와 비슷하게 사람들은 자신에게 채워진 것이나 자신의 직업, 직위, 남들에게 보이는 라벨과 같은 것으로 자신이 누구인가를 결정한다. 삶에 중요한 것은 내게 채워진 것이다. 그래서 돈, 부모님의 직업이나 재력, 명예, 권세, 지식, 선함, 사랑, 건강, 관심과 칭찬과 같은 것들이 나 자신이 된다. 그래서 그것들이 삶에서 사라져 갈 때 사람들은 심각한 두려움에 빠지고, 우리의 존재도 사라질 것 같은 두려움을 느끼게 된다. 남들에게 보이는 라벨이 중요하다. 남들에게 보이는 라벨과 같은 외모, 직업, 직위, 학력, 사는 곳, 아파트 평수, 차, 명품 가방, 브랜드 옷과 같은 것들이 중요하다. 사람들은 내게 붙은 라벨을 통해 내가 누구인지 알기 때문이다.

설교자는 청중에게 질문한다. "당신에게 채워진 것은 무엇이고, 당신에게는 어떤 라벨이 붙어있는가? 그래서 당신 자신을 사람들은 어떤 존재라고 부르는가? 그리고 당신 자신은 당신에게 채워진 것과 내게 붙은 라벨을 통해 자신이 누구라고 생각하는가?" 결론부터 말하자면 우리에게 채워진 것과 우리에게 붙어 있는, 혹은 사람들이 붙여주는 세상적인 어떤 것들은 우리의 존재가 될 수 없다. 그러한 것들은 언젠가는 낡고 사라지는 것들이기 때문이다. 설교자는 계속해서 1.5L 병을 들고 설교를 진행한다. 그리고 자연스럽게 본문의 이야기로 넘어간다. 요셉에게도 어린 시절 자신에게 붙여진 것이 자신이라고 생각하며 살아가던 시절이 있었다. 아버지가 입혀준 채색옷이 그것이다. 요셉은 아버지가 입혀준 채색옷을 통해 자신이 다른 형제들과 구별되는 대단한 존재라고 생각했을 것이다. 자신에게 채워진 것과 자신에게 붙은 라벨과 같은 것으로 말이다. 그런데 그 채색옷이 형들의 손에 의해서 벗겨진다. 그리고 그는 아버지의 사랑이 더 이상 채워지지 않는 곳으로 보내진다. 자신에게 채워진 것이 사라지고 자신의 라벨과 같은 채색옷이 사라지면 '나'라는 존재는 사라지는 것인가?

이제 설교자는 들고 있던 페트병 라벨을 벗긴다. 그리고 칼로 페트병의 상단 부분을 가로로 자른다. 그리고 사람들에게 다시 묻는다. "여기 이 병의 라벨이 벗겨졌다. 이 것은 어떤 병인가?" 여전히 청중은 콜라병이라고 말할 것이다. 이 안에 있는 내용물조차 사라진다면 우리는 이 병을 콜라병이라고 부를 수 있는가? 청중은 대답하지 못할 것이다.

그때 설교자는 청중에게 잘려진 깔대기 모양의 병의 상단 모양을 들고 본론으로 들어간다. 잘린 이 병의 모양은 깔때기와 같다. 깔때기를 보면 입구는 넓고 아래는 좁게 되어 있다. 많은 것이 이 안으로 부어지지만 좁은 아랫부분으로 모든 것이 모이게 된다. 이것을 '깔때기 효과'라고 부른다. 여러 가닥으로 폭넓게 이루어지던 얘기가 마지막에는 한 가지 주제로 집약되는 것을 깔때기 효과라고 한다. 무엇을 해도 같은 결론에 이르는 것이다. 하나님께서 요셉의 채색옷을 벗기시고, 인생의 광야인 애굽땅으로 보내시고, 심지어는 성범죄자로 감옥에 보내신 모든 것이 하나님께서 그의 인생을 통해 하나의 깔대기로 세우시기 위한 훈련의 시간이었다. 세상의 어떤 것이 부어져도 오직 하나님이 결론이 되는 삶을 말한다. 즉 자신의 삶에 채워진 것이나 자신의 삶에 붙은 세상적인 라벨로 자신의 삶이 결정되는 것이 아니라, 자신의 깔대기로 세우시기 위해 인생에 다가오시는 오직 그 하나님만이 인생의 결론이 되는 것이다. 보디발의 집에서 요셉이 형통한 이유를 성경은 여호와께서 요셉과 함께 하시는 것으로 설명한다창 39:2. 요셉이 감옥에서 형통한 것도 바로 여호와께서 요셉과 함께하심 때문이다창 39:23. 요셉이 지금 이 훈련을 하고 있다는 것을 성경이 증명하고 있다.

창세기 41장에서 바로 앞에 나간 요셉은 말한다. "내가 아니라 하나님께서 바로에게 편안한 대답을 하시리이다."16절 "요셉이 바로에게 아뢰되 바로의 꿈은 하나라 하나님이 그가 하실 일을 바로에게 보이심이니이다."25절 "바로께서 꿈을 두 번 겹쳐 꾸신 것은 하나님이 이 일을 정하셨음이라. 하나님이 속히 행하시리니."32절 그의 삶에 채색옷이 벗겨지고 삶에 채워진 모든 것이 벗어지고 난 후 요셉은 '내가 아닌 하나님께서'라는 것을 알게 된다. 하나님께서 하시고, 하나님께서 보이시고, 하나님께서 정하셨고, 하나님께서 속히 행하신다는 것이다. 그의 입에서는 이제 '내가 아닌 하나님께서'가 습관처럼 터져 나왔다. 하나님의 깔때기로 준비된 것이다. 자신은 더 이상 세상의 것을 채우는 것이 아니라 흘려보내는 존재가 되었고, 세상이 붙여주는 라벨에 좌우되어 살아가지 않을 수 있는 하나님의 깔때기가 된 것이다.

결론에서 설교자는 조금 전에 자른 1.5ℓ 병의 상단 깔대기 모양을 다른 355㎖ 병에 끼우고 1.5ℓ 병에 있던 콜라를 옮겨 붓는다. 설교자는 설교를 이어간다. 하나님께서는 세상 가운데 어떤 것을 채우시기를 원하신다. 그러나 하나님을 담을 수 없는 세상은 하나님께서 부으시는 은혜와 능력을 다 주변으로 흘려버리고 만다. 그래서 하나님께서는 세상 가운데 요셉 같은 깔때기를 찾으신다. 하나님과 세상 사이에 하나님의 깔때기가 되어 헌신할 하나님의 사람들을 찾고 계신다. 이 깔대기의 역할은 흘려보내는 것이다. 자신 안에 어떤 것을 머물게 하지 않는다. 하나님은 자신이 원할 때 언제든지 세상으로 자기 능력과 은혜를 흘려보내실 하나님의 깔때기를 찾고 계신다.

요셉은 바로의 꿈 해몽을 통해 새로운 라벨을 붙이게 되었다. 애굽의 총리였고, 삶에 권세와 힘과 능력이 채워졌다. 그러나 하나님의 깔대기가 된 요셉은 이제 자신에게 채워진 것으로 자신을 과시하며 자랑하며 살아가지 않았다. 대신 자신에게 주어진 그 모든 것을 통해 하나님을 드러내는 삶을 살아갔을 것이다.

설교의 마지막에 설교자는 그 깔대기 위에 커피를 내리는 거름종이를 얹어서 이 깔대기는 커피 드리퍼처럼 세상의 불순물들을 거를 수 있는 역할도 감당하게 된다는 것을 보여준다. 또한 이 깔대기로 확성기가 되어 세상을 향해 더 크고 높은 소리로 하나님의 말씀을 세상을 향해 전할 수 있다는 것도 보여준다. 결론은 하나님의 깔때기가 되어 하나님께서 사용하시는 곳에서 세상을 변화시키라는 것이다.

"하나님의 깔때기"라는 이 설교는 간단한 플라스틱병 두 개를 가지고도 충분히 실물 이미지 설교를 할 수 있다는 것을 보여준다. 물론 스토리텔링storytelling 방식으로 이미지 설교를 전개하다 보니 정해진 본문을 넘어갈 수밖에 없다는 아쉬움이 남기도 하지만, 본문에서 핵심 아이디어와 설교의 중심 주제를 끌어내었다. 결론은 '내가 아닌 여호와께서,' 우리 인생의 결론은 '내가 아닌 하나님'이다. 그래서 우리는 그분의 통로인 깔대기의 역할을 감당해야 하는 것이다.

이와 같이 실물 이미지 설교는 다른 이미지 설교보다 이미지 집중도가 더 높다. 〈표 3〉처럼 성경 이미지 설교보다 이미지화 설교가, 이미지화 설교보다 이미지 주도형 설교가, 이미지 주도형 설교보다 통이미지 설교가, 그리고 통이미지 설교보다 실물 이미지 설교가 더 강한 이미지 집중도를 보여준다. 그만큼 청중의 기억 속에 더 오래 남는다는 결론을 얻을 수 있다.

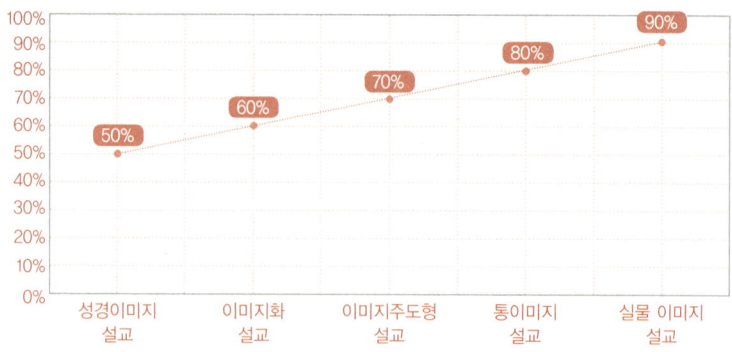

〈표 3〉 이미지 설교에 있어 이미지 집중도

CHAPTER **10.**

" 이미지 설교의 적용 원리 "

　이미지 설교는 세상 속에 널려 있는 수많은 물체와, 개념, 지식적인 정보이슈, 각종 매스 미디어 등 사람들이 익숙하게 알고 있는 개념이나 물건 등의 이미지를 통해 하나님의 말씀인 성경 본문의 핵심 메시지를 효과적으로 전달하기 위해 사용되는 설교 방법이다. 이미지 설교의 핵심은 이미지를 기억하여 삶에 적용하게 함으로 성도들의 삶의 변화를 이끌어내는 데 그 목적이 있다. 이미지 설교는 기억되고 삶에 적용되어 말씀이 삶을 주도하게 하는 설교이다. 말씀이 삶을 주도하면 자연스럽게 삶의 변화로 이어진다.

〈그림 10〉 이미지 설교 적용 원리

1단계: 기억되는 설교

① 하나의 개념의 화살만 쏘아야 기억된다

이미지 설교는 기억되는 설교이다. 설교가 기억되기 위해서는 하나의 개념의 화살만 쏘아야 효과적이다. 청중은 설교자가 쏘는 여러 가지 개념의 화살을 받을 준비가 되어 있지 않고 단순하게 정리된 하나의 개념만 기억한다. 게리 켈러Gary Keller는 「원 씽: 복잡한 세상을 이기는 단순함의 힘」*The ONE Thing: The Surprisingly Simple Truth Behind Extraordinary Results*이라는 책에서 "한 가지에 집중하라!"고 말한다.[349] 애플은 아이폰에만 집중했다. 인텔도 마이크로 프로세서에만 집중했다. 가장 중요한 하나의 가치, 하나의 아이디어에 집중할 때 우리는 청중의 삶을 변화시킬 수도 있고 세상을 바꾸어 나갈 수도 있다. 산발적으로 수많은 아이디어보다 집중된 하나의 화살을 쏘는 것이 더 효과적이다. 로빈슨도 효과적인 소통을 위해 단지 하나의 화살만 쏘아야 한다고 주장했다.[350]

② 개념을 이미지로, 이미지를 제목으로 바꾸라

이미지 설교가 기억되는 설교가 될 수 있는 이유는 청중의 마음의 과녁에 잘 박히도록 성경적 개념을 이미지로 바꾸었기 때문이다. 예수님께서 비유를 통해 천국 복음을 전파하셨듯 이미지 설교는 이미지를 통해 복음을 전한다. 예수님께서 비유를 통해 말씀하신 이유는 기억효과 때문이다. 비유는 말씀에 대한 하나의 이미지가 되어 순간 기억뿐 아니라 장기 기억에도 도움이 된다. 그래서 지금 말씀의 의미를 이해하지 못한 이들이 어느 순간 그 비유를 깨닫기도 하고 말씀을 기억해 내기도 한다. 말씀이 비유,이미지로 기억되었기 때문이다.

인간의 기억은 어떤 외부 정보를 받아들이면 그것을 부호화한다. 그리고 그것을 유지 혹은 저장하였다가 다시 그 정보를 필요에 따라 인출하는 정보 처리 과정을 거친다.[351] 마찬가지로 설교자는 정보를 이미지로 바꾸어서 처음부터 그것을 청중의 마음에 부호화한다. 그러면 그것이 기억되고, 그 기억된 이미지가 어느 순간 삶의 어떤 상황 속에서 말씀을 기억나게 하는 것이다. 개념을 이미지로 바꾸고, 그 이미지를 설교의 제목으로 노출시키는 것은 청중이 설교 말씀을 기억하도록 하는데 유익하다.

③ 이미지 기억을 위해 도구를 사용하라

이미지 설교에서 설교자는 이미지를 기억하게 하기 위해 다양한 방법을 사용할 수 있다. 이미지 언어로 눈에 보이지 않는 것을 상상하게 만드는 것이 가장 좋겠지만 때로는 눈에 보이는 어떤 도구를 사용하는 것도 효과적이다. 파워포인트나 그림, 혹은 눈에 보이는 실물 도구나 음악 등도 좋은 이미지 도구가 된다. 기억에 대한 통계를 보면 "읽은 것은 10%를 기억하고, 들은 것은 20%를 기억하고, 본 것은 30%를 기억하고, 듣고 본 것은 50%를 기억한다"고 한다.[352] 청각적으로만 듣는 것보다, 듣고 시각적으로 보는 것이 기억에 훨씬 더 도움이 된다.

④ 대지가 개념(중심 명제)의 화살을 막지 않아야 기억된다

이미지 설교의 주인공은 '대지'가 아니라 '성경적 개념'이다. 조연인 '대지'가 주인공의 자리를 위협해서는 안 된다. 청중의 기억 속에서 주인공인 성경적 개념을 중심으로 스토리가 전개될 때는 기억하고 이해하는 데 문제가 없다. 그러나 주인공이 아닌 갑자기 등장한 몇몇의 인물들(대지)을 중심으로 이야기가 복잡하게 얽히게 되면 듣는 이들은 설교자가 무슨 말을 하는지 모르겠다며 기억하는 것을 포기할 수도 있다. 그러므로 대지는 성경적 개념의 방해물이 아니라 하나의 궤적 역할을 해야 한다. 청중이 설교의 주인공인 성경적 개념을 중심으로 설교를 기억할 수 있어야 하기 때문이다.

⑤ 한 문장으로 선포된 설교만 기억된다

이미지 설교는 성경적 개념을 이미지로 바꾸어 전달하는 설교이기에 구조가 단순하다. 설교 제목만 기억하면 설교 메시지를 기억할 수 있다. 그래서 설교자는 청중에게 성경 저자가 말하려는 주제인 설교 제목과 설교자가 전하려고 하는 설교의 목적의 연결을 통해 한 문장으로 설교를 압축하는 훈련을 해야 한다. 설교가 끝났을 때 청중의 머릿속에 설교가 한 문장으로 선명하게 그려질 수 있어야 설교를 기억할 수 있다. 그 한 문장의 설교에서 다양한 말씀의 내용을 끌어낼 수 있다. 그래서 설교자는 청중에게 단지 한 문장만 기억하도록 설교해야 하고, 청중은 설교 제목과 설교의 내용을 연결하여 한 문장으로 말씀을 정리하는 연습을 해야 한다.

⑥ 기존의 이미지에 새로운 이미지를 입혀야 기억된다

설교는 "기존에 가지고 있던 이미지를 새로운 이미지로 대체하거나 혹은 새로운 이미지를 만드는 작업"이라고 김운용은 말했다.[353] 설교는 청중이 가지고 있는 수많은 이미지에 새로운 말씀의 이미지를 입히는 작업이다. 이전의 이미지가 기억나지 않고 새로운 이미지로 태어나도록 만드는 것이다. 이미지 설교는 단순히 어떤 정보를 기억하기 좋게 전하는 것으로 끝내지 않고 청중의 이전 기억의 이미지를 재창조하는 역할을 한다.

광고를 보아도 마찬가지이다. 오늘날 광고는 단순히 물건을 홍보하고 직접적으로 설명하지 않는다. 사람들의 욕구와 사고에 새로운 광고 이미지를 심어 주어 자신들의 물건을 판매하려고 한다. 보드리야르Jean Baudrillard가 말하는 것처럼 사람들은 소비를 통해 자신의 욕구를 드러낸다. 그렇기에 사람들에게 상품을 팔려고 하기보다 상품에 부여된 이미지를 팔아야 한다. 코카콜라는 거품이 있는 검은 액체를 파는 것이 아니라 그것의 기호학적 가치인 '젊음'을 판다. 빨래를 하는 기계인 세탁기를 파는 것이 아니라 주부들에게 '행복과 위세'라는 기호학적 가치를 파는 것이다.[354] 다시 말해 광고는 상품을 직접적으로 광고하지 않고 그 상품이 주는 이미지를 보여주어 소비자들의 욕구를 충동한다. 그래서 기존의 이미지에 새로운 이미지를 입히는 작업은 중요하다.

설교도 청중의 마음 속에 이미지를 심어야 한다. 새로운 말씀을 통해 이미지를 심을 수도 있지만, 기존에 가지고 있던 이미지에 새로운 의미를 입힘으로 이미지를 재창조하는 것이 필요하다. 이미지 설교는 이러한 이미지의 재창조를 통해 하나님의 말씀을 기억하게 한다.

2단계: 적용되는 설교

이미지 설교는 기억되어 삶에 적용되는 설교이다. 적용이란 "배운 진리를 개인의 믿음, 인격, 삶과 연관시키는 일"이다.[355] 삶의 여러 상황에서 하나님의 말씀을 떠올리는 것이다. 말씀과 삶의 어울림을 의미한다. 아무리 잘 기억된 말씀이라도 삶과 연결되지 않는다면 의미가 없다.

우리가 잘 아는 바리새인들과 서기관들의 문제는, 그들에게 말씀에 대한 해석과 기억은 있었지만 삶에 적용이 없었다는 것이다.[356] 그들은 메시아가 어디에서 탄생하는가에 대한 율법적인 지식과 기억은 가지고 있었지만 달려가서 확인하는 적용의 삶이 부족했다마 2:4-6. 그들에게 있는 지식과 기억은 자기 과시와 자기 만족이었다. 그래서 그 말씀을 자기에게 적용하기보다 다른 사람에게 적용하려고 하는 율법적인 모습이 나타났다.

이미지 설교는 말씀을 기억나게 만들어 삶과 말씀의 연결을 시도한다. 적용하는 설교를 위해 "주말묵 훈련"은 아주 유용한 도구인데, "주일 말씀 묵상 훈련"의 약자이다. 많은 그리스도인들이 큐티나 성경 공부의 내용을 묵상하며 살아가지만 본질적으로 묵상해야 하는 것은 주일 말씀이다. 주일 설교 말씀은 하나님께서 지교회支教會에 세우신 설교자를 통해 주시는 하나님의 말씀이다. 하나님께서 세우신 설교자를 통해 지교회를 향해 말씀하시는 하나님의 메시지가 있다. 그래서 청중은 한 주간 교회를 통해 주신 공적인 메시지를 개인의 삶에서 묵상하며 살아가야 한다. 삶에서 만나는 여러 문제들과 상황 속에서 말씀을 기억하여 삶에 적용해야 한다. 이것이 바로 주말묵 훈련이다. 주말묵 훈련은 크게 세 가지, 자기 발견, 자기 갱신, 그리고 자기 반성으로 구성된다.

① 자기 발견

주일 말씀을 통해 자신의 실제 모습을 들여다보는 것이다. 또한 하나님께서 말씀을 통해 지금 나 자신에게 지적하시는 모습을 찾아야 한다. 자기 발견은 날카로운 송곳처럼 자신의 문제와 죄악의 모습을 주저함없이 찔러야 한다. 자기 발견은 하나님의 뜻과 다른 자신의 현재 모습을 발견하는 거울이다. 그래서 자기 발견을 할 때는 다음과 같은 방식으로 자신의 모습을 찾아 기록한다. '_____한(인) 나.' 예를 들어, 밖으로는 온유한 척하지만 속에는 분노하고 있는 나, 남들에게 나를 과시하기 위해 혈안이 되어 있는 나, 다른 사람을 무시하고 함부로 대하고 있는 나, 겸손하지 못하고 자랑하는 것을 좋아하는 나 등 하나님의 말씀을 통해 발견한 나 자신의 모습이다. 그리고 여기에 '왜?'라는 질문을 적어도 3-5번까지 던져 보아야 한다. 예를 들어 '겸손하지 못하고 자랑하는 것을 좋아하는 나'를 1차적으로 발견했다면 질문을 던진다. '왜 그렇게 자랑하려고 하는가?' 여기에 대한 대답으로 '사람들에게 인정받고 싶은 욕망'이라는 답을 얻으면 다시 질문하라. '왜 사람들에게 인정받으려고 하는가?' 이런 질문들을 통해 우리는 자신의 진짜 모습을 발견하게 된다. 부모님께 인정받지 못한 채로 자라다보니 사람들에게 인정받고 싶은 욕구가 생긴 것이다. 그래서 누군가의 인정이나 칭찬 앞에 자신의 모든 것을 걸게 된 것이다. 이러한 자신의 진짜 모습은 처음부터 드러나지 않는다. '왜?'라는 질문을 반복할 때 자신의 진짜 모습이 드러난다. 자신의 진짜 모습을 발견하게 되면 그 다음 자기 갱신의 단계로 나가야 한다.

② 자기 갱신

주일 말씀을 통해 발견한 자신의 모습으로 어떻게 하루 동안 하나님이 원하시는 삶으로 바꾸어 나갈지 실천적인 방법을 찾는 것이다. 자기 갱신은 삶의 변화를 위한 선전 포고이다. 세상이나 다른 사람들에게 휘둘리던 인생이 이제는 하나님의 말씀으로 자기 삶을 주도하겠다고 결단하는 것이다. 어떻게 자신의 삶을 갱신할 것인지 다음과 같이 구체적인 방법을 생각해 볼 수 있다.

'먼저 사람들에게 인정받고 싶은 욕구를 내려놓기 위해 기도하자. 또한 어린 시절 자신을 인정해 주지 않은 부모에 미움과 원망하는 마음을 내려놓기 위해 5분 정도 기도하자. 그리고 사람의 인정을 받기 위해 살기보다 오늘 하루 하나님의 인정을 받기 위해 노력하자. 하나님께 인정받는 삶은 하나님의 뜻을 행하는 것이다. 나를 향한 하나님의 뜻이 무엇인가를 만나는 여러 가지 상황에서 반드시 묻고 행동하자. 마지막으로 이러한 모습이 대물림되지 않도록 오늘 집에 가서 아이들이 하는 행동이나 말에 칭찬과 인정의 말을 반드시 한 번 이상 하자.'

자기 갱신에서도 '어떻게?'로 계속적인 질문을 던지는 것이 좋다. 하나님의 인정을 받기 위해 어떻게 해야 하는가? 이어서 어떻게 해야 하는지 물어가다 보면 구체적이고도 실제적인 방법을 찾게 된다. 자기 갱신은 반드시 실천 가능하고, 측정 가능하며, 구체적인 것일수록 좋다.

③ 자기 반성

하루를 마무리하는 시간에 삶을 돌아보며 자신이 결단했던 삶을 제대로 살았는가를 평가하는 시간이다. 자기 반성에는 갱신 방안대로 행동했을 때 느낀 기쁨과 은혜에 대해, 혹은 결단한 대로 살지 못한 이유와 그에 대한 자신의 감정을 솔직하게 표현하고 정리함이 있어야 한다. 자기 반성은 말씀을 통해 자신을 다시 한 번 비추어 보면서 삶을 조명하는 시간이다. 말씀대로 살아간 자신을 칭찬하고, 혹시 그러지 못했다면 자신의 삶의 문제가 무엇인지 찾아내어 그런 삶을 반복하지 않기 위해 결단해야 한다.

주일 말씀에 대한 묵상 훈련인 "주말묵"을 통해 청중은 첫째, 자신의 실제 모습을 발견하게 되고, 둘째, 말씀을 삶에 연결하여 스스로 말씀이 주도하는 변화된 삶을 걸어가게 되며, 셋째, 말씀이 주도하여 하나님과 맞물린 인생을 살게 된다.

주말묵 노트 작성 요령

첫째, 주일낮 설교 말씀은 반드시 적는다. 말씀을 들을 때 말씀에 대한 요약도 해야 하지만 하나님이 이 설교를 통해 나에게 무슨 말씀을 하고 계시는지도 함께 질문해야 한다.

둘째, **자기 발견을 하라.** 가능하면 주중에 매일 묵상할 기본적인 자기 발견 포인트를 주일에 한꺼번에 정리하여 적어 놓는다. 하루나 이틀에 하나씩 더 깊이 '왜?'라는 질문을 던지면서 진짜 나의 모습을 찾아간다. 이때 반드시 철저하게 말씀에 근거해서 이 과정을 수행해야 한다. 그리고 생각만 하지 말고 반드시 글로 적는다. 생각 속에 있는 것들을 글로 구체화해야 자신을 발견할 수 있다.

셋째, **자기 갱신 방법을 찾아라.** 자기 갱신은 자기 발견에 기초해야 하고, 자신의 삶을 변화시키고 하나님의 말씀 안에 거하기 위해 개인적, 구체적, 실천 가능한 것으로 이룰 수 있다. 가능하면 하루가 시작되기 전인 아침이나 새벽에 오늘을 어떻게 살지 결심하고 노트에 적는다.

넷째, **자기 반성을 하라.** 자기 반성은 하루가 끝나는 시간, 잠자리에 들기 전에 하루의 삶을 돌아보며 수행한다. 하나님의 뜻 안에서 살았는지, 갱신 방안대로 실천했는지 물으면서 반성하고 자신의 삶을 평가한다.

〈표 4〉 주말묵 노트 샘플

말씀 적용 노트		제목		본문		일자	
말씀 요약							
			자기 발견		자기 갱신		자기 반성
이미지 거울 (발견)	월	①					
	화	②					
말씀 거울 (포인트)	수	①					
	목	②					
튜닝 자화상 거울 (기대치)	금	①					
	토	②					

주말묵 노트 세부 사항

▶ **이미지 거울**: 이미지 거울은 설교자가 사용하는 이미지나 설교의 주제, 혹은 설교의 목적을 통해 적용하는 것이다. 열왕기하 5:8-19의 엘리사와 나아만 장군의 이야기를 주제로 설교 제목을 "열정 온도"라고 정해 보자. 여기에서 다음과 같은 적용 질문들이 나올 수 있다. 나는 과연 열정 온도기인가? 아니

면 열정 온도 조절기인가? 혹은 나의 열정 온도는 지금 몇 도나 되는가? 여기서 '왜?'라는 질문을 할 때 진짜 자신의 모습을 발견할 수 있다.

▸ **말씀 거울**: 말씀 거울은 설교에서 강조한 핵심 포인트 즉, 대지를 중심으로 구체적인 적용을 하는 훈련이다. 예를 들어 설교의 대지로 나왔던 부분이 '열정의 플러스와 마이너스'이다. 나아만이 어린 소녀의 말 한마디에 열정을 플러스해서 환자의 몸으로 아람에서 사마리아까지, 그리고 왕의 마음을 움직여 국서도 받아냈고 많은 물질까지 준비했다. 자신 속에 생겨난 믿음과 소망이 열정 온도를 상승시켰기 때문이다. 그러나 먼 길을 걸어 사마리아에 도착한 그에게 선지자 엘리사가 요단강에 가서 몸을 일곱 번 씻으라고 하자 그는 분노하여 돌아가려고 했다. 자신을 향한 선지자의 태도가 마음에 들지 않았고, 엘리사의 치료 방법이 자신이 생각한 것과 달랐기 때문이다. 열정의 마이너스는 나아만의 자존심과 고정 관념이었다. 이런 대지를 통해 말씀을 이해했으면 우리는 대지를 통해 질문을 던질 수 있다. 나의 열정의 플러스와 마이너스는 무엇인가? 왜 그것이 나의 열정의 플러스와 마이너스가 되는가? 나의 열정을 마이너스시키는 자존심은 무엇인가? 이같은 물음들을 통해 자신의 진짜 모습을 발견할 수 있다.

▸ **튜닝 자화상 거울**: 튜닝 자화상 거울은 말씀대로 살았을 때 내

가 기대하는 나의 변화된 모습 즉, 나를 향한 하나님의 기대치를 상상해 보는 시간이다. 내가 말씀대로 살았을 때 기대되는 모습을 찾아보는 것이다. 이 과정에서는 기대치만 설정하는 것이 아니라 정말 그렇게 살아가려는 구체적인 행동 결단을 불러와야 한다. 자화상을 그리는 훈련이 우리 삶을 변하게 하는 시작이다. 예수 믿는 사람들은 소망을 가지고 자화상을 그리는 훈련을 해야 한다. "열정 온도"라는 설교에서 자기 발견 질문은 '내가 열정 온도 조절기가 되었을 때 회사와 가정에서 나는 어떤 모습으로 살아가게 될까?'라는 구체적인 물음으로 이어지는 것이다.

그리고 자신으로 인해 사람들이 행복해하고 변하는 모습을 상상해 본다. 그리고 그러한 일이 이루어지기 위해 어떠한 자기 갱신이 일어나야 하는지 질문한다. 앞에 이미지 거울과 말씀 거울에서 적용했던 부분과 중복되어도 상관없다. 여전히 삶이 완전히 변하지 못했기 때문이다.

이미지 설교는 주말묵 훈련을 통해 말씀을 삶 속에서 기억하고 적용할 수 있다. 물론 주말묵 훈련은 적용을 넘어 말씀이 주도하는 삶으로까지 나가지만, 말씀이 한 주간의 삶에 영향을 미치도록 하는 것은 설교자가 성도들을 위해 해야 할 사후 봉사이다.

3단계: 삶을 주도하는 설교

이미지 설교는 기억되어 삶과 연결되는 것으로 끝나지 않고, 주어진 실제의 삶에서 하나님의 말씀으로 삶을 주도한다. 말씀이 우리의 삶을 주도하여 변화로 나가게 만든다. 이미지 설교가 이러한 행동의 변화와 관련성이 있을까? 실제로 광고 이미지는 소비자들의 구매 욕구를 자극하여 사람들의 행동 욕구에 영향을 미친다고 한다. 기업이나 판매자는 광고로 사람들의 구매 욕구를 자극하기 위해 해마다 엄청난 예산을 쏟아 붓는다. 1925년 심리학자 스트롱 Edward K. Strong은 "광고의 효과가 주의, 흥미, 욕구, 행동의 순서로 발전한다"고 말했다. 어떤 상품 혹은 브랜드를 소비자들에게 인식시키고 이해시켜 흥미를 유발하면 상품 구매를 위한 욕구와 행동이 일어난다는 것이다.[357] 광고를 통해 판매자가 원하는 것은, 사람들에게 기본적인 인식과 지식을 공급하여 호감이 생기게 하고 제품에 대한 확신으로 이끌어가는 것이다. 제품에 대한 확신은 구매로 이어지게 되는데 이것이 래비지와 스타이너 Lavidge & Steiner가 말하는 "광고 효과의 위계 모형"hierarchy of effect model이다.[358]

이미지 설교도 마찬가지로 청중에게 주의와 흥미, 그리고 말씀에 대한 호감과 확신을 줌으로써 행동으로 이어지게 하는 효과를 기대할 수 있다. 광고와 같은 구매 효과는 아니지만 설교가 기억되고 삶에 적용되어 행동의 변화의 단계로까지 충분히 나가도록 할 수 있다.

앞서 간략하게 언급한 바와 같이 아담스는 적용application에 대해 좀 더 부가적인 설명을 한다. "만일 당신이 상처 부위에 압박을 가한다면apply 출혈을 그치게 하기 위해 상처 부위에 힘을 가하는 것이다. 만일 당신이 때묻은 벽에 페인트를 바른다면application 벽에 페인트를 발라 달라붙게 함으로써 벽의 모습에 영향을 끼치는 것이다.

당신이 응용applied 과학을 사용하게 되면 어떤 이론을 여러 가지 유용한 방식으로 일상 생활에서 변화를 이끌어 낼 수 있다."[359]

아담스가 말하려고 하는 것은, 적용이란 벽이 더럽다는 것을 보고 지나치는 것이 아니라 페인트를 손에 들고 행동으로 벽에 영향을 미치는 행동이다. 그것이 서툴고 부자연스러운 결과를 가져올 수 있지만, 분명한 것은 행동이 벽에 실제적인 변화를 일으킨다는 것이다. 더러워진 벽에 페인트칠이라는 행동이 가해질 때 벽의 색깔이 변하는 결과가 나타난다. 설교를 통해 기대하는 결과는 이와 같다. 이미지 설교는 말씀이 삶을 주도하게 하고 삶의 변화의 단계로 나가게 만든다.

4단계: 삶을 변화시키는 설교

존 오트버그John Ortberg는 "설교의 핵심 가치는 사람들의 삶을 변화시키는 데 있다"고 말한다. 리차드의 강해 설교의 정의에서 나타나듯이 설교는 "경건한 삶을 추구할 수 있도록 지성을 깨우치며, 가슴에 호소하여 삶을 변화시킬 목적을 가져야 한다."[360] 설교자는 설교를 통해 청중의 지·정·의의 변화를 꿈꾸어야 한다. 설교의 최종 목표는 변화이다. 사람들의 무지함을 깨우치는 지적인 변화, 감정적으로 가슴에 호소하는 감정적 변화, 그리고 의지적으로 삶을 변화시키는 의지적 변화까지 기대하며 설교해야 한다.

그러나 많은 설교자들이 설교로는 청중의 마음이 변하지 않는다고 단정짓는다. 한 편의 설교로 사람이 갑작스레 바뀌지 않을 수도 있지만, 그리스도인의 변화는 점진적으로 나타나기도 한다. 매주 하나님의 말씀을 들으면서 청중은 자신도 모르는 사이에 그들의 말과 행동에 변화를 가져오고 사고 방식에 새 옷을 입게 된다. 그러므로 설교를 통해서 사람들이 변하지 않는다는 성급한 일반화의 오류를 범해서는 안 된다.

열 가지 적용 원리

양승헌은 「크리스천 티칭」이라는 책에서 삶을 변화시키는 열 가지 가르침의 원리를 소개한다. 설교 현장에 적용하면 다음과 같다.[361]

설교 전에

① 엄마의 원리loving care: 영혼을 향한 성도들의 사랑의 마음은 설교자가 가장 먼저 점검해야 할 부분이다. 진정으로 사람들을 변화시키는 설교는 설교자의 가슴에서 시작되어야 한다.

② 엿의 원리main idea: 모든 엿은 그 재료들을 끓여 졸여 놓은 것이다. 이처럼 설교자는 내용을 정확하고 핵심적으로 졸이려는 결단을 해야 한다. 설교 원고를 보지 않고 핵심을 말할 수 있을 만큼 본질이 충분히 졸여지지 않은 설교는 청중을 삶의 변화로 이끌 수 없다. 자신에게도 정리되지 않은 설교를 어떻게 남들에게 정리된 말로 전할 수 있는가?

설교를 시작할 때

③ 마술사의 원리unexpectedness: 마술사는 항상 사람들에게 기대감

을 가지게 한다. 그들은 뻔한 이야기나 예측 가능한 행동을 하지 않는다. 설교도 사람들의 호기심을 사로잡는 마술사처럼 시작해야 한다.

④ **낚시의 원리**attraction: 설교는 마술사의 눈속임으로 끝나서는 안 된다. 청중의 마음과 필요를 채우기 위해 설교자는 말씀 연구에 목숨을 걸고 청중이 물 만한 미끼를 준비해야 한다. 물론 설교자가 하는 낚시질은 청중을 죽이기 위한 것이 아니라 살리기 위한 것이다. 그렇기에 청중의 필요와 문제를 정확하게 보고 미끼를 준비해야 한다.

설교 중에

⑤ **술래잡기의 원리**participation: 술래잡기를 혼자 한다고 상상해 보라. 아무 재미가 없을 것이다. 설교도 마찬가지이다. 설교자 혼자 설교를 한다면 청중은 그것에 참여하거나 흥미를 가지지 못할 것이다. 그러므로 설교자는 청중이 설교에 참여할 수 있도록 설계하고, 유도하고, 준비하고, 그것을 실행해야 한다. 예상할 수 있는 내용이 아니라, 청중과 술래잡기를 하듯이 서로 간에 상호 작용을 만들어야 한다.

⑥ **물음표의 원리**stimulation: 물음표를 수직으로 180도 돌리면 갈고리로 변한다. 설교는 갈고리처럼 청중의 마음을 자극할 수 있어야 한다. 설교자가 청중의 마음과 지성에 끊임없이 자극을 주어야 그들이 흥미와 관심을 가지고 설교에 집중하게 된다.

⑦ **연날리기의 원리**flexibility: 연날리기에서 가장 중요한 것은 바람

이다. '청중'이라는 연을 '설교'라는 줄로 하늘 높이 날리는 데 변수는 바람이다. 바람이 없으면 연은 하늘 높이 날 수 없다. 실을 감고 푸는 것도 중요하다. 바람을 이용하고, 실을 감고 푸는 기술을 통해 연을 하늘 높이 올리는 것처럼 청중으로 하여금 하늘 높은 곳에서 새로운 변화를 경험하게 만드는 기회를 만들어야 한다.

설교 마무리에

⑧ **작살의 원리**adhesion: 작살의 끝에는 화살처럼 갈고리가 달려 있다. 작살 끝에 화살 같은 갈고리가 달린 이유는 작살이 물고기의 살을 파고 들어간 후 빠져나오지 않게 하기 위함이다. 설교도 마찬가지이다. 청중이 설교를 잊지 않도록 작살의 원리를 적용해야 한다. 목수가 못을 박은 후 한 번 더 망치질을 하듯 중심 명제가 청중의 마음 속에 남아 있을 수 있도록 계속해서 설교를 한 문장으로 만들거나 전체 내용을 간단하게 정리해야 한다.

⑨ **연고의 원리**application: 상처가 나면 연고를 바르듯이 설교 후에는 반드시 적용이라는 연고를 발라야 한다. 청중이 삶에서 말씀을 구체적으로 실천할 수 있도록 적용 과제를 내 주어야 한다.

설교 후에

⑩ **멘토의 원리**accountability: 설교 시간이 끝났다고 설교가 끝이 난

것이 아니다. 설교자는 사랑과 책임을 감당해야 한다. 이 두 단어를 합한 '어카운터빌러티'accountability는 의무와 책임으로 엮인 '리스판서빌러티'responsibility와 다른 개념이다. 부모는 효도받기 위해 자녀들에게 투자하지 않는다. 그들은 사랑 때문에 스스로 짐을 즐겁게 지는 것이며, 이것이 멘토의 원리이다. 멘토는 누군가를 세우기 위해 사랑의 책임을 감사함으로 감당하는 사람이다.

이상과 같이 양승헌은 사람을 변화시키는 가르침 즉, 설교에 대해 소개한다. 그런데 이 원리는 이미지 설교의 핵심 원리와 거의 모든 부분이 맞물려 있다. 이미지 설교도 청중을 변화시키기 위해 이러한 원리 위에 서 있다. 한 번의 설교로 끝나지 않고, 청중이 제대로 말씀을 들고 세상을 달려가고 있는가를 확인하기 위해 말씀의 배턴 터치를 한다. 설교자는 말씀을 들고 달리는 이어달리기 계주의 첫 주자이다. 그리고 설교 말씀을 받아 세상 속으로 달려가는 청중의 삶에 관심을 가지고 도와주는 사람이다.

성령과의 컬래버레이션(Collaboration)

청중의 변화는 설교자의 노력만으로는 충분하지 못하다. 성령의 도우심이 반드시 있어야 한다. 설교자의 화려한 미사여구로는 절대 청중의 삶을 변화시킬 수 없다. 성령께서 역사하셔야만 설교가 능력 있게 쓰임받을 수 있다. 앞서 말한 것처럼 설교자가 설교라는 줄에 청중이라는 연을 하늘로 올리려고 할 때 성령이라는 바람이 있어야 한다. 이런 의미에서 청중의 변화는 설교자의 잘 준비된 설교와 성령의 컬래버레이션을 통해 이루어지는 영적 사역이다.

존 낙스John Knox는 "참된 설교는 처음부터 끝까지 성령의 역사"라고 말했다.[362] 성령을 배제하는 순간 우리의 설교는 플러그를 뺀 가전 제품처럼 그 기능을 멈추고 말 것이다. 그리피스 토마스W. H. Griffith Thomas는 말하기를 "기독교에서 절대 분리할 수 없는 세 가지가 있는데 첫째, 권능을 가진 성령님, 둘째, 메시지를 전달하는 하나님의 말씀, 그리고 셋째, 도구로 쓰임받는 하나님의 사람이다."[363]

말씀 준비 과정부터 성령의 조명이 필요하다. '석의'라는 말은 영어로 'exegesis'인데, 이는 '의미를 끌어내다'라는 뜻을 가진다. 본문의 원래적 의미를 밝힌다는 것이다.[364] 기록된지 수천 년이 지난 오늘날 본문의 의미를 정확하게 이해한다는 것은 불가능한 일이다. 그래서 성경을 석의하고 연구하는 과정 가운데 성령의 조명이 필요하다. 정장복은 "한 편의 설교가 준비되어 선포되기까지 설교자는 먼저 성령을 통해 진리의 말씀과의 만남을 가져야 하고, 말씀 안에 숨겨진 영적인 진리를 밝히 드러내야 한다"고 말한다.[365] 류응렬도 "설교 준비에 있어서 성령의 조명을 받지 않고는 하나님의 깊은 마음을 알 수 없으며, 오직 성령의 조명이 있을 때만 하나님의 말씀을 바르게 깨달을 수 있다"고 말했다.[366] 설교 준비 과정은 목회자 자신과의 싸움이며, 성령의 조명 하에 서 있어야 하는 시간이다. 특히 이미지 설교는 기존 성경 석의 과정 이후 이미지 언어와의 연결까지 수행해야 하기 때문에 더욱 힘들다. 성령의 조명 없이는 이 고독한 작업을 마무리할 수 없다.

말씀 선포 과정에서도 성령의 능력이 필요하다. 로이드 존스는 "성령의 능력이 함께하는 설교야말로 설교자가 강단에서 담대함을 가지고 명확한 메시지를 자신 있게 선포할 수 있고, 실제적인 능력을 일으킬 수 있는 원동력"이라고 믿었다.[367] 성령의 조명으로 준비한 설교가 성령의 능력으로 강단에서 선포될 때 청중의 삶을 강력하게 변화시킨다. 또한 로이드 존스는 성령의 능력으로 행해지는 설교의 강점을 '자유로움'으로 표현하면서, "설교를 준비하는 동안에 조명하셨던 성령께서는 설교자가 설교를 전하는 순간에도 설교를 준비할 때 보지 못했던 것들을 볼 수 있도록 눈을 열어 주신다"고 말했다.[368] 설교자는 준비 과정부터 설교를 하는 순간까지 성령을 의지하고, 그분께 이 모든 과정을 맡기는 결단을 해야 한다. 준비한 원고에 매이지 말고 성령 안에서 자유하고, 성령의 도우심을 구하며 겸손하게 성령의 사역을 감당해야 한다.

청중의 삶의 변화를 위해서도 성령의 역사를 기대해야 한다. 설교는 말씀의 선포로 끝나지 않고 청중의 결단과 변화의 동기를 제공한다. 여기에는 반드시 성령께서 역사해야 한다는 전제가 깔려 있다. 성령께서는 하나님의 말씀이 청중의 귀에 들리게 하시고, 말씀이 그들의 마음에 도전을 가지게 하며, 각자 회개의 자리로 나가게 하신다. 또한 말씀을 기억나게 하셔서 삶의 중요한 순간 말씀대로 살아가도록 하시고, 그것을 통해 그들의 삶에 변화를 경험하게 하신다.

조나단 에드워즈Jonathan Edwards는 "사람들의 신앙과 감정은 어떤 교훈이나 지성에 주어진 빛으로 시작되지만 그 감정을 일으킨 빛이 영적인 것에 근거하지 않았다면 그 감정은 결코 은혜로운 것이 아니다"라고 말했다.[369] 그의 말은 청중의 마음에 설교라는 빛이 비추어도 성령의 역사가 아니면 그것은 옳지 않다는 뜻이다. 즉 설교자의 설교만으로는 청중을 변화시킬 수 없고, 성령께서 함께 하셔야만 청중의 삶에 변화를 이끌어낼 수 있다. 어떤 설교에도 성령은 역사하시지만 이미지 설교는 성령께서 역사하시기 더 좋은 환경을 청중에게 부여한다. 청중의 마음에 어떤 빛이 시작되려면 일단 말씀이 들려야 하는데, 이미지 설교는 그것을 위한 중요한 역할을 하기 때문이다.

이상과 같이 이미지 설교는 '말씀의 기·적·주·변'이라는 네 가지 적용원리를 가진다. 기억되어야 적용되고, 적용되어야 말씀이 삶을 주도하게 되고, 말씀이 삶을 주도해야 청중의 삶에 지·정·의의 변화가 시작된다. 아무리 잘 준비된 설교라도 성령의 조명과 능력, 그리고 역사하심이 일어나지 않는다면 이미지 설교도 하나의 일반적인 설교가 되고 말 것이다. 그러므로 이미지 설교를 할 때에 설교자는 늘 성령의 조명과 능력, 그리고 역사하심을 구하며 준비하고 적용해야 한다.

CHAPTER 11.

이미지 설교 방법으로 설교하기

1. 성경 이미지 설교의 실제

설교 제목   하나님의 휘파람
설교 본문   스가랴 10:8-12

 유치원에 처음 들어간 꼬마가 쉬가 마렵자 선생님께 다급한 얼굴로 말했습니다.
 "어 … 어 … 선생님, 저 오줌 쌀 것 같아요!"
 그러자 평소 아이들의 교양에 신경을 많이 쓰던 원장 선생님께서 말씀하십니다.
 "꼬마 신사가 그런 저속한 말을 쓰면 안 되죠, 숙녀들 앞에서.."
 "그럼 어떻게 말해요?"

그러자 원장 선생님은 그 꼬마에게 천천히 말씀하셨습니다.

"그땐 '휘파람 불고 싶어요'라고 하세요!"

그렇게 아이는 소변이 마려울 때 어떻게 말해야 하는지 배우게 되었습니다. 그날 밤 꼬마는 잠을 자다가 갑자기 오줌이 마렵자 옆에 자고 있던 아빠를 흔들어 깨웠습니다.

"아빠, 나 휘파람 불고 싶어요!"

"으응? 휘파람? 너 밤에 휘파람 불면 뱀 나온다, 그냥 자!"

"아이 … 아빠 그래도 급하단 말이야 … ."

그러자 아빠는 몹시 졸린 표정으로 이렇게 말했습니다.

"그래, 그럼 아빠 귀에다 살짝 불어!"

그날 밤 그 집에 무슨 사건이 벌어졌을까요? 여러분의 상상에 맡깁니다.

깨어진 관계

여러분은 어떤 때 휘파람을 부십니까? 기분 좋은 일이 있을 때 휘파람을 부실 겁니다. 그러나 오늘 본문 8절에 나오는 휘파람의 의미는 그런 것이 아닌 것 같습니다. 스가랴서는 우상 숭배와 죄악으로 바벨론의 포로가 된 이스라엘 백성이 하나님의 은혜로 예루살렘에 돌아온 것과, 성전 재건 공사를 시작했지만 여러 가지 방해로 성전 건축 사역이 멈추어 버린 것을 소개하고 있습니다. 이것은 또다시 하나님과의 관계에 문제가 생겼다는 것을 보여줍니다. 물론 이스라엘이 멸망하고 포로가 된 것 자체가 하나님과의 관계가 무너진 것을 보여주는 것입니다. 이스라엘 백성은 하나님의 은혜로 다시 자신들의 땅으로 돌아와 무너진 관계를 회복하기 위해 성전 건축을 시작할 수 있었는데, 여러 가지 현실적인 문제로 성전 건축이 멈추어 버리고 만 것입니다. 이 모습은 하나님과의 관계가 경색되어 버린 그들의 자화상을 보여주는 것과 같습니다.

하나님의 휘파람: 새로운 관계

바로 그때 하나님의 휘파람 소리가 들립니다. 8절은 이렇게 기록합니다. "내가 그들을 향하여 휘파람을 불어." 일반적으로 휘파람은 목자들이 양떼를 이끌고 갈 때 사용하는 방법입니다. 그러므로 하나님께서 그들에게 휘파람을 부셨다는 것은 그분이 자신의 백성과 '목자와 양'의 관계를 맺으실 것을 상징적으로 말씀하시는 것입니다. 하나님과의 관계가 깨져서 고통받고, 유리하고, 멸망한 그들에게 하나님께서는 휘파람을 통해 '나는 너희들의 목자'라고 말씀해 주시는 것입니다.

오늘 하나님께서 우리를 향해서도 휘파람을 부시면서 우리의 목자가 되시고 우리가 그분의 양이 되는 새로운 관계를 제안하십니다. 중요한 것은 시편 23편 말씀처럼 여호와를 우리의 목자로 삼는 결단이 필요하다는 것입니다. 이 말은 우리에게 다른 목자가 없다는 것을 의미합니다. 이스라엘 백성의 가장 큰 문제는 하나님께서 그들의 목자이심은 틀림없지만 그들이 하나님 외에 다른 목자들도 따랐다는 것입니다. 구약에서 하나님이 자기 백성들에게 원하신 것은 단 한 가지입니다. 유일신 사상입니다. 다른 목자들을 따르지 말고 오직 하나님 한 분만을 인생의 목자로 삼고 살아가라는 것입니다.

우리 인생에도 우리를 따라오라고 하는 수많은 목자들이 있습니다. 이스라엘 백성들에게는 바알과 아세라와 같은 생활에 꼭 필요한 신들이 그들의 또 다른 목자들이었습니다. 오늘날은 바알과 같은 돈이나, 아세라와 같은 쾌락이 우리의 또 다른 목자가 되어서 삶을 풍성하고 넉넉하고 신나게 살아갈 수 있는 방법을 소개해 준다고 유혹합니다. 그러나 성경은 말합니다. "여호와는 나의 목자시니 내게 부족함이 없으리로다."시 23:1 이 말씀의 의미는 여호와 하나님 한 분만으로도 우리의 삶은 부족하지 않다는 것입니다. 부족하지 않다는 말은 하나님의 충분한 은혜를 의미합니다. 이것이 우리가 하나님과 새롭게 만들어가야 할 관계입니다. 이전에도 하나님께서 우리의 목자이셨음은 틀림없습니다. 그러나 하나님의 휘파람을 통해 우리는 이제 목자는 하나님 한 분 밖에 없고, 하나님의 휘파람 소리만 듣겠다는 결단으로 하나님 앞에 서야 합니다.

하나님의 휘파람: 하나님의 신호

하나님께서 휘파람을 부신다는 것은 우리와의 새로운 관계를 세워주심을 의미하는 것이지만, 거기에는 또 다른 의미가 하나 더 있습니다. 휘파람은 목자가 양들에게 신호를 보내기 위해 부는 것입니다. 오늘 본문에도 하나님께서 휘파람을 부시는 목적은 자신의 백성들을 모으시기 위함입니다8절. 자신의 백성들을 돌아오게 하시기 위함입니다9절. 애굽에서 돌아오게 하시고, 앗수르로 떠나간 백성들을 다시 모으며, 길르앗과 레바논으로 그들을 이끌어 가시기 위해 하나님께서 휘파람을 부시는 것입니다10절. 즉 하나님의 휘파람은 하나님과 우리와의 사인이며 약속된 메시지라는 것을 발견할 수 있습니다.

어느 날 길을 지나가는데 아주 작고 귀여운 개 한 마리가 있었습니다. 그 개가 저를 보더니 꼬리를 흔들며 따라왔습니다. 제가 뛰면 따라 뛰고, 걸으면 따라 걸었습니다. 처음 보는데도 제가 그렇게 좋은지 계속 따라오기에 저도 그 개에 관심이 가졌습니다. 그런데 그때 어디선가 휘파람 소리가 들렸습니다. 그러자 개가 쏜살같이 달려갑니다. 주위를 둘러보니 멀리서 산책 나온 아저씨 한 분이 휘파람을 불고 있었습니다. 그 개는 잠시 저에게 관심을 보이고 마치 저를 좋아해서 저와 같이 갈 것처럼 행동했지만, 그 개의 귀는 주인의 휘파람 소리에 집중하고 있었던 것입니다. 주인이 불었던 휘파람은 '돌아오라'는 신호였습니다. 그 개는 그 휘파람이 어떤 의미인지 알고 있었고, 그 소리에 집중했습니다. 주인이 부는 휘파람에 그 개는 자신이 원해서 가고 있던 길에서 돌아서서 다시 주인 앞으로 달려갔습니다.

오늘 우리도 이 개와 같이 하나님의 휘파람에 집중해야 합니다. 하나님께서 부시는 휘파람이 어떤 의미인지 알아야 합니다. 출애굽 당시 이스라엘 백성은 제사장들이 부는 나팔 소리를 듣고 신호로 삼았습니다. 나팔을 두 번 불면 온 회중이 회막문 앞으로 모여야 했습니다. 한 번만 불면 지도자들이 모였습니다. 크게 부는 것과 작게 부는 것에 다른 의미가 있었습니다. 이처럼 하나님의 휘파람에도 의미가 있기에 우리는 하나님의 사인을 기억하고 우리를 향해 부시는 휘파람의 의미를 분별해야 합니다.

먼저, 가장 기본적인 하나님의 휘파람의 의미는 가던 길에서 멈추고 다시 돌아오라는 것입니다. 말씀드린 것처럼 8-10절까지의 말씀의 의미는 가던 길에서 멈추고 돌아오라는 것입니다. 그러나 가던 길에서 하나님의 휘파람 소리를 듣고 돌아서는 것이 쉽지 않습니다.

유럽의 왕들이 타는 말을 선발하는 과정을 TV에서 중계한 적이 있습니다. 사우디아라비아에서 종자가 좋은 말들을 선발하여 훈련시켰습니다. 마지막 훈련은 어떤 상황에서도 조련사들이 호각을 불면 그 자리에 멈추어 서는 것입니다. 조련사들은 이렇게 훈련한 말들을 삼 일 동안 사막으로 내보냅니다. 말들이 기진맥진할 때까지 두었다가 다시 물 있는 곳으로 불러들입니다. 그러면 목이 마른 말들은 정신없이 물가로 달려갑니다. 하지만 조련사들은 말들이 물을 마시기 바로 직전에 야속하게도 호각을 불어 버립니다. 말들은 평소 그 소리에 모든 행동을 멈추도록 훈련받았지만 그 순간만큼은 훈련받은 대로 하지 못합니다. 그러나 그 와중에도 몇 마리는 제자리에 멈추어 섭니다. 그러면 조련사들은 그 말들에게 낙인을 찍습니다. '왕을 섬기기에 합당한 말!'이라고 말입니다.

우리의 삶에도 우리를 부르는 달콤한 우상들이 너무 많이 있습니다. 그러나 우리는 하나님의 휘파람 소리에 모든 것을 멈추고 하나님께로 달려올 수 있어야 합니다. 지금 하는 일이 아무리 중요해도, 지금 하고 있는 일이 아무리 재미있어도 우리는 하나님의 휘파람 소리에 귀를 기울이고 그분의 사인에 집중해야 합니다. 그리고 하나님께로 돌아와야 합니다.

독일에서 내려오는 전설에 기반한 "피리부는 사나이"라는 동화가 있습니다. 독일의 작은 도시 하멜른은 멋진 곳이었지만 쥐가 많아 골치였습니다. 쥐들은 음식을 축낼 뿐 아니라 사람들을 공격하고 소음을 만들어 냈습니다. 시민들은 시장에게 쥐를 없애 달라고 항의했지만 쉬운 일이 아니었습니다. 그러던 어느 날 초췌한 차림의 낯선 남자가 마법 피리를 가지고 하멜른을 방문했습니다. 그는 시장에게 도시의 쥐들을 모두 없애 줄테니 금화 천 냥을 달라고 요구했습니다. 시장은 그 남자의 제안을 받아들입니다. 이 사나이가 마법 피리를 불자 도시 곳곳에 숨어 있던 쥐들이 모두 피리 부는 사나이를 뒤따르기 시작했고, 피리 부는 사나이는 쥐들을 끌고 강가로 가서 모두 물에 빠뜨립니다. 문제가 해결되자 시장은 약속한 돈의 일부만 준 채 이 사나이를 내쫓아 버립니다. 하지만 얼마 후 피리 부는 사나이는 다시 하멜른에 나타나 피리를 불었고, 이번에는 도시의 아이들이 하나 둘 모여들기 시작했습니다. 이 사나이는 130명의 아이들을 데리고 도시를 떠나 외딴 동굴로 들어갔는데, 그 후 마을 사람들은 피리 부는 사나이와 아이들을 다시 볼 수 없었다는 이야기입니다.

이 동화는 약속을 지키지 않는 사람들에게 꼭 약속을 지켜야 한다는 교훈을 주는 동화인 것 같지만, 어른이 되어 보면 끔찍한

아동 유괴 사건 이야기입니다. 그러나 제가 이 피리 부는 사나이의 동화를 통해 말씀드리려는 것은 유괴사건이나 약속에 대한 이야기가 아니라, 따라가서는 안 되는 소리에 매혹되어 따라간 아이들에 대한 것입니다. 아이들은 자신들의 귀를 매혹하는 그 피리 소리를 따라가면 안 되는 것이었습니다. 그 소리는 생명과 구원의 소리가 아니었기 때문입니다. 그 소리는 자신을 사랑하는 부모님들이 부르는 소리도 아니었기 때문입니다. 그 피리 소리에 때로는 쥐들도, 때로는 아이들도 따라갔습니다. 이 낯선 사람의 마술 피리는 자신이 원하는 이들을 따르게 할 수 있는 마력을 가지고 있었습니다. 마찬가지입니다. 세상도 끊임없이 우리를 향해 마술 피리를 불어 댑니다. 그 소리 때문에 우리는 하나님의 휘파람 소리를 듣지 못하고 매력적이고 자극적인 그 마술 피리 소리를 따라 걸어가는 것입니다.

성도 여러분! 우리는 하나님의 휘파람 소리를 분별할 수 있어야 합니다. 세상의 그 아무리 매력적인 피리 소리에도 우리 마음과 삶을 빼앗겨서는 안 됩니다. 요한복음 10:3-5에는 "양은 그의 음성을 듣나니 그가 자기 양의 이름을 각각 불러 인도하여 내느니라. 자기 양을 다 내놓은 후에 앞서 가면 양들이 그의 음성을 아는 고로 따라오되 타인의 음성은 알지 못하는 고로 타인을 따르지 아니하고 도리어 도망하느니라."고 했습니다.

양은 목자의 음성을 분별해야 합니다. 양은 목자의 음성을 알아야 합니다. 그래야 그 음성만 따라갈 수 있습니다. 그 음성을 통해 하나님의 메시지를 들을 수 있습니다. 그러기 위해 영적 주파수를 하나님께만 맞추어야 합니다. 삶을 단순하게 만들어야 합니다. 수많은 복잡하고 자극적인 소리에 귀를 닫으십시오. 늘 우리의 귀를 하나님께 열어 두고 하나님께 향해야 합니다.

하나님의 휘파람: 임마누엘의 사인sign

하나님의 휘파람 소리는 또 다른 의미 하나를 더합니다. 하나님의 휘파람은 목자이신 하나님께서 지금 우리와 함께 계신다는 사인입니다. 우리 가까운 곳에 계신다는 것을 의미합니다. 그렇기에 우리에게 그 소리가 들리는 것입니다. 그것을 잊지 마십시오. 나 혼자라는 생각에 외로움과 두려움이 밀려올 때 우리를 향해 지금도 휘파람을 부심으로 '내가 너와 함께 있단다,' '내가 너의 가까운 곳에 있단다'고 말씀하시는 하나님의 음성을 들으셔야 합니다.

미국 캘리포니아에서 장미꽃을 재배하던 한 농부가 있었습니다. 그는 자기 집 안팎에 비닐하우스를 만들어 아름다운 빨간, 노랑, 하양, 분홍 장미꽃을 재배했습니다. 그 농부는 집 안에서도 휘파람, 집 밖에서도 휘파람을 불면서 열심히 일했습니다. 어느 날 새로운 이웃이 이사를 왔습니다. 그 이웃은 농부가 휘파람을 계속 불어대는 것이 너무 궁금해서 이유를 물어보았습니다.

"왜 당신은 그렇게 휘파람을 계속 불고 있습니까?"

그러자 그 농부는 그 이웃에게 잠시 자신의 집안으로 들어와 보라고 했습니다. 그 이웃이 그곳에 들어가 보니 그 농부의 부인이 앉아 있었는데, 그녀는 앞을 보지 못하는 소경이었습니다. 그리고 장미꽃을 키우는 농부가 말했습니다.

"제가 항상 휘파람을 부는 이유는 제가 아내와 가까운 곳에 있다는 것을 알려주기 위함입니다. 그래야 아내가 제가 자신과 함께 있다는 것을 알고 안도감을 느끼니까요."

마찬가지로 하나님께서도 항상 우리와 함께하심을 보이시기 위해 여러 방법으로 휘파람을 불고 계십니다. 본문 12절처럼 "내가 그들로 나 여호와를 의지하여 견고하게 하리라"고 말씀하십니다. 우리가 세상의 고난의 바다를 지나도 두려워하지 않고 견고하게 하시기 위해 하나님은 지금도 우리를 위해 휘파람을 불고 계시는 것입니다.

하나님을 향해 휘파람을 불어라

이제 우리가 해야 할 일이 하나 있습니다. 우리도 휘파람을 불어야 한다는 것입니다. 하나님이 주신 메시지를 들었다는 응답의 휘파람입니다. 하나님과 새로운 관계를 세워 나가겠다는 결심의 휘파람입니다. 또한 하나님께서 우리 가까이 계신다는 것을 믿고 즐거움으로 부는 휘파람입니다.

우리가 지금까지는 기분이 좋거나 신나는 일이 있을 때 휘파람을 불었다면, 이제는 실패하고, 낙담하고, 힘들고, 아프며 외로울 때도 휘파람을 불어야 합니다. 그 휘파람은 하나님께서 우리의 고난 가운데도 함께하신다는 것을 드러내는 우리의 믿음의 고백이 되기 때문입니다. 그 휘파람은 우리가 하나님을 부르는 사인, 하나님께 드리는 우리의 간절한 메시지이기 때문입니다.

이것은 세상 사람들에게 하나님과 함께 살아가는 하나님의 사람들이 어떻게 살아가는가를 보여주는 중요한 모습이 되는 것입니다. 누가 보아도 절망적인 고난의 바다를 건너가고 있음에도 하나님의 사람들이 절망과 낙담을 하는 것이 아니라 휘파람을 불고 있다는 것은, 그들에게 우리가 믿고 있는 것이 무엇이며 우리가 무엇을 신뢰하는 사람들인지 보이는 증명이 될 것입니다.

작은 앵무새 한 마리가 아주 힘든 날을 보냈습니다. 그 상황은 앵무새 주인이 진공 청소기로 새장을 청소하면서 시작되었습니다. 주인이 청소를 하고 있을 때 전화벨이 울렸습니다. 전화를 받고 난 후 새장 안을 보니 앵무새가 사라진 것을 알았습니다. 공황 상태에 빠진 새 주인은 진공 청소기의 먼지 백을 열어 보았더니 거기에 앵무새가 먼지 속에서 숨을 헐떡거리고 있었습니다. 그녀는 곧 욕조로 가서 수돗물로 앵무새를 닦았습니다. 그러자 앵무새는 찬 물에 젖어서 벌벌 떨게 되었습니다. 안타까웠던 주인은 다시 드라이기로 앵무새를 말렸습니다. 뜨거운 바람 앞에 죽을 것 같은 고통이 찾아왔습니다. 그날 앵무새는 종일 정신이 없었습니다. 먼지 구덩이, 차가운 물, 그리고 뜨거운 바람으로 인해 그는 공황 상태에 이르렀습니다. 그 일이 있은 후 앵무새는 거의 노래를 부르지 않고 멍하니 천장을 응시하며 지냈다고 합니다.

살다 보면 그 앵무새와 같은 상황에 처할 때가 있습니다. 그러나 그때 우리는 하나님을 향해 휘파람을 불기 시작해야 합니다. 하나님을 향해 부는 우리의 휘파람은 하나님을 향한 신뢰의 사인이며, 세상을 향해서도 하나님께서 우리와 함께 계신다는 것을 보여주는 중요한 의미가 됩니다.

말씀을 정리합니다. 하나님의 휘파람으로 우리 신분이 다시 회복되었습니다. 하나님께서는 휘파람으로 우리에게 자신의 메시지를 전달하셨습니다. 이제 우리가 해야 할 일은 하던 일을 멈추고 하나님께로 달려가는 것입니다. 하나님의 휘파람 소리를 듣고 돌아서야 합니다. 세상의 매력적인 피리 소리 때문에 하나님의 휘파람을 놓칠 때가 있습니다. 그러나 우리는 늘 하나님의 소리에 집중하고 하나님께 주파수를 맞추어야 합니다. 하나님의 휘파람 소리는 하나님께서 지금 나와 함께 계신다는 신호입니다. 우리도 하나님과 세상 앞에 휘파람을 불어야 합니다. 고난 가운데서도, 절망과 좌절이 찾아오고 고난의 강물이 밀려와도 하나님께서 함께 계시기 때문에 우리는 휘파람을 불 수 있어야 합니다. 휘파람을 분다는 것은 '이 정도는 괜찮다'는 것입니다. '문제 없다'는 것입니다. '겁나지 않는다'는 것입니다. 그것은 우리가 하나님이 우리와 함께 계신다는 것을 믿는다는 표시이기 때문입니다. 하나님의 휘파람을 듣고 우리도 휘파람으로 하나님을 의지하고 견고하게 섰다는 신호를 하나님께 드리는 하나님의 사람들이 되시기를 축원합니다.

설교 분석

이 설교는 2018년 2월 대조제일교회에서 장년들을 대상으로 한 설교이다. 성경 이미지를 중심으로 설교하게 될 때의 장점은 성경 이미지가 가지는 강력함을 그대로 전달할 수 있다는 것이다. 또한 본문에서 그 이미지가 다른 부분들과 연결 고리가 되기에 훨씬 깊이 있고 잘 준비된 설교가 될 수 있다.

스가랴 10:2에서 성경 저자는 '목자가 없으므로 유리하는 양'의 이야기를 통해 이미 목자와 양에 대한 관계에 대해 소개했다. 10장 후반부에 나오는 '휘파람'이라는 단어도 유다 사회에서 목자와 양의 관계에서 사용하는 신호로 하나님과의 새로운 관계에 대한 복선이 된다. 그리고 설교자는 휘파람과 관련된 단어인 '모은다'돌아오게 한다를 돌아오게 하시는 하나님의 휘파람 소리로 이해했다. 또한 하나님께서 이스라엘로 하여금 여호와를 의지하여 견고하게 하신다12절는 부분을 통해 하나님의 휘파람이 들린다는 것은 목자이신 하나님께서 가까운 곳에 계신다는 것을 의미하고, 그것은 이스라엘 백성이 여호와를 의지하여 견고하게 세워지는 기회가 되는 것이라고 설교하였다.

성경에서 제시하는 이미지 단어를 통해 저자의 의도와 본문 내용을 연결하려고 애쓴 흔적이 보이는 설교이다. 중요한 것은 '휘파람'이라는 하나의 이미지를 통해 청중은 이제부터 하나님을 떠올리게 된다는 점이다. 설교를 한 문장으로 정리하면 "하나님의 휘파람 소리를 듣는다면 우리도 하나님을 향해 휘파람을 불자"가 될 수 있다. 이 문장에 설교의 모든 내용이 담겨 있다. 한 문장으로 청중은 하나님의 휘파람의 의미를 찾고 우리가 하나님께 불어야 하는 휘파람의 의미를 발견하게 될 것이다.

2. 이미지화 설교의 실제

설교 제목　　순종 기말고사
설교 본문　　사무엘상 15:1-16

　한 학교에서 기말시험을 쳤습니다. 주관식 문제가 출제되었습니다. '빼어난 미모의 여자를 가리키는 한자 성어를 쓰시오.' 정답은 '절세가인'입니다. 시험이 끝나고 국어 시간에 선생님이 들어오셔서 말씀하셨습니다. "이 반에는 주관식 문제의 답을 이상하게 쓴 사람들이 있더군." "야, 철수 일어나 봐. '절대미녀'가 뭐냐?"며 선생님이 핀잔을 주었습니다. 아이들이 킥킥대며 웃기 시작했습니다. 이어 선생님이 다른 학생을 부르며 말합니다. "철수 넌 그래도 낫다. 야! 영수 일어나 봐. 넌 답이 이게 뭐냐, 쭉쭉빵빵? 이것도 고사성어냐?" 그리고 선생님 하시는 한 마디 말에 모두가 쓰러졌습니다. "이 놈은 죽죽방방竹竹方方이라고 썼다."

　이제 다음 주면 대학 입학을 위한 수능 시험이 실시됩니다. 많은 학생들이 긴장하며 시험을 준비하고 있을 것입니다. 시험은 애들에게나 어른에게나 두렵고 힘든 것임에 틀림없습니다.

　때로는 하늘에 심겨진 하나님의 사람인 우리에게도 하나님께서 주시는 시험이 있습니다. 여러 시험 가운데 하나님께서 반드시 우리에게 요구하시는 필수 과목 시험이 있는데, 그것은 바로 '순종' 시험입니다. 이 시험은 하나님과의 관계와 직결되기 때문에 이 시험을 통과하느냐 낙제하느냐는 하나님의 사람들의 삶에 아주 중요한 영향을 미치게 됩니다.

순종의 중간/기말고사

본문에 등장하는 사울은 이미 순종 중간고사를 치렀고, 지금은 기말고사가 진행되고 있습니다. 사무엘상 11장을 보면 블레셋의 공격 앞에 사무엘을 기다려야 하는 사울에게 하나님의 순종 중간고사 시험이 있었습니다. 그러나 그는 사무엘을 기다리지 못했고, 제사장만이 할 수 있는 번제를 드림으로 하나님께 불순종하는 모습을 드러냅니다. 그러자 하나님께서는 그의 불순종에 대해 강력하게 책망하시면서 그의 나라가 길지 못할 것이며, 그를 대신하여 자기 마음에 맞는 사람을 세우시겠다며 그에게 낙제점인 F 학점을 주셨습니다. 세월은 흘러 20년 이상의 시간이 지나갔습니다. 그리고 오늘 본문인 15장에 사무엘이 20년 이상의 공백을 깨고 하나님의 기말고사 시험 문제를 들고 다시 사울을 찾아오게 됩니다. 문제는 '아말렉을 진멸하라'는 것이었습니다.

하나님과 사울의 다른 평가

재미있는 것은, 시험을 치고 난 이후 사울과 하나님의 평가가 달랐다는 것입니다. 사울은 시험을 치고 난 이후 아주 만족하고 기뻐했습니다. 13절을 보십시오. 사울이 사무엘을 만났을 때 "내가 여호와의 명령을 행하였나이다"라며 자신 있게 하나님의 말씀에 순종하였다 말하고, 높은 점수를 받을 것이라는 기대감을 드러내었습니다. 그런데 하나님께서는 그의 성적을 매시기면서 11절에서 "그가 돌이켜서 나를 따르지 아니하며 내 명령을 행하지 아니하였음이니라"라고 말씀하시고, 26절에서는 그를 버려 왕이 되지 못하게 하신다며 또 다시 F 학점을 주셨습니다. 사울은 시험을 잘 쳤다고 A 학점을 기대하고 있었는데 왜 하나님께서는 F 학점을 주셨을까요? 어디에서 문제가 생긴 것일까요?

우리도 스스로 신앙 생활이나 순종 생활을 A 학점이라고 생각하고 하나님의 칭찬과 은혜의 선물을 기대하지만, 하나님께서는 우리에게 '너는 F 학점이야'라고 말씀하실 때가 있습니다. 사울은 순종했다고 자신 있게 사무엘 앞에 섰으나 하나님께서는 사울이 순종하지 않았다고 말씀하십니다. 어떤 일이 일어난 것일까요?

사울의 낙제 이유

오늘 본문은 순종 기말고사에서 사울의 낙제 이유를 말씀하고 있습니다.

<u>첫째, 출제자의 의도를 제대로 파악하지 못했습니다.</u> 하나님께서 사울에게 요구하신 순종에는 문제 출제자인 하나님의 의도가 드러나고 있었습니다. 그것은 2절 말씀처럼 출애굽 당시 이스라엘에게 행한 일에 대한 심판의 목적으로 아멜렉을 진멸하시는 것이었습니다. 하나님께서는 자신을 세상 가운데 보이시려고 사울에게 이 전쟁을 명하신 것입니다. 맹목적으로 아말렉과 싸우라고 하신 것이 아니라 자기 백성에게 악을 행했던 아말렉의 행위에 대한 심판을 사울을 통해 하기 원하신 것입니다. 하나님께서는 자기 백성에게 행한 아말렉의 악행을 하나님 자신에게 행

한 행동으로 받아들이셨기 때문입니다. 하나님의 명예를 훼손한 아말렉에 대한 온전한 징계야말로 하나님의 명예를 회복하고 하나님의 공의를 세상에 드러내는 방법이라고 생각하신 것입니다. 그래서 하나님께서는 사울에게 그들을 완전히 진멸하라는 시험 문제를 내신 것입니다.

여기서 나오는 '진멸'이라는 단어는 히브리어로 '헤렘'이라는 단어인데 '완전히 파괴한다'는 의미를 가집니다. 구약 성경에서 28차례 등장하는 이 단어는 하나님의 공의를 만족시키고 하나님께 영광을 돌릴 목적으로 부정한 것을 제거하는 것을 의미합니다. 그러므로 하나님의 뜻에 의해서 헤렘 즉, 진멸의 대상으로 지목된 것은 절대 다른 용도로 사용될 수 없습니다. 살아있는 것은 모두 죽이고 그 밖의 것들은 불로 태워야 했습니다. 그들을 진멸하는 것은 군사적 행위라기보다는 하나님을 향한 종교적, 제의적인 의미를 갖는다고 보는 것이 맞습니다. 하나님께서는 아말렉을 진멸하심으로 자신의 권위를 다시 회복하고 자기 백성의 명예를 회복하기를 원하셨습니다.

그러나 사울은 하나님의 출제 의도를 잘못 파악합니다. 그도 처음에는 하나님의 비전 때문에 시작했을 것입니다만, 그 일을 하다 보니 숨어 있던 자신의 의도가 드러나기 시작했습니다. 그가 아말렉을 진멸하는 것은 하나님을 위해서 하는 것이 아니었습니다. 사울은 그 일을 통해 자신의 왕권을 강화하고 자신의 업적을 모든 사람들에게 과시하기 위한 새로운 비전을 가지게 되었습니다. 그래서 그가 전쟁에서 승리하고 난 이후, 12절 말씀처럼 가장 먼저 갈멜에 가서 자기를 위하여 기념비를 세웠습니다. 자신을 과시하고 싶었던 것입니다.

　사울은 생각했을 것입니다. '문제만 풀면 되지 출제자의 의도 같은 것은 중요한가?' 하고 말입니다. 그래서 그는 출제자의 의도와는 상관없이 '자신을 위한 순종'을 선택했습니다. 이러한 사울의 순종이 위험한 것은 자신에게 유익이 없으면 순종하지 않을 수 있다는 점입니다. 하나님의 목적을 위해 시작한 일을 통해 자신의 목적을 채워나가는 순종을 하게 되면 늘 자신은 하나님께 순종하고 있다는 착각 속에 살아가면서 실제로는 순종하지 않는 결과를 보입니다. 그래서 사울처럼 "내가 당신의 명령을 행했습니다"라고 말할 수 있게 되는 것입니다.

　'분열'이라는 뜻을 가진 'division'이라는 영어 단어가 있습니다. 이 단어는 'di'라는 접두어와 'vision'이라는 단어의 합성어로서 두 부분으로 나누어집니다. 'di'는 '둘'이라는 뜻이고 '비전'vision은 말 그대로 비전입니다. 그런데 분열이란 '비전이 두 개가 되는 것'입니다. 비전이 두 개이기에 우리의 삶이 분열되는 것입니다. 하나님의 비전과 나의 비전, 이 두 개를 가지게 되면 우리의 마음은 분열되고 맙니다. 그러면 하나님의 비전과 의도에 온전히 순종할 수 없습니다. 더 큰 문제는 비전 두 개가 함께 있기 때문에 우리가 착각할 수 있다는 것입니다. 나는 하나님의 비전을 가지고 있고 하나님께 순종하고 있다고 생각합니다. 실제로는 자신의 비전과 유익을 위해 그 일을 감당하면서 말입니다.

　사울은 하나님의 말씀에 순종할 의사도 있었고, 실제로 순종도 했습니다. 그런데 그 순종은 하나님의 비전이 아니라 자신의 비전과 목적을 이루기 위한 것이 되었습니다. 자신의 목적을 이루기 위해서는 아말렉의 왕 아각을 살려 두어야 했습니다. 그래야 자신이 얼마나 대단한 사람인지 백성들에게 보여줄 수 있고, 진정한 승리자임을 과시할 수 있기 때문입니다. 또한 그는 백성들이 아각의 양과 소의 살찐 것과 기름진 것을 살려두는 것을 반대하지 않았습니다. 전쟁을 통해 얻는 풍부하고 기름진 전리품들을 백성에게 공급함으로 자신의 왕권을 견고하게 하여 백성의 칭송을 받는 것이 하나님의 비전보다 중요했기 때문입니다. 문제 출제자이신 하나님의 의도를 제대로 발견하지 못하면, 아니 그 출제자의 의도를 우리의 비전으로 막아버리면 우리는 순종할 수 없고 낙제라는 결과를 얻는다는 것을 잊지 말아야 합니다.

둘째, 정답을 타협했기 때문입니다. 3절에서 하나님의 명령은 "지금 가서 아말렉을 쳐서 그들의 모든 소유를 남기지 말고 진멸하라"는 것이었습니다. 그러나 9절에서 사울과 백성은 가장 좋은 것 또는 기름진 것을 남기고 진멸하려 하지 않았습니다. 하나님께서 요구하신 것과 달리 사울과 백성들이 써 내려간 답은 '남기고 진멸하지' 않는 것이었습니다. 여기에 문제가 있습니다. 사울과 백성들이 하나님께서 원하시는 정답을 몰랐던 것이 아니었습니다. 그들은 답을 알고 있었지만 정답을 답안지에 쓰고 싶지 않았던 것입니다. 그 답을 달가워하지 않았습니다. 그러고 싶은 마음이 들지 않았습니다. 하나님께서 원하시는 정답은 그들의 입장에서는 틀린 답이었기 때문입니다.

사울과 백성에게 정답은 기름지고 살찐 전리품들을 얻고 적의 왕을 사로잡아 세상 앞에 과시하는 것이었습니다. 하나님 말씀대로 순종하면 자신들에게 남는 것이 아무것도 없게 됩니다. 전쟁은 이겼는데 폼도 안 나고 남는 것도 없습니다. 하나님께서 원하시는 정답을 답안지에 쓸 수가 없었습니다. 그래서 적당하게 답을 써 내려갑니다. 9절입니다. "기름진 것과 어린 양과 모든 좋은 것을 남기고 진멸하기를 즐겨 아니하고 가치 없고 하찮은 것은 진멸하니라." 완전히 정답을 거부한 것이 아닙니다. 하나님께서 원하시는 답과 자신들이 원하는 답을 함께 쓰는 타협안을 선택한 것입니다. 적당하게 타협하여 하나님도 만족시키면서 자신도 만족시키려고 했던 것입니다.

그들이 간과한 것은 하나님의 답안지에는 하나님께서 원하시는 답만 써야 한다는 것입니다. 하나님은 정답 네 개를 쓰는 문제에 답 세 개만 쓰는 것이 아니라, 네 개 모두를 쓰기를 원하신 것입니다. 네 개를 모두 쓰지 않고 하나만 틀려도 틀린 것이라는 점을 그들은 깨닫지 못했던 것입니다.

성도 여러분! 우리도 자주 하나님이 주시는 문제에 타협안을 제시합니다. '하나님! 이 정도면 되지 않습니까? 굳이 이 기름지고 좋은 것을 다 진멸하여 아무 것도 남지 않는 비합리적이고 비경제적인 일들을 해야 합니까?' 그래서 더 좋은 타협안을 제시하려고 합니다. 하나님께도 유익하고, 우리에게도 유익한 정답을 제시하려고 합니다. '하나님 이 정도면 괜찮지 않을까요?'하면서 타협안을 정답으로 제출합니다. 그런데 중요한 것은 하나님께서 원하시는 순종에는 타협안이 없다는 점입니다. 하나님께서 처음에 원하신 것이 정답입니다.

세상은 하나님이 우리에게 제시하신 정답에 늘 무엇인가를 추가하라고 합니다. 예수 그리스도만이 하나님이 제시하신 정답인데, 거기에다가 할례를 추가하고, 율법을 추가하고, 선행이나 세상의 철학을 추가해서 정답을 타협하려고 합니다. 그러나 아닙니다. 하나님이 우리에게 말씀하신 정답 외에 다른 정답은 없습니다.

사울이 기말고사를 망친 이유는 하나님이 주신 정답에 자신이 원하는 답을 추가하고 타협했기 때문입니다. 순종이란 하나님께서 원하시는 답을 그대로 써 내려가는 것입니다. 아무리 그것이 불합리해 보이고 비경제적으로 보여도 그냥 하나님이 주시는 정답을 써 내려가는 것이 하나님의 기말고사를 통과하는 방법입니다.

지금 여러분들의 모습은 어떻습니까? 하나님께서 원하시는 답을 모르지는 않지만 내가 원하는 정답도 함께 타협안으로 제시하고 있지는 않으십니까? 정답을 타협하지 마십시오. 내 정답을 하나님의 답이라고 착각하지 마십시오. 누가 봐도 틀린 답이라도, 누구도 인정해 주지 않는 답이라도 우리는 하나님의 답을 적을 수 있어야 합니다. 그래야 우리는 하나님께서 주시는 기회를 얻을 수 있습니다.

셋째, 다른 사람의 답안을 컨닝했기 때문입니다. 사울이 기말고사에서 낙제한 마지막 이유는 그가 컨닝을 했기 때문입니다. 시험 시간에 사울은 문제만 열심히 바라보고 열심히 문제를 풀어야 했는데, 그의 눈은 자꾸만 하나님이 아닌 주변으로 돌아갔습니다. 13절에서 자신이 여호와의 명령을 행하였다는 사울에게 사무엘이 14절에서 묻습니다. "내 귀에 들려오는 이 양의 소리와 내게 들리는 소의 소리는 어찌 됨이니이까." 그러자 15절에서 사울이 이렇게 말합니다. "그것은 무리가 아말렉 사람에게서 끌어온 것인데 백성이 당신의 하나님 여호와께 제사하려 하여 가장 좋은 것을 남김이요." 자신이 시험을 제대로 보지 못한 것이 자신의 탓이 아니라 백성들의 탓이라고 말하고 있는 것입니다. 자신이 그렇게 한 것이 아니라 백성들이 그렇게 했다는 것입니다. 그런데 그가 백성들이 그렇게 하는 것을 허용할 수밖에 없었던 진짜 이유는 24절 말씀에 기록되어 있습니다. "내가 여호와의 명령과 당신의 말씀을 어긴 것은 내가 백성을 두려워하여 그들의 말을 청종"하였기 때문이라고 그가 실토한 것입니다. 사울은 백성을 두려워하여 그들의 정답을 베낀 것입니다.

　하나님보다 사람을 두려워하는 사울은 순종할 수 없었고, 하나님의 순종 기말고사라는 기회에 백성들의 답을 컨닝해서 작성하다 다시 낙제점을 받고 쫓겨날 수밖에 없는 인생이 되고 말았습니다. 사무엘상 15:22-23에 "순종이 제사보다 낫고 듣는 것이 숫양의 기름보다 나으니 이는 거역하는 것은 점치는 죄와 같고 완고한 것은 사신 우상에게 절하는 죄와 같음이라"고 말씀하고 있습니다. '거역하는 것'을 '점치는 것'과 같다고 기록하는 것에 주목해야 합니다. 그리고 '완고한 것'을 '사신죽은 신 우상에게 절하는 것'이라고 말씀하고 있습니다. 거역하는 것, 완고한 것은 자신의 영혼을 하나님이 아닌 다른 영에게 던져주는 것입니다.

사소하다고 생각하는 그 불순종이 사탄에게 우리의 영혼을 던져주는 행위라는 것을 우리는 심각하게 받아들여야 합니다. 그러므로 하나님이 주시는 순종 기말고사에 합격하기 위해서는 첫째, 출제자이신 하나님의 의도를 파악해야 합니다. 내 의도와 목적을 가미하면 안 됩니다. 둘째, 하나님의 정답에 내 생각과 타협안을 제안해서는 안 됩니다. 셋째, 하나님의 말씀이 아닌 사람들의 정답을 컨닝하려고 해서는 안 됩니다.

순종 기말고사에서 합격하기 위해서는 내 답이 아닌 하나님의 답을 적어야 합니다. 내 의도가 아닌 하나님의 의도대로 적어야 합니다. 내 생각이 아닌 하나님의 생각만 적어야 합니다. 사람들이 생각하는 답이 아닌 하나님의 답을 적어야 합니다. 합격 여부는 나와 사람들과 하나님 가운데 무엇을 선택하는가에 달려 있습니다.

하나님께서 우리에게 주시는 시험은 우리를 더욱 강하게 만들고 우리를 더욱 복되게 만들기 위한 목적을 가집니다. 사울은 하나님께서 그에게 주신 기회를 잃어버리고 말았습니다. 여러분의 삶은 하나님께서 주시는 시험을 통해 아름다운 열매를 맺으시기를 바라고, 특별히 수능시험을 치는 학생들에게는 이 시험이 여러분의 인생을 향한 하나님의 뜻을 발견하는 귀한 기회가 되시기를 바랍니다.

설교 분석

이 설교는 2017년 11월 7일 수능을 앞두고 시행한 설교이다. 이 설교는 제목을 주제어와 이미지 언어의 조합으로 하나의 새로운 이미지를 만들어낸 이미지화 설교이다. 사울의 불순종을 사무엘상 11장과 15장의 예를 통해 중간고사와 기말고사로 분류했고, 철저하게 본문 강해를 하여 이미지와 연결했다. 대지에는 설교 제목에서 제시한 기말고사라는 이미지와 맞물려 출제자의 의도, 정답의 타협, 그리고 컨닝과 같이 '시험'이라는 이미지에서 연상할 만한 내용들이 들어감으로써 본문 내용을 기억하고 삶에 적용하기 좋도록 구성되었다. 또한 사울에게 일어난 두 번의 불순종의 사건을 통해 연속성 있게 중간고사와 기말고사로 구분했고, 그것이 수능시험이라는 시기에 적절하게 맞아 들어갔다. 이 설교를 이미지화하지 않고 풀었다면 딱딱하고 재미없었겠지만, 기말고사라는 이미지를 가미함으로 일반적이지 않은 독특하고 특별한 맛을 내는 설교로 탈바꿈할 수 있었다.

3. 이미지 주도형 설교의 실제

설교 제목   리콜 Re-Call
설교 본문   요한복음 21:1-6

고유가 시대가 되면서 사람들은 힘과 연비가 좋은 디젤 차량에 많은 관심을 가지게 되었습니다. 디젤 차량은 대기 중에 유해한 가스를 많이 배출하기 때문에 까다로운 기준을 통과해야 출시될 수 있습니다. 얼마 전 독일에 기반을 둔 폭스바겐 자동차는 배기가스 기준이 높은 미국에 자신들의 자동차를 판매하기 위해 디젤 차량 배출가스 저감장치를 조작하여 판매를 했습니다. 평상시에는 배출가스 저감장치의 점화 플러그가 작동하지 않도록 소프트웨어를 조작했다가 배출가스 측정 시에만 점화 장치가 작동하도록 했던 것입니다. 그것이 검사 과정에서 드러나서 우리 돈으로 3조 원의 과징금을 납부하고 강제 리콜을 실시하면서 회사는 천문학적인 손해를 보았습니다. 그 사건으로 인해 주가가 하락하고 회사의 신뢰도가 추락하고 말았습니다. 그래서 할인 행사를 해도 사람들이 폭스바겐 자동차를 사지 않는 위기를 맞이하게 되었습니다.

2016년 삼성 전자가 야심차게 내놓은 스마트폰 갤럭시노트 7이 배터리 과열로 인한 폭발사고 때문에 출시된 제품 전량을 리콜하기로 결정한 적이 있습니다. 그들이 내놓았던 노트 7은 뛰어난 방수 및 방진 기능과 탁월한 카메라 기능을 가졌다고 홍보를 했고, 그로 인해 예약 물량만 40만 대에 달하는 폭발적인 인기를 누렸습니다. 그러나 발매 한 달 만에 배터리 폭발 사고로 전량 리콜을 발표했고, 손해 금액이 조兆 단위에 이르렀습니다. 그러나 배터리 리콜 이후에도 폭발 사고는 멈추지 않았고, 결국 출시 두 달 만에 갤럭시노트 7 생산을 중단하게 되었습니다. 리콜은 어떤 회사에게든지 기술력에 대한 의심과 이미지 실추의 원인이 됩니다.

세계에서 리콜을 제일 많이 하는 자동차 회사가 있는데 일본의 "도요타 자동차"입니다. 그러나 도요타는 자동차에 결함이 많아서 자주 리콜을 하는 것이 아니라, 조금만 결함이 있어도 회사 이미지를 위해 리콜을 합니다. 법에 의한 강제 리콜보다 자발적인 리콜이 더 많았습니다. 그래서 도요타는 고객들의 더 큰 신뢰를 얻게 되었고, 세계 1위 자동차 브랜드가 되었습니다.

반대로 리콜을 원천적으로 하지 않는 자동차 회사가 있습니다. 영국의 "롤스로이스"라는 자동차 회사입니다. 한번은 롤스로이스 차가 사막에서 고장이 났는데 차주가 실수로 보험 회사가 아닌 차량 회사에 전화를 하고 말았습니다. 그러자 롤스로이스 회사는 정비팀을 보낸 것이 아니라 헬기로 같은 모델의 새로운 차를 보냈다고 합니다. 나중에 차주가 비용을 지불하려고 회사에 전화를 했더니 회사에서는 "롤스로이스는 고장이 나지 않습니다"라고 대답을 했다고 합니다. 품질이 생명인 고급차에 결함이 있다는 소문을 내고 싶지 않았기에 새로운 차를 주는 것이 낫다고 판단을 한 것입니다.

리콜의 정의

리콜이라는 말은 제품의 결함으로 인하여 소비자에게 문제가 생겼거나 문제가 생길 가능성이 있을 때 제품의 제조자가 그 위해성을 알리고 결함 제품 전체에 대한 적절한 조치를 위해 다시 거두어 들이는 제도를 말합니다. A/S 제도가 전혀 예기하지 못하는 개별적인 결함에 대하여 소비자의 요청으로 보상을 받는 것이라면, 리콜 제도는 제조 회사에서 문제를 발견한 후 모든 생산품을 회수하여 점검, 교환, 수리해 주는 것입니다.

리콜은 문제를 점검하고 해결하기 위해 필요한 모든 과정을 말합니다. 물론 리콜이 일어나지 않으면 좋겠지만, 사람들이 만든 물건이나 사람들의 삶에는 언제나 문제가 일어나기 마련입니다. 그러나 폭스바겐이나 롤스로이스처럼 문제를 문제로 보지 못하거나 문제를 숨기는 것은 지혜로운 방법이 아닙니다.

빌 리어Bill Lear라는 사람이 있었습니다. 그는 미국 항공기 개발자였습니다. 그런데 미국항공우주국NASA의 기술자들이 모여 소형 상업용 제트기 모형을 100만 달러 이하로는 제작할 수 없다고 결론지었을 때 빌 리어는 겨우 10만 달러 정도의 적은 비용으로 빠르고 경제적인 소형 제트 비행기를 만들어 냈습니다. 그가 개발한 리어비행기는 성공 가도를 달렸습니다. 그런데 그가 판매한 비행기 중 두 대가 원인 불명으로 추락하고 말았습니다. 크리스천인 그는 일찍부터 하나님의 사람은 정직해야 하고, 문제 앞에 용기 있게 대처해야 한다는 것을 알고 있었습니다. 그래서 그는 추락한 비행기와 비슷한 55대의 소형 제트 비행기 소유자들에게 즉각 이 사실을 알리고 비행기가 추락한 원인이 밝혀질 때까지 비행기를 운행하지 말라고 부탁을 했습니다. 그런데 비행기 운행을 금지해 달라는 요청했다는 사실이 매스컴에 대서특필되어 그는 수많은 언론의 비난을 받았고, 그의 신용은 바닥까지 떨어지고 말았습니다. 막대한 금전적 손해까지 입게 되었습니다.

그러나 그에게 더 중요한 것은 또 다른 희생자가 생겨서는 안 된다는 것이었습니다. 그래서 그는 비행기가 추락한 이유를 조사하기 위해 위험을 무릅쓰고 비행기를 몰고 나갔습니다. 실험 중에 비행기가 추락할 만한 위기가 있었지만 간신히 목숨을 구할 수 있었습니다. 그 실험을 통해 비행기의 결함이 어떤 부품에 있다는 것을 알게 되었습니다. 그리고 운행 중단을 부탁한 비행기 55대를 리콜해서 새로운 부품으로 바꾸어 주었습니다.

리어 제트기의 신용도를 회복하는 데 무려 2년이란 시간이 걸렸습니다. 그러나 리어 제트기는 그러한 리콜을 통해 정직성과 신뢰도가 올라가서 현재 최고의 인기를 누리는 개인용 제트 비행기가 되었습니다.

하나님의 리콜

우리의 삶에도 이러한 하나님의 리콜이 필요할 때가 있습니다. 예수님을 믿습니다. 하나님의 은혜도 경험했습니다. 그러나 자꾸만 우리의 삶에 여러 가지 문제가 발생합니다. 이런 상태에서 원인을 알지 못한 채 문제를 숨기거나 깨닫지 못하고 살아가다 보면 반드시 생각지 못한 큰 사고와 어려움을 만나게 되고, 결국 최악의 상황에 이를 수도 있게 됩니다.

오늘 본문에 나오는 예수님의 제자들의 모습도 이와 같습니다. 그들은 예수님의 제자라는 타이틀을 가지고 있습니다. 예수님과 함께 생활하면서 그분의 삶과 사역을 가장 가까이에서 보았습니다. 자신들의 손으로 병이 낫게 하기도 했고, 귀신이 쫓겨나는 것을 보기도 했습니다. 십자가 위에서 돌아가신 주님의 부활을 보았고, 들었고, 알았습니다. 그러나 부활의 주님을 경험했음에도 불구하고 그들은 무엇을 해야 하는지, 어디로 가야 하는지 방향을 잃어버리고 말았습니다. 여전히 무기력함에 빠져 있었습니다.

주님께서는 그들에게 리콜이 필요하다는 것을 아셨습니다. 그들은 누가복음 5장에서 예수님을 만나 소명 즉, 부르심을 받았습니다. 그러나 예수님의 잡히심과 십자가를 통해 흩어졌고, 부활을 통해 다시 모이게 되었지만 여전히 무엇을 해야 하는지 어디로 가야 하는지를 알지 못하고 있는 그들의 모습을 주님께서 보셨습니다. 그래서 오늘 본문인 요한복음 21장에서, 누가복음 5장에서 처음 그들을 부르신 모습을 그대로 재현해 주십니다. 이것은 리콜이었습니다.

배경이 되는 장소도 갈릴리 호수로 동일합니다. 등장 인물도 베드로를 포함한 세베대의 아들들로 동일합니다. 밤이 새도록 그물을 던졌지만 물고기 한 마리 잡지 못하는 상황도 동일했습니다. 그때 주님께서 나타나시고 주님의 말씀대로 했더니 엄청난 고기를 잡게 되는 것 또한 동일합니다. 주님의 리콜은 그들을 다시 부르셔서 그들의 문제를 점검하고, 해결해 주시고, 다시 그들이 해야 할 일, 가야 할 길을 갈 수 있도록 그들을 도와 주시기 위함입니다. 주님의 리콜은 다시 소명으로 부르시는 리콜임과 동시에, 문제점을 해결하여 주님이 계시지 않는 교회 시대에 그들이 위대하게 쓰임 받게 하시기 위한 주님의 계획하심이었습니다. 그래서 그들이 어디로 가야 하는지, 무엇을 해야 하는지, 어떻게 살아야 하는지를 분명히 알려주시려고 하셨습니다.

오늘 우리는 요한복음 21장을 통해 무기력하게 방향을 잃어버린 제자들을 리콜하셔서 그들을 새롭게 하시는 주님의 사역을 살펴보려고 합니다. 이것은 삶 속에서 방향을 잃어버리고 무엇을 해야 하는지, 어떤 삶을 살아야 하는지, 잃어버린 우리에게 알려주시기 위한 주님의 리콜 명령입니다. 그렇다면 주님께서는 제자들의 어떤 부분을 리콜하기 원하셨을까요? 누가복음 5장의 첫 번째 부르심과 비교하면서 주님께서 어떤 리콜을 제자들에게 원하시는가를 살펴보고자 합니다.

첫째, 순종 리콜(비하인드 순종)입니다. 주님께서 제일 먼저 리콜을 요구하신 것은 순종에 대한 부분입니다. 누가복음 5장에서 처음 주님께서 시몬에게 찾아오셔서 그물을 내려 고기를 잡으라고 하시자 시몬은 밤이 새도록 수고하였어도 잡은 것이 없지만 말씀에 의지하여 그물을 내린다면서 순종했습니다. 그때는 이미 고기 잡는 것을 끝내고 그물을 씻고 있는 상황이었습니다. 그럼에도 불구하고 시몬이 예수님의 말씀에 순종하여 그물을 내릴 수 있었던 것은 아마도 예수님에 대한 소문을 들었기 때문일 것입니다. 누가복음 4장에는 예수님에 대한 소문에 대해 기록하고 있습니다. 14절에는 예수께서 성령의 능력으로 갈릴리에 돌아가시니 그 소문이 사방에 퍼졌고, 37절에는 예수의 소문이 그 근처 사방에 퍼졌다고 써 있습니다. 그 '소문'이라는 것은 예수님께서 더러운 귀신들을 쫓아내시고 온갖 병자들을 고치셨다는 소문입니다. 그런 그가 메시아가 아닌가 하는 소문이었습니다. 그랬기에 시몬은 자신의 배를 예수님께서 무리에게 가르치시는 일에 사용했을 것입니다. 누가복음 5장의 순종은 예수님이 어떤 분이신가에 대한 소문을 통해 예수님이 어떤 분이신가 하는 기대감과 정말 이분이 메시아가 맞을까를 확인하기 위한 순종이었다고 할 수 있습니다. 그리고서 시몬은 자신의 눈앞에 펼쳐진 놀라운 기적을 확인하고 주님의 부르심에 순종하게 된 것입니다. 시몬은 어느 정도 상식적으로 인정되고, 자신이 알고, 실현 가능성이 있을 때만 순종했습니다.

그러나 요한복음 21장에서 시몬의 순종은 다릅니다. 그는 4절에서 말하고 있습니다. "날이 새어갈 때에 예수께서 바닷가에 서셨으나 제자들이 예수이신 줄 알지 못하는지라." 그런데 5절에서 주님이 고기가 있느냐고 물으시고 6절에서 그물을 던지라고 말씀하시자 시몬은 순종합니다. 자신에게 말씀을 하시는 분이 예수님이라는 것을 몰랐을 텐데 시몬은 순종하기로 결심했던 것입니다. 베드로가 왜 순종해서 다시 그물을 던졌는지 그 이유를 모르지만, 확실한 것은 그가 알지 못하면서도 순종할 수 있는 자가 되었다는 것입니다. 리콜을 통해 주님께서 시몬에게 확인하고 싶었던 것은 바로 이 순종의 삶이었습니다. 순종함으로 제자가 되었지만 시몬은 늘 주님의 말씀에 바로 순종하지 못했습니다. 발을 씻기시겠다는 주님의 말씀에 그는 바로 순종하지 못합니다. 절대 내 발을 씻길 수 없다고 버팁니다. 또한 주님께서 시몬이 자신을 세 번 부인하리라고 말씀하시지만 그는 다른 사람들은 다 주를 버려도 자신은 그렇지 않을 것이라고 말합니다.

시몬의 순종은 이해되고 깨달아지고 눈에 보여야 하는 순종이었습니다. 그러다 보니 순종하지 못하는 일들이 많았습니다. 그래서 주님은 시몬에게 보이지 않는 것 혹은 깨닫지 못하는 것까지도 순종하라는 리콜 명령을 내리신 것입니다. 그래서 요한복음 21장의 순종은 '비하인드 순종'입니다. 시몬은 자신에게 말씀하시는 분이 예수님이신 줄 몰랐습니다. 그가 다시 그물을 던져야 할 절박한 이유도 없었습니다. 그런데 그는 이제 알지 못하면서도, 잘 이해가 되지 않지만, 절박한 이유도 없었지만 순종함으로 그물을 던지게 됩니다.

주님께서 리콜을 통해 원하셨던 시몬의 모습이었습니다. 우리의 삶에도 알고 순종해야 할 때도 있지만 알지 못하고 순종해야 하는 때가 더 많습니다. 문제는, 알지 못하는 상황에서 순종하는 것이 더 어렵다는 것입니다. 우리가 아는 것처럼 성경에 나오는 믿음의 사람들은 알지 못하는 상황에서 순종했습니다. 히브리서 11:8에서 말하는 것처럼 아브라함은 갈 바를 알지 못하면서도 말씀에 순종했습니다. 창세기 7:5에는 노아가 여호와께서 자기에게 명하신 대로 다 준행했다고 말하고 있습니다. 노아는 여호와께서 자기에게 명령하신 것은 이성적으로 이해되거나 도저히 이해할 수 없어도 순종했다는 것입니다. 자신이 깨닫지 못하는 것, 알지 못하는 것, 이해할 수 없는 모든 것까지 순종했습니다.

주님께서는 우리에게도 리콜을 명하십니다. 알지 못해도, 이해하지 못해도, 내 상식과 전혀 다르게 인도하셔도 순종하기를 원하십니다. 부활을 경험한 우리에게 주님께서 원하시는 순종은 바로 이러한 '비하인드 순종'입니다. 눈에 보이지 않아도, 이성적으로 깨닫지 못해도 순종할 수 있는 삶을 리콜을 통해 회복하시기를 원하십니다.

둘째, **방향 리콜입니다.** 누가복음 5장에서 주님께서 시몬에게 요구하신 것은 깊은 곳에 그물을 내리라는 것이었습니다. 깊은 곳에 그물을 내리라는 것은 우리의 상식을 깨뜨리라는 말씀입니다. 오랜 시간 갈릴리 바다에서 어부로 살아가던 시몬에게 깊은 곳에 그물을 던지라는 주님의 말씀은 자신이 가지고 있던 상식에 전혀 맞지 않는 말씀이었습니다. 날이 밝은 아침 시간에는 얕은 곳에 그물을 던지는 것이 어부들이 가지는 상식입니다. 그러나 자신의 상식과 고정 관념을 깨뜨리고 말씀대로 깊은 곳에 그물을 던졌을 때 그물이 찢어질 정도의 고기를 잡게 됩니다. 깊은 곳에 그물을 던지라는 말씀은 우리의 상식과 고정 관념을 깨뜨리라는 주님의 명령이었습니다.

우리는 여전히 우리의 상식과 고정 관념에 갇혀 깊은 곳에 그물을 던지지 못하고 있습니다. 우리가 원하는 곳, 혹은 사람들이 많이 그물을 던지는 곳에 그물을 던지며 살아갑니다. 그러다 보니 주님의 방향과 우리의 방향이 달라졌습니다. 주님께서 원하시는 방향을 찾지도, 구하지도 않고, 당연히 내가 원하는 곳에 그물을 던지며 하나님의 도우심을 구하고 있습니다. 그래서 주님께서는 우리의 삶에 리콜을 명령하십니다. 오늘 본문인 요한복음 21:6에서 주님은 배 오른편에 그물을 던지라고 말씀하십니다. 배 오른편은 우리가 그물을 던지는 방향과 다른 방향입니다. 주님은 명확하고 분명하게 방향을 우리에게 알려주십니다. 지금까지 던졌던 방향과 다른 방향, 주님의 말씀이 있는 방향으로 우리의 그물을 던지라고 말씀하십니다. 주님께서 리콜을 통해 우리에게 원하시는 것은 내가 원하는 방향이 아니라 주님께서 원하시는 방향으로 우리의 그물을 던지는 것입니다.

한두 번은 주님께서 원하시는 방향으로 그물을 던질 수 있으나 금세 우리는 사람들이 많이 던지는 방향으로 그물을 던집니다. 세상의 전문가들이 고기가 많다고 하는 방향으로 주저 없이 우리의 그물을 던집니다. 그러나 주님의 부활을 경험한 우리의 그물의 방향은 세상이 내게 원하는 방향, 세상 사람들이 가는 방향이 아니라 주님께서 지금 우리에게 말씀하시고 우리에게 지시하시는 바로 그 방향입니다. 이것이 우리를 리콜하시는 주님의 두 번째 이유입니다.

셋째, 그물 리콜입니다. 누가복음 5장에서 제자들의 그물은 주님의 말씀대로 그물을 내려 두 배를 가득 채우는 만선의 기쁨을 누렸던 그물이었지만, 그 그물은 찢어졌다는 문제를 가지고 있었습니다. 누가복음 5:6 말씀처럼 고기를 잡은 것이 심히 많아 그물이 찢어졌고, 7절에 말씀하는 것처럼 다른 배를 불러 함께 고기를 담았는데 그 배들이 물에 잠기게 되었습니다. 제자들의 그물은 찢어지는 그물이었고, 그들의 배는 물에 잠기는 부실한 배였습니다. 주님께서 함께 계실 때는 주님께서 계시기 때문에 그들의 그물이 찢어지면 주님께서 새 그물을 주실 수 있었고, 물에 빠지면 주님께서 손 내미셔서 시몬을 물에서 건져주실 수 있었지만, 주님께서 승천하시고 난 이후부터는 찢어지는 그물로는 그들이 주님의 사역을 감당할 수 없습니다. 그래서 주님께서는 그들을 리콜하셨습니다. 그들에게 찢어지지 않는 그물을 주기 원하셨습니다. 6절 마지막 부분을 보십시오. "고기를 잡은 것이 심히 많아 그물이 찢어지는지라." 그리고 요한복음 21:11 마지막 부분을 보십시오. "이같이 많으나 그물이 찢어지지 아니하였더라."

이것이 주님께서 시몬의 그물을 리콜하시는 모습입니다. 시몬은 자신의 연약함으로 물위를 걷다가 물에 빠지기도 했고, 자신의 연약함으로 주님을 세 번이나 부인했던 찢어지는 그물 같은 사람이었습니다. 주님께서는 찢어지는 그물 같았던 시몬을 리콜하셔서 찢어지지 않는 그물로 되돌려주셨습니다. 이후 시몬은 찢어지지 않는 그물로 사람 낚는 어부의 사명을 충실히 감당하게 된 것입니다.

주님께서는 우리의 연약한 그물에 대해 리콜 명령을 하십니다. 늘 넘어지고, 상처받고, 포기하고, 좌절하고, 할 수 없다는 말만을 반복하는 찢어지는 그물 같은 우리에게 찢어지지 않는 강함과 견고함을 가지라고 말씀하십니다. 주님의 부활을 경험한 우리는 이제 부활 신앙으로 찢어지지 않는 그물을 준비해야 합니다. 포기하지 않는 그물을 준비해야 합니다. 주님께서는 우리의 그물을 통해 위대한 하나님의 사역을 감당하기를 원하시기 때문입니다. 그 그물은 우리의 열정이고, 우리의 헌신이고, 우리의 사역이며, 우리의 관계입니다. 늘 찢어져 버린 우리의 그물로 인해 상처와 아픔을 가지고 살아가는 우리에게 주님은 이제 찢어지지 않는 그물로 살아가라고 말씀하십니다.

성도 여러분! 오늘 우리를 향하신 주님의 리콜 명령을 받아들일 수 있기를 바랍니다. 폭스바겐처럼 자신의 문제를 숨기거나 롤스로이스처럼 자신을 과대평가해서 문제가 없다고 자신하지 마십시오. 부활하신 주님께서는 우리를 다시 부르십니다. 마음 속 깊은 문제들을 보시면서 리콜이 필요하다고 말씀하십니다. 우리의 순종도, 우리의 방향도, 그리고 우리의 그물도 오늘 주님 앞에 리콜 받아 깨끗하게 수리되고, 회복되고, 고쳐져서 더 위대하고 아름답게 주님의 손에 쓰임 받는 여러분들의 삶이 되기를 주님의 이름으로 축원합니다.

설교 분석

이 설교는 2018년 4월 부활 주일 직후 요한복음 21장을 네 번에 걸쳐 시리즈로 설교한 중 첫 번째 설교이다. 부활의 의미를 단지 부활 주일 한 번에만 국한하지 않고 이후에도 지속해서 나누고자 예수님의 부활 이후의 행적을 다루는 본문으로 설교 시리즈를 기획하게 되었다. 부활 후 첫 주 주제는 리콜recall, 둘째 주는 리필refill, 셋째 주는 리폼reform, 그리고 마지막 주는 리셋reset이다. 부활이 주는 의미가 '다시 살아나다'이기에 're'라는 단어를 중심으로 시리즈 설교를 하게 되었다.

'리콜 설교'에는 찢어진 그물 같은 시몬을 다시 부르셔서 새롭게 회복시켜 세상으로 내보내시는 부분을 담았다. '리필 설교'는 아무리 던져도 빈 그물로 끝나는 것 같은 우리 삶이 부활의 주님의 말씀대로 순종하면 약속하신 무한 리필의 삶이 된다는 주제를 다루었다. '리폼 설교'에서는 주님을 향해 조건적인 사랑 즉, 필레오의 사랑밖에 드리지 못하는 시몬에게 주님은 조건 없는 아가파오의 사랑으로 사랑하신다는 사실을 이야기했다. 시몬의 삶에 주님의 사랑 같이 조건 없이 아가파오의 사랑으로 자신의 삶을 드리는 리폼이 일어난다. 마지막 '리셋 설교'는 부활의 주님을 만난 시몬에게 주님께서 어떠한 죽음으로 하나님께 영광돌리는 죽음을 살 것인지 알려주시는 것을 소개한다.

특히 이미지 주도형 설교인 이 '리콜 설교'는 '리콜'이라는 이미지 하나를 설교 전반으로 연결하여 시몬의 삶에 리콜이 필요한 부분을 순종과 방향, 그리고 그물의 영역으로 확장했다. 리콜이 문제가 있는 물건을 제조사가 회수하여 점검, 교환, 수리해서 다시 내보내는 의미를 가지는 것처럼, 시몬을 불러 제자 삼으신 주님께서 다시 그를 불러 그의 상태에 대해 점검하시고 새로운 삶에 대한 준비를 시키셔서 세상 속으로 내보내시는 것을 설교자는 말하려고 했다. 설교자는 리콜이라는 단어의 이미지에 우리의 영적인 삶의 상태에 대한 의미를 더하려고 했다. 그래서 부활의 주님을 만난 자들마다 시몬처럼 리콜을 경험하는 인생이 되도록 적용의 방향을 세워 나가게 하는 것이다.

4. 통(通)이미지 설교의 실제

설교 제목	썩은 사과의 법칙
설교 본문	여호수아 7: 10-18

1995년 2월 27일 영국에서 가장 오래된 투자 은행 하나가 도산을 합니다. 1762년에 설립되어 유구한 역사를 자랑하던 이 은행은 단돈 1파운드에 매각되는 비운을 맞이했습니다. 문제를 분석하던 중 회사 도산의 한복판에 닉 리슨이라는 인물이 있음을 발견하게 되었습니다. 그는 당시 20대였고, 자신의 목적을 위해서라면 비양심이나 비윤리를 넘어 범죄 행위도 서슴지 않았던 목표 지향적인 인물이었습니다. 하지만 성과가 좋다는 이유로 경영진은 그의 전횡을 묵인하고 지지하다가 결국 그 거대한 은행을 무너지게 만들었던 것입니다. 이 사건을 통해 '썩은 사과'라는 단어가 처음으로 언급되었습니다. 사회 현상을 말하는 여러 가지 법칙 가운데 '썩은 사과의 법칙'이라는 것이 있습니다. 하나의 썩은 사과가 전체 사과 박스를 썩게 만든다는 것입니다. 하나의 썩은 사과가 전체 사과 박스를 썩게 만들듯이 한 사람 혹은 하나의 썩은 부분이 전체 조직을 무너뜨린다는 것을 우리는 기억해야 합니다.

썩은 사과: 아간

　오늘 본문에 나오는 아간을 보십시오. 여리고 전투에서 하나님께서 말씀하셨습니다. 여호수아 6:17을 보십시오. "이 성과 그 가운데에 있는 모든 것은 여호와께 온전히 바치되." 그리고 그 모든 것이 무엇인지 19절에서 자세하게 설명해 주십니다. "은금과 동철기구들은 다 여호와께 구별될 것이니 그것을 여호와의 곳간에 들일지니라." 그런데 유다 자손 중에 아간이라는 사람이 있었습니다. 그는 하나님께 온전히 드려야 할 물건들을 보면서 마음에 욕심이 생겼던 것 같습니다. 7:21을 보면 그가 하나님의 명령을 무시하고 시날 산의 아름다운 외투 한 벌과 은 이백 세겔과 그 무게가 오십 세겔 되는 금덩이 하나를 숨겨두었습니다. 그 결과 하나님의 도우심으로 그 큰 성 여리고를 아무도 다치지 않고 이긴 이스라엘 백성이 작은 성 아이를 공격하다 36명이 죽음을 당했고, 삼천 명의 이스라엘 군대가 아이 사람들을 피해 도망하면서 백성들이 두려움에 빠지게 되었습니다.

한 사람 때문에 전체 공동체가 패배하고 두려움에 빠지게 된 것입니다. 성경에는 이러한 일들을 곳곳에서 소개하고 있습니다. 열 명의 정탐꾼들이 가나안 땅을 정탐하고 온 뒤 한 부정적인 보고로 인해 전체 이스라엘이 통곡하고 돌아가자고 하는 일이 일어났습니다. 여호수아와 갈렙이 그렇지 않다고 말했지만 사람들이 그들의 말은 듣지 않습니다. 썩은 사과 같은 몇 사람 때문에 전체 공동체가 흔들렸고, 결국 썩고 만 것입니다.

이와 같이 썩은 사과의 법칙은 신앙 생활을 하는 우리에게 아주 중요한 개념이 됩니다. 그러나 오해하지 말 것은 이것이 교회를 썩게 만들거나 세상을 썩게 만드는 어떤 개인을 제거해야 한다는 말이 아니라는 점입니다. 우리 모두가 가지고 있을 수 있는 썩은 사과에 대해 말하고 있는 것이며, 스스로가 말씀을 통해 자기 속에 숨어 있는 썩은 사과와 같은 부분들을 도려내자고 하는 것입니다.

썩은 사과의 법칙1. '썩은 사과는 반드시 손실을 가져온다.' 썩은 사과가 반드시 손실을 가져온다는 말은 박스 안에 썩은 사과를 방치해서는 안 된다는 말입니다. 그러나 어떤 것이 썩은 사과인가를 아는 것이 쉽지 않고, 온전한 사과라고 할지라도 시간이 지나면 썩을 수밖에 없다는 것이 현실입니다. 사과가 썩는 원인에는 많은 것들이 있을 수 있지만 일반적으로는 미생물 때문에 사과가 썩습니다. 사과를 나무에서 땄다는 것은 그 과일이 생명을 잃었다는 것을 의미합니다. 어떤 생물이든 살아 있을 때는 외부의 미생물에 대해 방어를 할 수 있도록 기본적인 방어 체계를 작동하고 있지만, 생명이 정지되면 더 이상 그 방어 시스템은 작동하지 않게 됩니다. 공기 중에 떠돌아다니던 작은 미생물이 가지에서 분리된 사과에 붙으면 미생물을 방어할 힘이 없기 때문에 자연스럽게 썩게 되는 것입니다.

그런데 유독 다른 사과들보다 빨리 썩어 들어가는 사과들이 있습니다. 사과에 상처가 났을 때 주로 그렇습니다. 그 상처가 눈에 보이지 않을 때도 있습니다. 땅에 떨어졌거나 어떤 것에 부딪혀서 상처가 난 사과는 처음에는 다른 사과들과 큰 차이가 없어 보이지만, 시간이 지날수록 그 멍든 부위를 중심으로 썩어 들어갑니다. 작은 상처가 사과를 썩게 만들고 전체 사과에 손실을 가져오게 되는 것입니다.

오늘 본문에 나오는 아간이라는 사람을 보십시오. 그는 40년간의 힘든 광야 생활 가운데서도 살아 남은 사람들 가운데 하나였습니다. 24절 말씀처럼 광야 생활 가운데도 가정을 이루고, 소와 양과 같은 재산들도 가진 사람이었습니다. 가나안 땅의 첫 번째 성읍 여리고 성을 정복하는 일에도 함께 했고, 하나님의 사역에 열정을 가진 사람이었습니다. 그런데 왜 아간이 썩은 사과와 같은 존재가 되고 말았을까요?

여리고라는 지역은 이스라엘 백성들이 요단강을 건너 처음 맞이한 가나안 땅의 성입니다. 그 여리고 성 전투는 가나안 정복 전쟁의 서막을 여는 전쟁이었습니다. 하나님은 출애굽 이후 광야에서 모세를 통해 율법을 선포하시면서 가나안 땅에서는 반드시 첫 소산을 하나님께 드릴 것을 요구하셨습니다신 26:2. 그리고 지금 그들이 차지하려는 땅이 바로 가나안 땅의 첫 번째 성 여리고이기에 하나님께서는 첫 소산으로 여리고의 모든 것을 온전히 하나님께 바치라고 말씀하시는 것입니다. 그래서 여호수아 6:18 이하를 보면 하나님께서 주신 여리고 성에서 얻은 모든 물건은 여호와 하나님께 다 바치고, 살아 있는 것들은 사람이나 짐승 모두 죽이라고 말씀하십니다. 가나안 땅에서의 첫 소산이기 때문입니다. 그러나 그 다음 전쟁인 아이 성 전투부터는 하나님께서는 그렇게 명령하지 않으십니다. 여호수아 8:2 후반부를 보면 "오직 거기서 탈취할 물건과 가축은 스스로 가지라"고 말씀하십니다.

그러나 아간은 하나님의 명령과 뜻을 받아들일 수 없었고, 하나님을 온전히 신뢰하지 못했습니다. 여리고 성에서 힘겹게 얻은 모든 전리품들을 없애고 금과 은과 같이 귀한 것들을 하나님께 드리는 것에 동의할 수 없었습니다. 소유욕이 솟구쳐오르니 하나님의 말씀을 이해할 수 없게 되었고, 하나님의 뜻을 받아들일

수가 없었습니다. 광야에서야 하나님의 은혜로 입고 있었던 옷이 해어지지 않아 버틸 수 있었지만, 가나안 땅에 들어가게 되면 제대로 된 외투 한 벌은 엄청난 재산이 됩니다. 가나안 땅에 들어가면 집도 짓고 생활도 해야 합니다. 당장 필요한 것이 금과 은이고, 한 번만 눈감으면 평생이 보장되기에 그 유혹을 마다할 수 없었던 것입니다. 그래서 그는 21절 말씀처럼 시날 산의 아름다운 외투 한 벌과 은 이백 세겔과 그 무게가 오십 세겔 되는 금덩이 하나를 숨깁니다.

사소해 보이는 행동이었습니다. 전체 이스라엘 백성 이백 만명 중 아간의 가족 몇 사람만이 순종하지 않고 이렇게 행동한 것입니다. 그러나 하나님께서는 너무나 사소해 보이는 아간의 이 행동을 방관하지 않으셨습니다. 하나님께서는 아간의 행동을 '썩은 사과'라고 보신 것입니다. 그의 행동이 전체 이스라엘을 썩게 만들 수 있다고 판단하신 것입니다. 그래서 하나님께서는 썩은 사과를 찾아내라고 말씀하신 것입니다.

우리 삶에도 이러한 작은 상처와 욕심 같은 것들이 있어 우리 삶 전체를 썩게 만들 수 있고, 우리 공동체를 무너뜨릴 수 있습니다. 우리는 하나님의 말씀보다는 현실에 더 몰입하며 살아갑니다. 지금 당장 주어지는 엄청난 현실적인 이익을 포기하고 하나님의 말씀을 붙들며 사는 것이 쉽지 않습니다. 그래서 하나님께서는 우리의 불신앙과 불순종의 작은 부분이 결국 우리 인생 전체를 무너뜨릴 수 있음을 경고하십니다.

어떤 사과도 일부러 썩으려고 하지 않습니다. 어떤 사과도 일부러 자신의 몸에 상처를 내지 않습니다. 살다 보면 부딪힐 수 있고, 때로는 땅에 떨어지기도 합니다. 문제는 하나님의 말씀보다는 현실적인 이익이 더 크게 보인다는 점입니다. 그래서 그것에 손을 대는 순간 멍이 하나씩 들기 시작하는 것입니다. 아주 사소해 보이는 그 작은 멍이 결국 우리의 삶 전체를 썩어 들어가게 만드는 것입니다.

하나님의 말씀은 우리가 나무에 붙어있음으로 얻는 방어 시스템과 같습니다. 하나님의 말씀이 사소해 보이고 우리가 순종해도 되고 안 해도 되는 것처럼 여겨지지만, 그분의 말씀대로 살아가겠다고 순종의 삶을 결단하지 않으면 결국 우리는 스스로 하나님께 연결되어 있는 영적 방어시스템을 무너뜨리게 됩니다. 사탄이 만들어 내는 작은 죄의 멍이 우리의 영혼을 무너뜨리고 마는 것입니다.

썩은 사과는 반드시 손실을 가져옵니다. 작은 상처나 욕심, 무심코 지나쳐버린 멍이 우리의 영혼과 공동체를 무너뜨릴 수 있음을 기억하시고, 하나님의 말씀을 듣고 기억하고 순종함으로 하나님께 연결되어 영적 방어시스템을 구축할 수 있기를 바랍니다.

썩은 사과의 법칙 2. '썩은 사과는 쉽게 드러나지 않는다.' 과일 가게에서 썩은 사과는 사람들이 잘 보이는 곳에 위치하지 않습니다. 맨 아래쪽이나 잘 안보이는 곳에 숨어 있습니다. 위의 몇 개만 보고 물건을 사갔다가 나중에 열어 보면 아래에 썩어 있는 사과들을 보고 마음이 상할 때가 있습니다. 그러나 썩은 사과를 찾는 것은 쉽지 않습니다.

오늘 본문에 나오는 아간도 지금 아이 성 전투에서 사람들이 죽어가고, 백성들이 두려움에 빠지게 되고, 하나님의 이름이 바닥에 떨어졌지만 그것이 자기로 인해 일어난 일임을 전혀 알지 못합니다. 여호수아도 마찬가지였습니다. 왜 그들이 큰 성 여리고를 쉽게 이겼는데 삼천 명 정도면 정복할 수 있는 작은 성 아이에게 패하여 도망치게 되는지 전혀 이유를 알지 못합니다. 그래서 그가 하나님 앞에 엎드립니다.

그가 하나님께 하소연을 했을 때 하나님께서 11절에서 말씀하십니다. "이스라엘이 범죄하여 내가 그들에게 명령한 언약을 어겼으며 또한 그들이 온전히 바친 물건을 가져가고 도둑질하며 속이고." 하나님께서 여호수아에게 제비를 뽑게 하셔서 아간을 찾아낼 때까지 누구도 이 패배의 원인과 상황의 심각성을 직시하지 못하고 있었습니다. 우리도 내 속에 썩은 사과가 있다는 것을 깨닫지 못할 때가 있습니다. 아니 받아들일 수 없습니다. 우리는 우리의 내면을 들여야 볼 여유가 별로 없기 때문입니다. 늘 우리는 내가 원하는 삶을 향해 달려가느라 지금 나의 어떤 부분에 문제가 있고, 어떤 부분이 썩어가고 있는지 돌아보지 못합니다.

중요한 것은 내 속에 썩어가고 있는 어떤 부분을 스스로 찾아내어 도려내지 않으면 하나님께서 움직이신다는 점입니다. 아간을 보십시오. 순간적인 욕심으로 그것들을 숨길 수 있습니다. 절실하고 어쩔 수 없는 이유로 그러한 일을 했을 수 있습니다. 그러나 아간에게는 돌이켜서 자신의 잘못을 회개할, 그리고 자신 속에 있는 썩은 사과를 도려낼 수 있는 시간이 충분히 있었지만 그렇게 하지 않았습니다. 완전 범죄라고 생각했기 때문입니다. 누구도 본 사람이 없고, 자기 자신 외에는 그 일을 모른다고 생각했기 때문입니다. 그러나 그는 사람의 눈은 피했지만 하나님의 눈은 피하지 못했습니다.

성도 여러분! 내 속에 숨겨 놓은 썩은 사과를 빨리 찾아내야 합니다. 지금 그것 때문에 우리의 육체의 삶이, 우리의 영적인 삶이, 그리고 우리의 가정과 교회의 삶이 함께 썩어 들어가고 있다는 것을 잊지 말아야 합니다. 하나님께서 썩은 사과를 찾기 시작하실 때는 이미 늦습니다. 그때는 돌이킬 기회가 주어지지 않기 때문입니다. 지금이라도 우리의 썩어 들어가는 부분을 도려낸다면 하나님께서는 상처나고 깨진 우리 모습 그대로 받아주시고 다시 회복할 수 있도록 은혜를 주시지만, 계속 숨기고 우리 스스로를 썩어가게 만든다면 결국 하나님께서 아간을 버리신 것처럼 우리에게도 그렇게 하실 것입니다. 그때는 아간뿐 아니라 24절 말씀처럼 그가 훔쳤던 물건들과 그의 아들들과 딸들, 소와 양까지 하나님께서 폐기시켜 버리십니다. 아간의 썩은 사과가 그의 가족을 비롯한 모든 것을 다 썩게 만들었고, 버려지게 만든 것입니다.

지금이 기회입니다. 지금이 우리의 썩은 부분을 도려내고 하나님 앞에 엎드려야 하는 시간입니다. 내 속에 숨어 있는 썩은 사과를 찾아내십시오. 우리의 숨은 욕심과 탐욕, 야망과 교만이라는 썩은 사과를 찾아 철저하게 도려내야 나도 살고, 가족들도 살고, 교회도 사는 것입니다. 오늘 하나님께서 주신 회개의 기회를 놓치지 않기를 주님의 이름으로 축원합니다.

<u>썩은 사과의 법칙 3.</u> '썩은 사과는 절대 회복할 수 없다.' 썩은 사과는 절대 회복되지 않습니다. 그 썩은 사과는 도려내야 합니다. 그러나 우리는 가끔 착각합니다. 좋은 사과들 틈에 두면 그 썩은 사과가 좋아질 것이라고 말입니다. 현실은 절대 그렇지 않습니다. 건강한 사과가 썩은 사과를 다시 건강하게 만드는 것이 아니라 썩은 사과 하나가 건강한 사과들마저 썩게 만듭니다.

어느 날 한 아버지가 아들이 거칠고 무례한 소년들과 함께 어울려 놀고 있는 것을 보았습니다. 그날 저녁 아버지는 정원에서 빨간 사과 여섯 개를 따다가 쟁반 위에 얹어 놓고 아들 앞에 내밀었습니다. 아버지는 아들에게 그 사과는 아직 익은게 아니니까 다 익을 때까지 며칠 그대로 두어야 한다고 말했습니다. 그러고는 사과를 보관해 두면서 완전히 썩어버린 하나를 그 여섯 개의 사과들과 함께 두었습니다. 이것을 본 아들은 "썩은 사과가 다른 사과를 모두 썩게 할 텐데 … " 하면서 이의를 제기했습니다. 그러나 아버지는 "싱싱한 사과가 썩은 사과를 싱싱하게 만들 수 있지 않겠니?"라고 웃으며 말을 했습니다.

그로부터 8일이 지난 뒤 꺼내 와서 보니 그 사과들은 모두 썩어 있었습니다. 아들은 아버지에게 자신이 했던 말을 상기시켰습니다. 그제야 아버지는 아들에게 말합니다. "얘야, 나쁜 친구들과 어울리면 너도 결국 나쁜 사람이 될 것이라고 여러 번 말하지 않았니? 이 좋은 사과 여섯 개가 한 개의 썩은 사과를 싱싱하게 만들지 못할 뿐더러 싱싱한 여섯 개 모두 썩어버린 것을 보면, 나쁜 친구와 사귈 때 네가 장차 어떻게 될지 이제 깨달을 수 있겠지!"

기억해야 합니다. 절대 건강한 사과들이 하나의 썩은 사과를 다시 회복하게 만들 수 없다는 것을 말입니다. 그래서 주님은 썩은 사과를 제거하라고 말씀하십니다. 오늘 본문을 보면 하나님께서는 우리가 그 썩은 것을 도려내거나 제거하기까지 우리의 모든 발걸음을 막으십니다. 아니, 하나님께서 우리와 함께하지 않으십니다. 12절 후반부를 보십시오. 하나님께서 말씀하십니다. "그 온전히 바친 물건을 너희 중에서 멸하지 아니하면 내가 다시는 너희와 함께 있지 아니하리라." 13절 후반부를 보십시오. "너희가 그 온전히 바친 물건을 너희 가운데에서 제하기까지는 네 원수들 앞에 능히 맞서지 못하리라."

우리가 썩은 사과를 도려내기까지 하나님께서 더 이상 우리와 함께하지 않으실뿐더러, 하나님께서 우리를 위해 일하지 않으시겠다는 말씀입니다. 이 말씀은 우리에게 역으로 이런 질문을 해보게 합니다. 지금 하나님께서 우리의 삶에 함께 계신다는 것을 발견하지 못한다면, 지금 우리의 삶에 여전히 썩은 부분이 있기 때문은 아닌지, 하나님께서 우리가 하는 일들을 도와주지 않고 계신다면, 혹시 우리가 아직까지 제거하지 못한 썩은 사과가 있어서는 아닌지 먼저 물어보아야 하는 것입니다.

지금 이스라엘 앞에 놓인 가나안 정복 전쟁은 하나님께서 도와주시지 않으면 절대로 이길 수 없는 전쟁입니다. 우리가 살아가는 모든 삶도 마찬가지입니다. 여호와 하나님께서 우리와 함께 계시지 않으면, 즉 여호와 하나님께서 우리를 도와주시지 않으면 우리는 절대로 이 땅에서 살아갈 수 없습니다. 우리에게 썩은 사과는 단순한 선택의 문제가 아니라 반드시 해결하여야 할 문제인 것입니다. 그래야 다시 주님과 함께 우리에게 주어진 길을 걸어갈 수 있습니다.

말씀을 정리하겠습니다. 썩은 사과는 반드시 손실을 가져옵니다. 그렇기에 작은 멍 하나도 가볍게 보아서는 안 됩니다. 우리는 늘 하나님의 말씀으로 영적 방어 시스템을 구축해야 합니다. 썩은 사과는 쉽게 드러나지 않지만 하나님의 시간 안에 반드시 찾아내고 그 부분을 도려내야 살 수 있습니다. 썩은 사과는 절대 회복될 수 없습니다. 그러므로 골라내고, 아깝지만 도려내야 하는 것입니다. 그래야 하나님께서 우리와 함께하실 수 있고, 하나님께서 우리를 위해 일하실 수 있습니다.

성도 여러분! 혹시 우리의 삶에 썩은 사과와 같은 영역은 없습니까? 하나님의 말씀을 이 정도쯤이야, 하고 생각하며 불순종하는 썩은 사과와 같은 부분이 있지 않습니까? 그 사소해 보이는 작은 부분이 이제 곧 도착할 젖과 꿀이 흐르는 가나안에서의 삶을 깨뜨릴 수 있습니다. 아무리 잘 숨겨도 하나님께서는 우리의 썩은 부분을 찾아내실 것입니다. 하나님께서 우리의 썩은 부분을 찾아내시기 전에 먼저 도려내고 엎드리는 여러분의 삶이 되기를 바라십니다. 시간을 보낸다고 달라지는 것은 없습니다. 더 썩어가고 나중에는 회복 불능의 상태에 이르고 말 뿐입니다. 지금 하나님 앞에 우리의 잘못과 죄악을 고백하고 용서를 구할 수 있기를 바랍니다. 하나님의 말씀에 100% 순종함으로 나아가십시오. 그럴 때 하나님의 약속이 우리 삶에서 성취되는 놀라운 역사가 일어날 것입니다.

설교 분석

이 설교는 2018년 5월 마지막 주에 교회에서 장년들을 대상으로 한 설교이다. 통이미지 설교는 설교의 이미지가 가지는 자연스러운 메시지의 흐름이 설교 메시지와 자연스럽게 맞물려서 청중의 인식의 흐름 속에서 자연스럽게 흘러가는 설교이다. '썩은 사과의 법칙'이라는 이미지를 모를지라도 청중은 그 내용을 자연스럽게 유추할 수 있다. 썩은 사과 하나가 전체 사과 박스를 썩게 만들수 있다는 것도, 썩은 사과는 드러나지 않게 숨어 있다는 것도, 그리고 절대로 썩은 사과는 회복할 수 없다는 것도 사람들은 이미 삶의 경험으로 알고 있다. 이러한 기본적인 사람들의 인식의 흐름에 말씀의 메시지를 연결하는 것은 말씀을 기억하여 삶에 적용하는데 도움을 줄 수 있다.

본문에 나오는 아간의 이야기는 썩은 사과의 법칙과 자연스럽게 연결된다. 여기서 주의해야 할 것은 세상적인 이미지에 하나님의 말씀을 끼워 맞추기보다는 자연스럽게 연결해야 한다는 점이다. 다행스럽게도 썩은 사과의 법칙과 본문이 지향하는 방향이 충돌하지 않고 자연스럽게 연결된다. 아간의 행동이 공동체를 패배하게 만들었지만 그는 자신의 죄를 드러내지 않고 하나님께서 찾아내실 때까지 그것을 숨긴다. 하나님께서는 여호수아로 하여금 썩은 사과와 같은 아간을 찾아내게 하시고, 이스라엘 공동체의 손으로 그 썩은 부분을 잘라내어 아이 성에서 승리를 경험하게 하신다.

물론 통이미지 설교가 강렬하고 사람들의 기억에 오래 남게 되지만 자연스러운 연결을 만들어 내고 적합한 이미지를 찾는 것이 쉽지 않다. 그러다 보니 이러한 통이미지 설교를 많이 할 수 없다. 정확하게 들어맞을 때는 이 설교 방식을 택할 수 있지만 그렇지 않을 때는 이미지 주도형 설교나 이미지화 설교로 바꾸어 설교를 진행해도 된다. 다시 말하지만 이미지 설교는 억지로 끼어 맞추는 것보다 자연스럽게 연결되어야 하고 또한 본문에 적합해야 한다. 그래야 인식의 흐름에서 벗어나지 않고 자연스럽게 기억나게 된다.

5. 실물 이미지 설교의 실제

설교 제목   바운스 바운딩
설교 본문   하박국 3:17-19

오늘은 하나님께서 우리 교회를 세우신 지 56년 째 되는 주일입니다. 56년 역사 가운데 우리 교회는 희로애락을 겪어 왔습니다. 여러분의 기억 속에 교회가 가장 힘들고 어려울 때는 언제였다고 생각하십니까? 저는 2001년 화재로 교회 본당이 불탔던 사고가 아닌가 생각합니다. 그로 인해 많은 분들이 낙담했고, 절망했고, 그로 인해 교회를 떠난 분들도 계십니다. 그러나 그때의 화재 사건은 교회 건축의 도화선이 되어 오늘과 같이 좋은 성전에서 예배를 드릴 수 있게 하였습니다. 지난 56년의 교회의 역사

가운데는 굴곡이 있었습니다. 좋은 일도 있었고, 나쁜 일도 있었습니다. 바닥을 향해 내려갈 때도 있었고, 그 바닥을 치고 위로 다시 올라갈 때도 있었습니다.

바운스+바운딩

'바운스'bounce라는 말은 볼이 바닥을 쳐서 튀어 오르게 하는 것을 의미하고, '바운딩'bounding이라는 말은 '튀어 오른다'는 뜻을 가지고 있습니다. 그래서 저는 두 단어를 조합해서 '바운스 바운딩'이라는 신조어를 만들어 보았습니다. 이것은 '바닥을 치고 위로 튀어 올라가는 것'을 의미합니다.

내셔널지오그래픽에서 재미있는 실험을 했습니다. 당구공, 테니스공, 쇠공, 고무공을 같은 높이에서 떨어뜨리면서 가장 높게 튀어 오르는 공을 찾는 실험입니다. 여러분은 어떤 공이 가장 높게 튀어 오르리라고 생각하십니까? 이 시간 잠시 영상을 보겠습니다. 영상 재생 - https://www.youtube.com/watch?v=M8n6QZHtWYg

정답은 '쇠공'이었습니다. 오늘 우리도 실험을 한번 해 보려고 합니다. 여기 다섯 개의 공이 크기에 따라 놓여 있습니다. 1 탁구공, 2 테니스공, 3 탱탱볼, 4 배구공, 5 농구공. 이들 중 가장 잘 튀어 오르는 것은 어떤 공일까요? 각 공을 선택하는 사람들을 손들게 하고 그러한 공을 선택하는 이유를 말해 보게 하라. 이후 공을 하나씩 튕겨 보라. 가장 큰 공인 배구공과 농구공의 바람을 미리 빼 놓아라. 겉보기에는 차이가 없지만 튕기는 순간 공이 튀어오르지 않는 상태로 공을 준비하라.

세상의 선택 이유: 가능성과 능력

어떤 분들은 크기에 따라 공을 선택한 분들도 계실 것입니다. 어떤 분들은 공에 대한 경험에 따라, 혹은 공에 대해 알고 있는 지식에 근거해서 공을 선택하셨을 것입니다. 무엇보다도 우리의 선택에 영향을 미친 요소는 그 공이 가진 가능성과 능력일 것입니다. 우리의 삶도 마찬가지입니다. 우리는 누군가 가진 능력과 가능성으로 그 사람을 판단합니다. 누구는 공부를 잘하니까, 또 다른 사람들보다 외모가 뛰어나니까, 그리고 다른 사람들보다 부자니까, 아니면 더 좋은 기회를 얻었으니까 등 머릿속으로 세상 사람들이 생각하는 높게 튀어 오를 조건들을 중요하게 생각하며 살아갑니다. 그러나 이것들이 전부가 아닙니다. 중요한 것은 이 공의 능력과 잠재력보다 이 공의 현재 상태입니다.

여러분들이 보시는 것처럼 이 공들이 가지는 잠재력과 능력이 아무리 크더라도 공기가 채워져 있지 않다면 이 공들은 높게 튀어 오를 수 없습니다. 우리 인생도 그렇습니다. 여러분의 삶이 아무리 가능성이 있고 능력이 출중해도 여러분들이 다가오는 문제와 상황 앞에 낙담하고 절망하여 무기력한 상태에 빠져 있다면 여러분의 삶은 위로 튀어 오를 수 없을 것입니다.

바람 빠진 공: 이스라엘

오늘 본문에 나오는 이스라엘은 하나님께서 선택하셔서 자기 백성으로 삼으신 민족입니다. 어떤 민족이나 나라보다 잠재력과 능력을 가진 민족입니다. 그렇다면 당연히 이들의 삶은 더 높게 튀어 올라야 합니다. 그러나 오늘 본문은 이들의 상태를 무화과나무가 무성하지 못한 것으로 표현하고 있습니다. 포도나무에 열매가 없고, 감람나무에 소출이 없습니다. 밭에 먹을 것도 없습니다. 무화과나무, 포도나무, 그리고 감람나무는 이스라엘에서 가장 중요한 과실나무입니다. 가장 흔하게 열매를 얻을 수 있는 나무들이기 때문입니다. 그런데 이러한 나무들이 무성하지 않고 열매나 소출을 얻지 못한다면 백성들의 입장에서는 그야말로 완전한 절망의 상황인 것입니다. 먹을 것도 마실 것도 지금 그들에게 없다는 것입니다.

다음 말씀을 보십시오. 우리에 양이 없습니다. 외양간에 소도 없습니다. 양이나 소는 이스라엘 백성들의 생계 수단입니다. 양을 치는 목축업과 농사를 짓기 위한 소는 농경 생활의 필수 요소들입니다. 그런데 양과 소가 없다고 말하는 것은 절망적인 상황을 한 번 더 반복해서 강조하고 있는 것입니다. 철저하게 무너지고 파괴되어 버린 현재 상황을 보여주는 것입니다. 우리가 높이 튀어오르기 위해 기억해야 할 것들이 있습니다.

그러나, 우리는 우리의 가능성과 능력을 신뢰합니다. 우리의 전통과 경험을 중요하게 생각합니다. 눈에 보이는 외적인 모습과 지금까지 이루었던 성취를 기억합니다. 그러나 그것들만 생각하다가 놓친 것이 바로 지금 우리의 상태입니다. 아무리 잠재력과 가능성이 뛰어나도 현재 우리의 상태가 주어진 상황으로 인해 절망하고, 낙심하고, 포기하고, 우울해하면 어떠한 것도 할 수 없습니다.

튀어 오름: 하나님의 공급하심

오늘 본문 18절에서 하박국 선지자는 고백합니다. "나는 여호와로 말미암아 즐거워하며 나의 구원의 하나님으로 말미암아 기뻐하리로다." 그는 상황보다 하나님을 신뢰함으로 바람이 빠진 공처럼 살지 않고 19절 말씀처럼 주 여호와를 자기 힘으로 삼고 살아가겠다고 고백합니다. 여호와 하나님이 힘이시라는 말은 하나님께서 열매를 주시고, 우리에 양을 있게 하시고, 외양간에 사라진 소를 채우신다는 것이 아닙니다. 물론 하나님께서는 그렇게 하실 능력이 충분하십니다. 그러나 이 구절의 진정한 의미는, 우리가 우리의 힘이 되시는 여호와 하나님 그분의 존재만으로 즐거워하고 기뻐한다고 고백하는 것입니다. 하박국은 믿었습니다. 하나님만이 자신의 환경과 처지를 바꿀 수 있는 구원의 하나님이심을, 그리고 하나님만이 자기 삶에 힘을 공급하실 수 있는 분이심을 알았습니다.

더 간단하게 말하면, 바람 빠진 공처럼 살지 않고 하나님께서 주시는 힘으로 자신을 채우는 삶을 살겠다는 말입니다. 그리고 그 힘으로만 기뻐하고 즐거워하겠다는 말입니다. 성도 여러분! 우리의 삶도 마찬가지입니다. 삶이 불공평해 보이고 생각지 못한 고난과 어려움이 우리 앞을 가로막아도 우리의 힘은 오직 여호와 하나님이심을 기억하여야 합니다. 그 하나님에게서 지속적으로 공기를 주입받아야 합니다. 바람이 없는 공들에 펌프로 공에 바람을 넣는다.

무기력한 이 공들에 공기를 주입하자 다시 튀어 오를 수 있게 되었습니다. 가능성과 잠재력은 다음 문제입니다. 우리의 삶도 마찬가지입니다. 우리의 삶에도 언제나 위기와 어려움이 찾아옵니다. 그러나 그 상황과 형편을 보고 절망하고, 포기하고, 낙담해서는 안 됩니다. 우리에게는 지속적인 공기 주입이 필요합니다. 우리의 힘이 되시는 하나님 앞에 나와야 하는 것입니다. 하나님만이 우리의 힘이 되시기 때문입니다.

다시 여러분들에게 질문을 드리겠습니다. 모든 공에 적당한 공기가 주입되었습니다. 그러면 이번에는 어떤 공이 가장 높게 튀어 오를까요? 사람들에게 다시 각 공에 대해 손을 들게 한다. 그리고 이번에는 사람들의 의견이 가장 적은 공을 설교자가 강하게 튕겨서 가장 높게 튀어 오르게 만든다.

튀어 오름: 하나님의 손

성도 여러분! 우리가 위로 튀어 오름에 있어 우리의 가능성과 능력, 우리의 현재 상태보다 더 중요한 한 가지가 있습니다. 그것은 하나님의 손입니다. 하나님께서 지금 어떤 공에 힘을 주시는가에 따라 바로 그 공이 높게 튀어 오를 수 있습니다. 다시 말해 우리가 상식적으로나 경험적으로 어떤 공이 가장 높게 튀어 오를 것이라고 예상을 합니다. 그러나 현실과 다른 이유는, 그 공을 던지시는 하나님의 손을 고려하지 않았기 때문입니다. 공이 가장 높게 튀어 오르는 것은 공을 던지는 분이 지금 어떤 공에 힘을 주시느냐에 달려 있는 것입니다.

19절 성경은 말합니다. "주 여호와는 나의 힘이시라. 나의 발을 사슴과 같게 하사 나를 나의 높은 곳으로 다니게 하시리로다." 우리의 발은 사슴과 같이 빨리 달리기에 최적화된 모습이 아닙니다. 그러나 주님께서 우리에게 힘을 주시면 사슴처럼 달릴 수 있는 능력이 생기고, 하나님께서 우리의 삶에 힘을 주시니까 우리의 발이 높은 곳으로 튀어 오를 수 있는 것입니다. 하나님의 손이 우리를 튀어 오르게 만드실 수 있기 때문입니다.

우리 교회의 앞날이나 여러분 한 분 한 분이 가는 길도 하나님의 손이 어떻게 역사하시느냐에 달려 있습니다. 나는 달리고 싶지만 하나님께서 달리지 못하게 바람으로 막으실 수도 있고, 나는 걸어가려고 하는데 뒤에서 순풍을 불어주셔서 달리게 하실 수도 있습니다. 나는 조금만 튕기려고 하지만 하나님의 강력한 손이 나를 강하게 튕기셔서 내 생각과 달리 높이 올라가게 하시기도 하는 것입니다.

중요한 것은 '하나님께서 지금 나를 어떤 힘으로 나를 튕기시려고 하시는가'입니다. 하나님께서 튕기시려고 하는데 내가 튕기지 않으려고 발버둥치거나 내 공에 바람이 빠진 것처럼 죄와 절망에 빠져 있는 것이 문제입니다. 우리는 늘 하나님께서 언제든 나를 튕기실 것을 기억하고 준비해야 합니다. 그러면 하나님께서 나에게 힘을 주어 튕기실 때 나의 준비됨과 하나님의 손이 합쳐져서 놀라운 비상과 상승을 경험하게 되는 것입니다.

튀어 오름: 바닥을 치는 것

우리가 더 높은 곳으로 튕겨 올라가기 위해서 기억해야 할 한 가지는, 바닥으로 내려가는 것을 두려워해서는 안 된다는 것입니다. 바닥으로 내려갈 때의 우리는 우울하고, 절망적이고, 죽고 싶기까지 합니다. 그래서 하나님께서 바닥으로 당기실 때 우리는 반항을 합니다. 절대 내려가지 않겠다고 발버둥칩니다. 그런데 아십니까? 힘차게 바닥을 쳐야 다시 힘 있게 그 반동으로 튕겨져 올라갈 수 있다는 것을 말입니다. 살다 보면 우리 교회나 인생도 바닥을 칠 때가 있습니다. 그러나 기억하십시오. 지금 내게 주어진 이 바닥은 하나님께서 나를 다시 위로 튕겨져 올라가게 하시기 위한 하나님의 섭리와 계획 속에 있다는 것을 말입니다.

지난 2014년 하버드 대학 졸업식장에서 뜻깊은 축사가 있었습니다. 졸업식 연설가는 해리 포터의 작가인 조앤 롤링Joan K. Rowling이었습니다. 그는 "실패의 유익"이라는 제목으로 연설을 했습니다. 그녀는 대학을 졸업하고 결혼에 실패하여 싱글맘으로 살았고, 그 후에도 실패는 계속되었습니다. 끝없는 추락 가운데 그녀는 자살을 시도했습니다. 그러나 차마 어린 딸을 두고 죽을 수 없어 바닥을 치고 다시 일어섰다고 말합니다. 친구로부터 600파운드를 빌려 에든버러에 있는 낡고 허름한 임대 아파트를 얻었고, 우울증과 싸우며 마법 소년 해리 포터를 써 내려갔습니다. 생활고를 이기기 위해 쓰는 것이었지만, 글을 쓰는 다른 하나의 이유는 동화책 하나 사줄 수 없는 형편이었기에 스스로 어린 딸에게 해줄 이야기를 쓰는 엄마가 되기로 한 것입니다. 1997년 6월 26일 해리 포터 시리즈가 출간되자 세상이 흔들리기 시작했고, 끼니를 걱정해야 했던 조앤 롤링은 해리 포터 시리즈 대박으로 자그마치 5억 4,500만 파운드, 한국 돈으로 1조 850억 원의 거부가 되었습니다. 세계 부자 순위 500위권에 올랐고 영국 여왕보다 더 큰 부자가 되었습니다. 그러나 그녀가 하버드 대학 졸업식장에서 축사를 할 수 있었던 것은 그녀가 대박 작가이거나 억만장자가 되었기 때문이 아니라 바닥을 치고 일어선 사람이었기 때문이었습니다. 그녀가 바닥을 절대 칠 일이 없어 보이는 하버드생들에게 하고 싶은 이야기는, 성공을 하고 싶거든 바닥을 치고 일어서라는 것이었습니다.

지난 56년간 하나님께서 우리 교회를 인도하셨습니다. 믿음의 선배들이 교회를 잘 이끌어 오셨습니다. 그러나 그것만으로는 부족합니다. 하나님의 손이 우리와 함께 하신 것처럼, 하나님의 손이 함께 하셔야 앞으로 걸어갈 우리의 50년도 다시 튀어오를 수 있습니다.

성도 여러분! 여러분의 인생도 다시 하늘 높이 튀어 오르기를 원하십니까? 그렇다면 지금 하나님의 손이 여러분들과 함께하고 계신지 확인하십시오. 여러분의 삶이 지금 하나님을 인생의 힘으로 삼고 그 힘으로 살아가고 있는지 확인하십시오. 여러분의 가능성과 잠재력을 믿지 말고, 하나님을 믿고 달려가는 여러분 모두가 되시기를 바랍니다.

설교 분석

이 설교는 2019년 3월 10일 교회 창립 56주년과 온 세대 예배를 맞이하며 했던 설교이다. 아이들과 함께 드린다는 예배의 특성과 교회 창립 주일이라는 상징성으로 인해 교회 공동체에 다시 한 번 튀어 올라야 할 삶의 원동력을 공급하고, 더 나아가 청소년들에게 힘들고 어려운 삶의 자리에서 하나님을 인생의 힘으로 삼고 달려가라는 실제적인 메시지를 전달하려는 목적을 가진 설교였다.

이 설교는 자신의 가능성과 잠재력으로 판단하는 우리의 세속적인 태도를 공에 채워진 바람을 통해 표현하려고 했다. 공이 가지는 잠재력과 능력이 아무리 뛰어나도 바람이 채워져 있지 않다면 공은 절대로 위로 튀어오를 수 없기 때문이다. 특히 이 설교에는 온 세대 예배를 통해 청소년들에게 주는 메시지가 있었다. 많은 청소년들이 부모의 경제력이나 조건에 따라 금수저나 흙수저로 구분하고, 지능이나 성적에 따라 자신의 미래를 예단하는 폐해를 경험하고 있다. 이런 상황에서 우리의 성공과 미래는 그러한 눈에 보이는 잠재력과 가능성이 아닌, 현재를 대하는 자신의 삶의 태도와 그 삶의 주도권이 누구의 손에 달려 있는지에 따라 달라진다는 것을 실물 이미지를 통해 그들에게 알려주려고 했다.

공이라는 이미지는 사람들에게 친숙하다. 바람이 빠진 공, 바람이 채워진 공, 그리고 튕기는 사람의 손에 따라 공이 더 높게 튀어오를 수도 있고 그렇지 않을 수도 있다는 개념을 통해 청중은 하나의 각인된 이미지로 말씀을 기억하게 된다. 그리고 자신의 모습을 돌아볼 수 있게 된다. 실물 이미지 설교는 다른 어떤 설교보다 더 강력한 이미지를 만들어 내고 오랫동안 기억하는 메시지가 된다.

나가는 말

지금 우리는 자신들의 의지와 상관없이 수많은 이미지 광고와 기호들에 둘러싸여, 세상을 주도하는 여러 이미지들의 지배를 받으며, 또한 이미지가 공급하는 의미에 세뇌되어 살아간다. 이미지 설교 방법론은 우리가 가지고 있던 이미지 기호에 새로운 기의(記意)를 부여함으로 기호의 의미를 바꾸어 나가는 설교 방법론이다. 이미지로 설교하는 이유는 메시지를 기억하고 적용하기 위함이며, 이미지에 담겨 있는 말씀을 통해 삶을 주도하고 결국 변화를 경험하기 위함이다. 그래서 이미지 설교 방법론은 들리는 설교가 되어 청중의 말씀에 대한 집중력과 몰입도를 증가시키고, 말씀을 경험한 후의 삶에 지속적인 변화를 이끌어내는 일에 유익이 된다.

이미지 설교 방법론은 눈에 보이는 감자 줄기를 끌어당길 때 땅속에 숨어 있던 감자 열매가 따라나오듯이 이미지를 끌어당길 때 하나님의 말씀이 기억나게 하는 설교 방법이다. 이미지 설교 방법론은 해석과 전달이라는 설교의 핵심 원리에 근거하여 강해 설교의 기본적인 정의를 제대로 구현하려고 노력하는 설교 방법론이다. 전통적인 강해 설교가 가지는 한계를 뛰어넘기 위한 노력으로 시작된 변형된 설교 방법론의 문제에 대해 함께 고민하고 신新설교학이 놓친 본문과 성경 저자의 의도를 살리면서 성경적이면서 청중에게 들려지는 설교를 지향한다.

이미지 설교 방법론은 강해 설교를 더 강해 설교답게 만드는 일에 기여한다. 또한 이미지 설교는 청중에게 설교가 들려지게 만든다. 그리고 들려진 설교가 기억되고 적용되며, 삶의 변화로까지 나가도록 도와준다. 그러나 이미지 설교 방법론은 기존의 설교들이 끝을 맺는 시점에 다시 설교 준비가 시작된다는 고충이 있다. 대지 설교라면 설교 준비가 끝났을 시점에 이미지 설교는 다시 그 대지들을 하나로 요약하기 위한 새로운 묵상의 시간을 필요로 한다. 연속 주해식 설교의 준비가 끝나는 시점에 다시 그 모든 내용들을 하나로 모으기 위해 이미지 설교는 한 번 더 묵상과 본문 연구를 해야 한다. 일반적인 강해 설교 준비가 끝날 무렵 이미지 설교는 그 중심 주제를 이미지 언어로 바꾸는 수고를 다시 한 번 하게 한다. 청중에게 들려지는 설교를 하기 위해 기존의 설교 준비에 투자하던 시간에 더 많은 시간을 투자하지 않고는 이 설교 방법론을 효과적으로 사용하기 어렵다.

또한 이미지 설교 방법론은 성경 저자가 말하려고 하는 중심 주제를 이미지로 바꾸는 작업을 수반하기에, 적합하게 사용되지 않으면 그 이미지가 끼워 맞춰져서 어색한 설교가 될 위험성을 가지고 있다. 이미지가 설교 전체를 이끌어가지 못하고 부분적으로 사용되거나 예화 정도로 사용될 수 있는 문제도 나타날 수 있다.

이미지 설교 방법론은 더 성경적이고, 더 적용 중심적이고, 그리고 더 강력한 임팩트가 있는 설교 형태이다. 그러나 아직 더 연구가 필요하고 더 다양하고 구체적인 방법론들이 추가될 필요도 있다. 성경 저자가 말하려는 중심 주제를 이미지로 변환하는 하나의 고정된 틀에서 이제는 더 다양한 시도와 도전을 해 보아야 한다.

이미지 설교 방법론은 강해 설교이어야 하고 그 기본적인 개념을 벗어나지 않아야 한다. 그러기 위해서는 '이미지'와 '설교'가 분리되어서는 안 된다. 이미지가 없는 설교는 결국 전통적인 강해 설교의 형태에 머무를 수밖에 없고, 이미지만 있는 설교는 결국 신설교학으로 흘러갈 수밖에 없다. 이미지와 설교가 제대로 결합한 이미지 설교는 강해 설교를 더욱 강해 설교답게 만들고 청중에게 들려지는 설교가 되게 만들 것이다. 만약 당신의 손에 강해 설교라는 '직구'를 던질 수 있는 힘이 있다면 이제 이미지 설교라는 '변화구'를 한번 준비해 보는 것은 어떤까? 투수가 직구만 던질 수는 없다. 때로는 타자에 따라 변화구도 섞어 던질수 있어야 한다. 그래야 청중의 마음을 사로잡을 수 있고, 말씀을 통해 강력한 임팩트를 만들어 낼 수 있다. 이제 준비되었다면 강단이라는 마운드에서 이미지 설교라는 변화구를 던질 준비를 하라. 아마 설교자인 당신 자신과 당신이 섬기는 강단에 놀라운 일이 일어날 것이다.

주(註)

1 Steven W. Smith, 『나는 죽고 성도를 살리는 설교자』, 김대혁 역 (서울: 베다니출판사, 2011), 28–30.
2 Martyn Lloyd-Jones, 『설교와 설교자』, 정근두 역 (서울: 복있는 사람, 2018), 169–99.
3 John R. W. Stott, 『설교자란 무엇인가』, 채경락 역 (서울: IVP, 2010), 15–23.
4 Ibid., 151–89.
5 Ibid., 23–45.
6 Ibid., 50–86.
7 Thomas G. Long, 『증언으로서의 설교』, 정장복·김운용 역 (서울: 쿰란출판사, 1998), 62–76.
8 Ibid., 63.
9 Ibids., 49–62.
10 John R. W. Stott, 『설교자란 무엇인가』, 119–48.
11 Ibid., 89–116.
12 Thomas G. Long, 『증언으로서의 설교』, 80
13 Martyn Lloyd-Jones, 『설교와 설교자』, 173–7.
14 Andy Stanley, 『성공하는 사역자의 7가지 습관』, 윤종석 역 (서울: 디모데, 2004), 85–100.
15 박삼열, "한국 교회 목회자들의 설교에 관한 의식 연구," 『목회와 신학』, 2003년 4월, 163–9.
16 안두익, "효과적인 설교 전달을 위한 설교 형식에 대한 연구—강해적 대지설교를 중심으로," (박사학위논문, 합동신학대학원대학교, 2014), 59.
17 정인교, "영적 힘이 느껴지는 설교", 『그 말씀』, 제34호(1995년 5월), 90–1.
18 "설교란 성경 중의 어느 한 책이나 또는 보다 확장된 부분의 말씀을 계속적으로 취급하는 방식의 설교를 의미한다." F. B. Meyer, 『강해설교 계획과 방법』, 서기산 역 (서울: 월간목회사, 1977), 37.
19 Bryan Chapell, *Christ-Centered Preaching* (Grand Rapids: Baker Academic, 2013), 128–9.
20 John A. Broadus, 『설교학 개론』, 정성구 역 (서울: 세종문화사, 1988), 109; J. Daniel Baumann, 『현대 설교학 입문』, 정장복 역 (서울: 양서각, 1983), 143; M. F. Unger, 『강해설교원리』, 최남수 역 (서울: 가브리엘 신학연구소, 1985), 54–5; Ramesh Richard, 『삶을 변화시키는 7단계 강해설교 준비』, 정현 역 (서울: 도서출판 디모데, 2001), 21; Haddon W. Robinson, 『강해설교』, 박영호 역 (서울: CLC, 2007), 37; 정인교, "영적 힘이 느껴지는 설교," 90–1.
21 Haddon W. Robinson, 『강해설교』, 23.

22　Ibid., 23-5.
23　E. D. Hirsch, *Validity in Interpretation* (London: Yale university Press, 1967), 1-23; cf. Kaiser, 31-47, 장두만, 『강해설교 작성법』, 44에서 재인용.
24　Haddon W. Robinson, 『강해설교』, 25-7.
25　Ibid., 27-8.
26　Ibid., 28-30.
27　Philips Brooks, *Lectures on Preaching* (New York: Dutton, 1877), 8.
28　Haddon W. Robinson, 『강해설교』, 31-2.
29　Bryan Chapell, *Christ-Centered Preaching*, 128-9.
30　Jerry Vines, *A Practical Guide to Sermon Preparation* (Chicago: Moody Press, 1985), 7.
31　James Braga, *How to Prepare Bible Messages* (New York: Crown Publishing Group, 2013), 53.
32　J. Daniel Baumann, *An Introduction to Contemporary Preaching* (Grand Rapids: Baker Book House, 1972), 102.
33　Ramesh Richard, 『삶을 변화시키는 7단계 강해설교 준비』, 21.
34　장두만, 『다시 쓰는 강해설교 작성법』 (서울: 요단, 2016), 30-40.
35　Walter L. Liefeld, 『신약을 어떻게 강해할 것인가?』, 황창기 역 (서울: 두란노서원, 1987), 32-5
36　Denis Lane, 『(데니스레인의)강해설교 자료모음』, 양승헌, 정동섭 역 (서울: 두란노서원, 1985), 32-3.
37　Richard L. Mayhue, "Rediscovering Expository Preaching," in *Rediscovering Expository Preaching*, ed., John Macarthur (John Macarthur, Dallas: Nelson Reference & Electronic Pub, 1992), 12-3, 장두익 42에서 재인용.
38　Walter L. Liefeld, *New Testament Exposition* (Grand Rapids, Mi: Zondervan Corporation, 1984), 6-7.
39　송인규, "강해설교란 무엇인가," 『그 말씀』, 1997년 2월, 269.
40　Steven W. Smith, 『나는 죽고 성도를 살리는 설교자』, 김대혁 역 (서울: 베다니, 2011), 27-30.
41　장두만, 『다시 쓰는 강해설교 작성법』, 61-2.
42　정현, 『성경적인 설교를 위한 십계명』 (서울: 두란노아카데미, 2012), 49-50.
43　장두만, 『다시 쓰는 강해설교 작성법』, 62.
44　Haddon W. Robinson, 『강해설교』, 23.
45　장두만, 『다시 쓰는 강해설교 작성법』, 43.
46　Haddon W. Robinson, 『강해설교』, 23.

47   Ibid., 23.
48   Ibid., 32, 105.
49   Warren W. Wiersbe, *Preaching and Teaching with Imagination* (Grand Rapids, MI: Baker Books house, 1997), 217.
50   Haddon W. Robinson and Craig Brian, 『성경적인 설교 준비와 전달』, 주승중 외 4명 역 (서울: 두란노 아카데미, 2015), 202
51   Ibid., 201.
52   "하나님의 율법책을 낭독하고 그 뜻을 해석하여 백성에게 그 낭독하는 것을 다 깨닫게 하니" (느8:8)
53   Haddon W. Robinson and Craig Brian, 『성경적인 설교 준비와 전달』, 201-2.
54   Ibid., 204-5.
55   Ibid., 201.
56   Jay E. Adams, *Truth Applied: Application in Preaching* (Grand Rapids, Michigan: Zondervan Publishing House, 1990), 33-4.
57   Haddon W. Robinson and Craig Brian, 『성경적인 설교 준비와 전달』, 210-1.
58   Davis, H. Grady, *Design for Preaching* (Philadelphia: Muhlenberg, 1958); Haddon W. Robinson and Craig Brian, 『성경적인 설교 준비와 전달』, 213-4.
59   John A. Broadus, *On the Preparation and Delivery of Sermon* (New York: Harper Collins Publishers, 1979); Haddon W. Robinson and Craig Brian, 『성경적인 설교 준비와 전달』, 211-2.
60   Haddon W. Robinson and Craig Brian, 『성경적인 설교 준비와 전달』, 214.
61   한기총은 2009년 당시 71개 교단과 9개의 단체로 구성된 한국 교회를 대표하는 초교파 연합기관이고, 1989년 12월에 시작되었다.
62   안두익, "효과적인 설교 전달을 위한 설교 형식에 대한 연구-강해적 대지설교를 중심으로," 59.
63   주승중, 『성경적 설교의 원리와 실제』 (서울: 예배와 설교 아카데미, 2006), 127.
64   정장복 편, 『설교학 사전』 (서울: 예배와 설교 아카데미, 2004), 759-60.
65   정창균, "효과적인 설교방법과 설교형식의 다양화," 『헤르메네이아 투데이』, 제45권(2008년 12월): 307-8.
66   Ibid., 308-9.
67   정창균, "고정된 설교의 틀에서 벗어나라," 『그 말씀』, 1995년, 19.
68   정창균, "효과적인 설교 방법과 설교 형식의 다양화," 『헤르메네이아 투데이』, 45권(2008): 309-11.
69   이호우, 『초기 내한 선교사 곽안련의 신학과 사상』 (서울: 생명의 말씀사, 2005), 206.

70　곽안련, 『설교학』 (서울: 대한기독교서회, 2009), 261-323.
71　Ibid., 59.
72　Ibid., 35, 55, 137.
73　김운용, "대지설교," 『설교학사전』, 정장복 편 (서울: 예배와 설교아카데미, 2004), 759.
74　정창균, "효과적인 설교방법과 설교형식의 다양화," 『헤르메네이아 투데이』, 제45호(2008.12): 309.
75　Eugene L. Lowry, 『이야기식 설교구성』, 이연길 역 (서울: 한국장로교출판사, 1996), 17.
76　Richard L. Eslinger, 『설교 그물짜기』, 주승중 역 (서울: WPA, 2015), 19.
77　정인교, 『현대 설교, 패턴으로 승부하라』 (서울: 청목출판사, 2008), 114-5.
78　Ibid., 114.
79　Haddon W. Robinson, 『강해설교』, 41-2.
80　정장복 외, 『설교학 사전』, 833-4.
81　이명희, 『이명희 현대 설교론』 (서울: A.C.E, 2007), 145-6.
82　정인교, 『설교학 총론』 (서울: 대한기독교서회, 2003), 291-2.
83　정장복, 『한국 교회의 설교학 개론』 (서울: 예배와 설교 아카데미 2001), 160.
84　Ibid., 161-2.
85　방관덕, "설교의 제 유형에 관한 연구와 비판" (박사학위 논문, 아세아연합신학대학원, 1985), 264.
86　주성호, 『21세기를 위한 설교학』 (서울: 대한기독교서회, 2001), 148-9.
87　이명희, 『이명희 현대 설교론』 (서울: A.C.E, 2007), 148-52.
88　N. M. Cleave, 『설교 핸드북』, 이일호 역 (서울: 엠마오, 1987), 43.
89　곽안련, 『설교학』 (서울: 대한기독교서회, 1992), 66.
90　Ibid., 66.
91　방관덕, "설교의 제 유형에 관한 연구와 비판", 264.
92　정장복, 『한국 교회의 설교학 개론』, 161-2.
93　주성호, 『21세기를 위한 설교학』, 149.
94　곽안련, 『설교학』, 66-7.
95　주성호, 『21세기를 위한 설교학』, 149.
96　Haddon W. Robinson and Craig Brian, 『성경적인 설교 준비와 전달』, 225.
97　Ibid., 226-7.
98　정장복, "설교 잘하는 방법; 주제설교의 장점과 주의점," [온라인 자료], http://www.christiantoday.co.kr/articles/183436/20070303/설교-잘하는-방법-주제-설교의-장점과-주의점.htm#_cmt, 2018년 10월 5일 접속.

99 정장복, 『인물로 본 설교의 역사(하권)』 (서울: 장로회신학대학교 출판부, 1994), 241-2.
100 박은규, "포스틱의 설교 방법론," 『신학과 실천』, 2000년 제3호, 20.
101 김운용, "포스딕, 해리 에머슨," 『설교학 사전』, 정장복 외 (서울: 예배와 설교 아카데미, 2004), 535-6.
102 Ibid., 537.
103 불가지론이란 초경험적超經驗的인 것의 존재나 본질은 인식 불가능하다고 하는 철학상의 입장이다. 두산백과, "불가지론," [온라인 자료], https://terms.naver.com/entry.nhn? docId=1104834 &cid=40942&categoryId=31500, 2018년 10월 6일 접속.
104 Harry E. Fosdick, *The Living of These Days* (New York: Harper & Row, 1956), 78.
105 정장복, 『인물로 본 설교의 역사 (하)』, 33.
106 Harry E. Fosdick, *The Living of These Days*, 92-4.
107 포스딕은 진보적인 신학의 영향을 받았지만 그것은 구원보다 독선적인 교리를 앞세우던 그 당시의 설교 신학이 잘못되고 있다는 판단한 것이지 결코 자유주의자의 입장에서 근본주의자들을 몰아세운 것이 아니었다. 정장복, 『인물로 본 설교의 역사 (하)』 (서울: 장로회신학대학교 출판부, 1986), 219.
108 정장복, 『인물로 본 설교의 역사 (하)』, 29-30.
109 류응렬, "새 설교학: 최근 설교학의 이해와 분석," 『신학지남』, 통권 280호: 146.
110 김운용, 『설교의 새로운 패러다임』 (서울: 장로회신학대학교 출판부, 2007), 144.
111 Ibid., 155.
112 Ibid., 156.
113 Fred B. Craddock, *As One Without Authority* (Nashvill: Abingdon Press, 1971), 143-4.
114 Ibid., 139.
115 Lucy A. Rose, "The Parameters of Narrative Preaching," *Journeys toward Narrative Preaching*, ed. Wayne Bradley Robinson (New York: The Pilgrim Press, 1990), 25-9.
116 권성수, 『성령설교』 (서울: 국제제자훈련원, 2009), 29.
117 The Craddock Center, "Fred B. Craddock Biography," [온라인 자료], http://www.craddockcenter.org/ about/fred-b-craddock-biography/2019년 6월 6일 검색.
118 Ibid., 2019년 6월 5일 검색.
119 Charles L. Campbell, "*Craddock, Fred B.*," in Concise Encyclopedia of Preaching, eds. William H. Willimon and Richard Lischer (Louisville:

120 Don M. Wardlaw, 『설교학 사전』, 이승진 역 (서울: 기독교문서선교회, 2003), 404.
121 Ibid., 658.
122 Charles L. Campbell, "Craddock, Fred B.," *Concise Encyclopedia of Preaching*, eds. William H. Willimon and Richard Lischer (Louisville: Westminster John Knox Press, 1995), 93.
123 Ibid., 94.
124 Charles L. Campbell, *Preaching Jesus* (Grand Rapids: Wipf and Stock Publishers, 2006), 133.
125 Ibid., 134-5.
126 김천일, "크래독의 설교신학에 대한 평가와 그 비판적 대안 모색" (박사학위 논문, 총신대학교 목회전문대학원, 2010), 117-146.
127 윤병운, 『신학도를 위한 서양 철학사』 (서울: 더부러, 2004), 509.
128 Charles L. Campbell, *Preaching Jesus*, 154.
129 Martin Heidegger, *On the Way to Language* (San Francisco: Harper & Row, 1982),108.
130 Fred B. Craddock, *Overhearing the Gospel* (Nashville: Abingdon Press, 1978), 69, 13.
131 Charles L. Campbell, *Preaching Jesus*, 130-3.
132 Fred B. Craddock, As One Without Authority (Nashville: Abingdon Press, 1987), 31, 42-8.
133 김균진, 『20세기 신학사상 I』 (서울: 연세대학교 출판부, 2003), 172.
134 조성노, "불트만의 실존론적 신학," [온라인 자료], http://www.kcm.kr/dic_view.php?nid=38882, 2019년 6월 11일 접속.
135 Fred B. Craddock, *As One Without Authority*, 60.
136 김천일, "크래독의 설교신학에 대한 평가와 그 비판적 대안 모색" (박사학위논문: 총신대학교 목회신학전문대학원, 2010), 137.
137 Hans Gerog Gadamer, *Truth and Method, 2nd and revised ed* (New York: Crossroad, 1989), 141-2, 270.
138 Ibid., 82-4, 92-3.
139 Ibid., 9.
140 김천일, "크래독의 설교 신학에 대한 평가와 그 비판적 대안 모색" (박사학위논문, 총신대학교 목회신학전문대학원, 2010), 142.
141 김운용, 『설교의 새로운 패러다임』, 186, 191-7.

142　Ibid., 204-6.
143　Ibid., 212-3.
144　Thomas G. Long, 『증언으로서의 설교』, 203-4.
145　김운용, 『설교의 새로운 패러다임』, 224.
146　Alfred N. Whitehead, *Process and Reality* (New York: Macmillan Co., 1929), 7, Fred B. Craddock, 『권위 없는 자처럼』, 김운용 역 (서울: 예배와 설교 아카데미, 2014), 146-7에서 재인용.
147　James W. Thompson, *Preaching Like Paul: Homiletical Wisdom for Today* (Louisville: Westminster, 2001), 9-14.
148　Fred B. Craddock, 『권위 없는 자처럼』, 304-14.
149　Ibid., 315-25.
150　김운용, 『설교의 새로운 패러다임』, 250.
151　Wayne B. Robinson, 『이야기 설교를 향한 여행』, 이연길 역 (서울: 한국장로교출판사, 1998), 13.
152　Ibid., 27.
153　김형미, "새로운 설교 형태로서의 이야기식 설교 연구" (석사학위논문, 한신대학교 신학대학원, 2013), 26.
154　Eugene L. Lowry, 『이야기식 설교 구성』, 이연길 역 (서울: 한국장로교출판사, 1996), 61.
155　Richard L. Eslinger, *Narrative and Imagination: Preaching the Words that Shape Us* (Minneapolis: Fortress Press, 1995), 27-8.
156　김운용, 『설교의 새로운 패러다임』, 261.
157　Thomas G. Long, 『증언으로서의 설교』, 206-7.
158　James W. Thompson, *Preaching Like Paul: Homiletical Wisdom for Today* (Louisville: Westminster, 2001), 9-14, 권성수 36-8에서 재인용.
159　김운용, 『설교의 새로운 패러다임』, 284-92.
160　Ibid.
161　David Buttrick, 『시대를 앞서가는 설교』, 김운용 역 (서울: 요단출판사, 2002), 148-59.
162　Ibid., 162-7.
163　David G. Buttrick. *Homiletic: Moves and Structures* (Philadelphia: Fortress Press, 1987), 198.
164　김운용, 『설교의 새로운 패러다임』, 316-21.
165　David G. Buttrick. *Homiletic*, 294.
166　김운용, 『설교의 새로운 패러다임』, 322-35.

167　정장복, 『설교학 사전』, 754-8.
168　류응렬, "새 설교학: 최근 설교학의 이해와 분석," 『신학지남』, 제280호(2004): 151.
169　Elizabeth Achtemeier, 『구약, 어떻게 설교할 것인가』, 이우제 역 (서울: 이레서원, 2004), 24.
170　Stephen C. Ferris, "새로운 설교학 운동의 태동," 『현대 교회와 예배 설교 사역』, 김운용 역 (서울: 예배와 설교 아카데미, 2002), 259.
171　김운용, 『설교의 새로운 패러다임』, 158.
172　류응렬, "개혁주의 설교와 4인의 설교 연구," 『개혁논총』, 제4권 (2007): 59.
173　류응렬, "새 설교학: 최근 설교학에 대한 개혁주의적 평가," 『신학지남』, 제282 (2005): 194.
174　Charles L. Campbell, 『프리칭 예수』, 이승진 역 (서울: CLC, 2001), 205-6.
175　류응렬, "새 설교학: 최근 설교학에 대한 개혁주의적 평가." 152.
176　류응렬, "개혁주의 강해설교가 나아가야 할 다섯 가지 방향," 『신학지남』, 제284호(2005): 207.
177　Haddon W. Robinson, 『강해설교』, 박영호 역 (서울: CLC, 2007), 131.
178　Ramesh Richard, 『삶을 변화시키는 7단계 강해설교 준비』, 21.
179　M. Joly, 『이미지와 기호』, 이선형 역 (서울: 문예신서, 2004), 83.
180　네이버 국어사전, "이미지" [온라인 자료]. http://100.naver.com/100.nhn?docid=174372, 2018년 10월 6일 접속.
181　유평근, 진형준, 『이미지』 (서울: 살림, 2005), 21.
182　주형일, 『이미지를 어떻게 볼 것인가?』 (경북: 영남대학교 출판부, 2007), 179-84.
183　M. Johnson, 『마음 속의 몸』, 노양진 역 (서울: 철학과 현실사, 2000), 182.
184　한국문학평론가협회 편, 『문학비평 용어사전 하』 (서울: 새미, 2006), 646.
185　M. Joly, 『영상 이미지 읽기』, 김동윤 역 (서울: 문예출판사, 1999), 14.
186　Ibid., 37-49.
187　Charles S. Peirce, 『퍼스의 기호사상』, 김성도 역 (서울: 민음사, 2006), 136.
188　Julie Dirksen, 『비주얼 씽킹 & 러닝 디자인』, 한정민 역 (서울: 에이콘, 2015), 105-7.
189　Ibid., 107-23.
190　Ibid., 132-48
191　Ibid., 135-6.
192　김성진, "기억의 장인, 해마와의 인터뷰," 『브레인2』 (2007년 1월호): 61.
193　Colin Ware, 『데이터 시각화, 인지과학을 만나다』, 최재원 역 (서울: 에이콘, 2015), 390-3.

194 Ibid., 35.
195 신동일, "국어 은유의 연구" (박사학위 논문, 한남대학교 대학원, 2002), 50.
196 네이버 지식백과, 현대 이미지 사회의 문제점, [온라인 자료], https://terms.naver.com/entry.nhn? docId=1518875&cid=41978&categoryId=41981, 2018년 10월 10일 접속.
197 Jose Luis Bermudez,『인지과학』, 신현정 역 (서울: 박학사, 2012), 314-5.
198 홍명희,『상상력과 가스통 바슐라르』(서울: 살림출판사, 2005), 95-6.
199 Wayne Mcdill,『강해설교를 위한 12가지 필수 기술』, 최용수 역 (서울: 기독교문서선교회, 2014), 287.
200 김지찬, "설교자는 이미지스트가 되어야 한다: 설교에 있어서 이미지적 사고의 중요성,"『신학지남』, 253호 (1997 12월): 206.
201 Ibid., 188.
202 홍명희,『상상력과 가스통 바슐라르』, 63.
203 정장복 외,『설교학사전』(서울: 예배와 설교아카데미, 2004), 594.
204 주승중,『영상세대를 향해 이렇게 설교하라: 영상설교의 한계와 센스어필의 효용성』(서울: 예배와 설교 아카데미, 2004), 78.
205 박준식, "기업의 사회공헌 이벤트가 기업이미지와 구매의도에 미치는 영향 연구" (석사학위 논문, 경기대학교 대학원, 2007), 72.
206 임경래, "한국 교회 대 사회 영향력 1위, 이미지는 꼴찌," [온라인 자료], http://www.cupnews.kr/news/view.php?no=7072, 2018년 10월 8일 접속.
207 『크리스천 투데이』, 2001년 12월 12일, 6면.
208 최창섭,『교회 커뮤니케이션』(서울: 성바오로출판사, 1993), 25-6.
209 염필형,『현대신학과 설교 형성』(서울: 감리교신학대학출판부, 1991), 176.
210 강희천,『기독교 교육사상』(서울: 연세대학교 출판부, 1995), 79.
211 Ibid., 79.
212 Dale Carnegie,『카네기: 스피치 & 커뮤니케이션』, 최염순 역 (서울: 씨앗을 뿌리는 사람들, 2004), 91.
213 Eugene L. Lowry,『이야기식 설교 구성』, 이연길 역 (서울: 한국장로교출판사, 1996), 14-25.
214 C. Brooks and R.P. Warren, *Understanding Poetry* (New York: Zane Publishing, 1997), 268.
215 Warren Wiersbe,『상상이 담긴 설교』, 이장우 역 (서울: 요단출판사, 2009), 84-6.
216 김운용,『새롭게 설교하기』(서울: 예배와 설교 아카데미, 2005), 364.
217 김치수, "롤랑 바르트의 기호학 2,"『불어불문학 연구』, 28권(1993): 89-107.

218 홍미애, "기호학적 관점에 의한 초등학교 미술 감상교육 모형 개발과 효과 분석" (박사학위논문, 홍익대학교대학원, 2004), 7.
219 Rudi Keller, 『기호와 해석』, 이기숙 역 (경기: 인간사랑, 2000), 18.
220 David Crow, 『기호학으로 읽는 시각디자인』, 박영원 역 (서울: 안그라픽스, 2005), 15.
221 박수희, "교육용 게임의 기호학적 분석: 퍼스의 기호학을 중심으로" (석사학위논문: 한국교육대학교 대학원, 2005), 11-2.
222 박원영, 『디자인 기호학』 (서울: 청주대학교 출판부, 2001), 33.
223 박정순, 『대중매체의 기호학』 (서울: 커뮤니케이션북스, 2009), 138.
224 Charles Sanders Pierce, 『퍼스의 기호 사상』, 김성도 역 (서울: 민음사, 2006), 153.
225 김운찬, 『현대 기호학과 문화 분석』 (대구: 중문출판사, 2014), 38.
226 Charles Sanders Pierce, 『퍼스의 기호 사상』, 41.
227 네이버 지식백과, "현대 이미지 사회의 문제점," [온라인 자료], https://terms.naver.com/entry.nhn?docId=1518875&cid=41978&categoryId=41981, 2018년 10월 11일 접속.
228 정장복, 『설교학 서설』 (서울: 엠마오, 1992), 57-8.
229 계지영, "에드워즈 설교의 설교학적인 분석," 『그 말씀』, 20호(1994), 171.
230 Haddon W. Robinson and Craig Brian Larson, 『성경적인 설교 준비와 전달』, 338.
231 Richard A. Jensen, *Thinking in Story: Preaching in a Post-Literate Age* (Lima, Ohio: C.S.S. Publishing Co. inc.1993), 45-6.
232 Ibid.
233 Jensen, *Envisioning the Word* (Minneapolis: Fortress Press, 2005), 9-10.
234 신성욱, 『이동원 목사의 설교 세계』 (서울: 두란노, 2014), 181.
235 홍명희, 『상상력과 가스통 바슐라르』 (서울: 살림출판사, 2005), 83.
236 김지찬, "설교자는 이미지스트가 되어야 한다: 설교에 있어서 이미지적 사고의 중요성," 207.
237 장두만, 『청중이 귀를 기울이는 설교』 (서울: 요단, 2009), 99.
238 Mircea Eliade, 『이미지와 상징: 주술적-종교적 상징체계에 관한 시론』, 이재실 역 (서울: 까치글방, 2002), 21-3.
239 김지찬, 『언어의 직공이 되라』 (서울: 생명의 말씀사, 2002), 181.
240 이미경, "구글 세대에게는 '이미지'로 설교하라," [온라인 자료], http://www.christiantoday.co.kr/news/202307, 2017년 6월 14일 접속.
241 김운용, 『다음 세대를 세우는 설교』 (서울: 장로회신학대학교 출판부, 2007), 35.
242 Pierre Babin, 『종교 커뮤니케이션의 새 시대』, 유영란 역 (왜관: 분도출판사,

1993), 35.
243 David Buttrick, *Homiletic*, 113.
244 밝은터, "이미지 사용과 강해설교," [온라인 자료]. http://christinculture.tistory.com/306, 2020년 5월 29일 접속.
245 Ibid., 2019년 6월 14일 접속.
246 Bernard J. Hibbits, "Making Sense of Metaphor: Visuality, Aurality, and the Reconfiguration of American Legal Discourse," Cardozo Law Review 16 (1994), Leonard Sweet, 『영성과 감성을 하나로 묶는 미래 교회』, 김영래 역 (서울: 좋은 씨앗, 2002), 234에서 재인용.
247 Warren W. Wiersbe, 『이미지에 담긴 설교』, 이장우 역 (서울: 요단출판사, 2010), 28.
248 고전15:45, "기록된 바 첫 사람 아담은 생령이 되었다 함과 같이 마지막 아담은 살려주는 영이 되었나니," 롬5:14 "그러나 아담으로부터 모세까지 아담의 범죄와 같은 죄를 짓지 아니한 자들까지도 사망이 왕 노릇 하였나니 아담은 오실 자의 모형이라"; Warren W. Wiersbe, 『이미지에 담긴 설교』, 24.
249 John H. Walton, 『(IVP) 성경배경주석: 구약』, 정옥배 외 3인 역 (서울: 한국기독학생회출판부, 2001), 738-40.
250 고후5:17 "그런즉 누구든지 그리스도 안에 있으면 새로운 피조물이라 이전 것은 지나갔으니 보라 새 것이 되었도다"; Warren W. Wiersbe, 『이미지에 담긴 설교』, 23.
251 Warren W. Wiersbe, 『이미지에 담긴 설교』, 43.
252 Ibid., 44.
253 Ibid., 99-100.
254 Ibid., 24-5.
255 Ibid., 45.
256 Ibid., 71.
257 김운용, 『새롭게 설교하기』, 257.
258 김운용, 『설교의 새로운 패러다임』, 224.
259 Alfred N. Whitehead, *Process and Reality* (New York: Macmillan Co., 1929), 7.
260 교육학 용어사전 "경험," [온라인 자료]. https://terms.naver.com/entry.nhn?docId=509879&cid=4212 42126&categoryId=42126, 2018년 10월 12일 접속.
261 철학사전, "체험," [온라인 자료]. https://terms.naver.com/entry.nhn?docId=388795&sid=41978&&categoryId=41985, 2018년 10월 12일 접속.
262 딤후 3:16, "모든 성경은 하나님의 감동으로 된 것으로 교훈과 책망과 바르게

함과 의로 교육하기에 유익하니 이는 하나님의 사람으로 온전하게 하며 모든 선한 일을 행할 능력을 갖추게 하려 함이라."

263 김운용, 『설교의 새로운 패러다임』, 55.
264 David J. Schlafer, *Surviving the Sermon: A Guide to Preaching for Those Who have to Listen* (Boston: Cowley Publications, 1992), 3.
265 김운용, 『설교의 새로운 패러다임』, 388-94.
266 Pierre Babin, *The New Era in Religious Communication* (Minneapolis: Fortress Press, 1991), 11.
267 김운용, 『설교의 새로운 패러다임』, 366-7.
268 차배근, 『커뮤니케이션학 개론』 (서울: 세영사, 1977), 41.
269 이상훈, 『해석학적 성서 이해』 (서울: 대한기독교서회, 1993), 86.
270 Grant Osborne, 『사도행전』, 김일우, 임미영 역 (서울: 성서 유니온, 2003), 457.
271 Ibid.
272 Denise Lane, 『강해설교』, 김영련 역 (서울: 두란노, 1995), 25.
273 Daniel Akin, et al., 『본문이 이끄는 설교』, 김대혁·임도균 역 (서울: 베다니출판사, 2016), 19-20.
274 Ibid., 151.
275 Werner Stenger, *Introduction to New Testament Exegesis* (Grand Rapids: Eerdmann, 1993), 23
276 William W. Klein, et al., 『성경 해석학 총론』, 류호영 역 (서울: 생명의 말씀사, 1993), 211.
277 Ibid., 239-43.
278 Grady H. Davis, *Design for Preaching* (Philadephia: Muhlenberg, 1958), 20.
279 Donald G. Miller, *The Way of Biblical Preaching* (New York: Abingdon, 1957), 53.
280 Ramesh Richard, 『삶을 변화시키는 7단계 강해설교 준비』, 90.
281 Haddon W. Robinson, 『강해설교』, 23, 25, 43, 47.
282 Ibid., 39-51, 55.
283 Ramesh Richard, 『삶을 변화시키는 7단계 강해설교 준비』, 89-97.
284 Ibid., 91-7.
285 국립중앙박물관, "e뮤지엄: 화살," [온라인 자료], https://terms.naver.com/entry.nhn?docId=2217252&cid=51293&categoryId=51293, 2019년 6월 14일 접속.
286 Fred B. Craddock, 『권위 없는 자처럼』, 176-81.
287 Donald R. Sunukjian, "Patterns for Preaching: 사도행전 13, 17 그리고 20장에

나타난 바울 설교의 수사학 분석", 176
288   Haddon W. Robinson, 『강해설교』, 91-117.
289   Ramesh Richard, 『삶을 변화시키는 7단계 강해설교 준비』, 151-2.
290   Paul Scott Wilson, 『네 페이지 설교』, 주승중 역 (서울: 예배와 설교 아카데미, 2006), 318-9.
291   Leonard L. Sweet, *Postmodern Pilgrims: First Century Passion for the 21st Century Church* (Tennessee: Nashville: B&H Publishers, 2000), 318.
292   Andrew W. Blackwood, *Expository Preaching for Today; Case Studies od Bible Passages* (New York and Nashville: Abindgon-Cokesbury Press, 1941), 206.
293   Robertson McQuilkin, "삶을 변화시키는 설교의 4가지 구성요소", Haddon W. Robinson et al., 『성경적인 설교와 설교자』, 전의우 외 4명 역 (서울; 두란노서원, 2006), 66-67.
294   김운용, 『설교의 새로운 패러다임』, 224.
295   밝은터, "이미지 사용과 강해설교," [온라인 자료], http://christinculture.tistory.com/306, 2019년 6월 14일 접속.
296   Ramesh Richard, 『삶을 변화시키는 7단계 강해설교 준비』, 21.
297   교육학 용어사전 "경험," [온라인 자료], https://terms.naver.com/entry.nhn?docId=509879&cid=42126 &categoryId=42126, 2018년 10월 12일 접속.
298   철학사전, "체험," [온라인 자료], https://terms.naver.com/entry.nhn?docId=388795&cid=41978&cate goryId=41985, 2018년 10월 12일 접속.
299   Ramesh Richard, 『삶을 변화시키는 7단계 강해설교 준비』, 21.
300   Edmund A. Steimle, et al., Preaching the Story, (Oregon: Wipf & Stock Pub, 2003), 35.
301   김운용, 『설교의 새로운 패러다임』, 147.
302   Fred B. Craddock, *Overhearing the Gospel*, 122.
303   Eugene L. Lowry, 『신비의 가장자리에서 춤추는 설교』, 주승중 역 (서울: 예배와 설교 아카데미, 2008), 127.
304   J. Daniel Baumann, 『성공적인 설교자를 위한 길잡이』, 정장복 역 (서울: 예배와 설교 아카데미, 2008), 118-9.
305   신성욱, 『청중을 사로잡는 설교의 삼중주』 (서울: 생명의 말씀사, 2009), 284.
306   Haddon W. Robinson, *Biblical Preaching* (Missouri: Grand Rapids, 2002), 176.
307   Charles L. Campbell, 『프리칭 예수』, 228-9.
308   류응렬, "강해설교의 아버지 해돈 로빈슨의 설교신학," 『신학지남』, 2007년 봄호(통권 제290호), 233.

309　Drew Eric Whitman, 『캐시버타이징』, 박선영 역 (서울: 글로세움, 2011), 169-72.
310　장두만, 『다시 쓰는 강해설교 작성법』, 247-8.
311　이지현, "명함의 뒷면," [온라인 자료], https://blog.naver.com/redica/165932267, 2019년 7월 2일 접속.
312　David L. Allen, et al., 『본문이 이끄는 설교』, 165-8.
313　목회와신학 편집부, 『역대상 어떻게 설교할 것인가』 (서울: 두란노아카데미, 2009), 14-6.
314　박유미, "역대상 어떻게 묵상할 것인가," 『매일성경 05-06』, 2019년 05-06월, 18-9.
315　조재천, "히브리서: 어떻게 묵상할 것인가," 『매일성경 05-06』, 2019년 05-06, 102-3.
316　Ramesh Richard, 『삶을 변화시키는 7단계 강해설교 준비』, 92-7.
317　Ibid., 91.
318　Haddon W. Robinson, 『강해설교』, 162.
319　Ibid., 84.
320　Ramesh Richard, 『삶을 변화시키는 7단계 강해설교 준비』, 92.
321　Steven D. Mathewson, 『청중을 사로잡는 구약의 내러티브 설교』, 이승진 역 (서울: CLC, 2004), 140-41.
322　Ibid., 141-2.
323　Ibid., 151-42.
324　Ramesh Richard, 『삶을 변화시키는 7단계 강해설교 준비』, 122.
325　Steven D. Mathewson, 『청중을 사로잡는 구약의 내러티브 설교』, 180.
326　'선영아 사랑해'라는 카피는 마이클럽이라는 여성포탈사이트를 소개하기 위한 광고이다. 마이클럽, "miclub," [온라인 자료], http://micon.miclub.com/main.do, 2019년 6월 28일 접속.
327　네이버 영어사전, "twist," [온라인 자료], https://endic.naver.com/enkrEntry.nhn?sln=kr&entryId=a 272faab42a9468c939ce9479cb15ee7, 2019년 6월 28일 접속.
328　Steven D. Mathewson, 『청중을 사로잡는 구약의 내러티브 설교』, 이승진 역 (서울: CLC, 2004), 198-9.
329　Haddon W. Robinson, 『강해설교』, 박영호 역 (서울: CLC, 2007), 142-9.
330　Steven D. Mathewson, 『청중을 사로잡는 구약의 내러티브 설교』, 199.
331　Haddon W. Robinson, 『강해설교』, 140-55.
332　Ibid., 151-2.
333　Thomas G. Long, 『증언으로서의 설교』, 271-8.
334　Ibid., 272.

335 Paul Scott Wilson, 『네 페이지 설교』, 주승중 역 (서울: WPA, 2013), 431-40.
336 정장복 외, 『설교학 사전』, 833-4.
337 정장복, 『한국 교회의 설교학 개론』, 161-2.
338 주성호, 『21세기를 위한 설교학』, 149.
339 곽안련, 『설교학』 (서울: 대한기독교서회, 1992), 66-7.
340 장두만, 『다시 쓰는 강해설교 작성법』, 46-7.
341 정장복, "설교 잘하는 방법; 주제설교의 장점과 주의점," [온라인 자료], http://www.christiantoday. co.kr/articles/183436/20070303/설교-잘하는-방법-주제-설교의-장점과-주의점.htm#_cmt, 2018년 10월 5일 접속.
342 John R. W. Stott, Between Two Worlds (Michigan: Wm.B. Eerdmans Publishing Co., 1982), 125.
343 A. Duane Litfin, "Theological Presuppositions and Preaching: An Evangelical Perspective" (Ph.D. dissertation: Purdue University, 1973), 169-70.
344 김지찬, "보이는 설교자를 하라-이미지를 중심으로," 『그 말씀』 (서울: 두란노, 1995), 34.
345 지형 공간정보체계 용어사전, "브랜딩," [온라인 자료], https://terms.naver.com/entry.nhn?docId= =3473786&cid=58439&categoryId=58439, 2019년 6월 27일 접속.
346 시사상식 사전, "썩은 사과," [온라인 자료], https://terms.naver.com/entry.nhn?docId=356626&cid= 43667&categoryId=43667, 2019년 6월 28일 접속.
347 Kusy E. Mitchell and Elizabeth Holloway, 『썩은 사과: 초일류 기업마저 무너뜨리는 썩은 사과의 법칙』, 서종기 역 (서울: 예문, 2011), 목차.
348 두산백과, "포스트잇," [온라인 자료], https://terms.naver.com/entry.nhn?docId=1260995&cid= 40942&categoryId=32157, 2019년 6월 28일 접속.
349 정상수, "단순함의 힘," [온라인 자료], https://terms.naver.com/entry.nhn?docId=2275911&cid=42251 &categoryId=51190, 2019년7월14일 접속.
350 Haddon W. Robinson, 『강해설교의 원리와 실제』, 정장복 역 (서울: 대한기독교출판사, 1995), 31.
351 김영진, "어떻게 하면 기억을 잘할 수 있을까?," [온라인 자료], https://terms.naver.com/entry.nhn? docId=3572089&cid=59039&categoryId=59044, 2019년 7월4일 접속.
352 Robert Kornikau and Frank McElroy, Communication for the Safety Professional (Chicago: National Safety council, 1975), 370.
353 김운용, 『설교의 새로운 패러다임』, 224.
354 배영달, 『보드리야르와 시뮬라시옹』 (서울: 살림, 2005), 39-40.

355 송인규, 『성경 어떻게 적용할 것인가』 (서울: 성서유니온선교회, 2003), 30.
356 Howard G. Hendricks and William Hendricks, 『삶을 변화시키는 성경연구』, 정현 역 (서울: 디모데, 1993), 371.
357 광고용어 정리, "AIDA 법칙," [온라인 자료], https://blog.naver.com/backto80s/100001845958., 2019년 11월 3일 접속.
358 R. J. Lavidge and G. A. Steiner, "A Model for Predictive Measurements of Advertising Effectiveness," Advertising & Society Review, 25(6): 59–62.
359 Jay E. Adams, Truth Applied, 33–4.
360 Ramesh Richard, 『삶을 변화시키는 7단계 강해설교 준비』, 21.
361 양승현, 『크리스천 티칭』 (서울: 디모데, 2016), 216–9.
362 정병관, 『크리스천 커뮤니케이션』 (서울: 총신대학교, 2009), 27.
363 W. H. Griffith Thomas, *Ministerial Life and Work* (Grand Rapid: Baker, 1974), 82.
364 이동원, 『청중을 깨우는 강해설교』 (서울: 요단출판사, 2011), 31.
365 정장복, 『설교학 서설』 (서울: 도서출판 엠마오, 1993), 134–5.
366 류응렬, "설교는 들음에서 나며: 설교자와 경건한 읽기," 『신학지남』, 286호 (2006년 봄): 297–8.
367 Tony Sargent, 『위대한 설교자 로이드 존스』, 정근두 역 (서울: IVP, 1996), 102.
368 Martyn Lloyd Jones, 『목사와 설교』, 서문강 역 (서울: 기독교 문서선교회, 1999), 390.
369 Jonathan Edwards, 『애정의 영성』, 정혜숙 역 (서울: 브니엘, 2005), 5.